別冊 **NBL** / No.187

米国の個人情報・プライバシー保護法制
——分野横断的検討と近時の動向

駒澤大学グローバル・メディア・スタディーズ学部准教授
東京大学大学院情報学環客員研究員

松前恵環　著

 株式会社　商事法務

NLB

は じ め に

　本書は、2021 年 1 月から 12 月まで、『NBL』誌上で行った連載「米国個人情報・プライバシー保護法制をつかむ」をまとめたものである。周知のように、米国の個人情報・プライバシー保護法制においては、行政、医療、金融・信用、通信、教育といった個別の分野ごとに、それぞれの性質に応じた法律を制定するという規制方式が採用されている。このような法制度の構造故に、米国の個人情報・プライバシー保護法制に関する先行研究の多くは、各分野の制定法につき、それぞれその意義や内容を検討するものが中心であった。こうした中、上記連載では、今後の日本の個人情報保護法制の検討に際して、より日本法への示唆を導出しやすくするために、個別の重要な論点ごとに米国の法制度に関する分野横断的な検討を試みた。

　連載終了後から 2023 年 4 月現在まで 1 年余りの間、米国の個人情報・プライバシー保護法制を巡っては、カリフォルニア州法（CalCPA）に関する新たな規則の検討や、初の超党派のプライバシー保護のための包括的な法案である「アメリカ・データ・プライバシー保護法」（ADPPA）の成立に向けた検討等、日本への影響も含めて注視すべき大きな動きが間断なく続いてきている。本書では、米国の法制度に関する分野横断的な検討の意義に鑑み、12 回の連載を内容の修正は行わずにほぼそのままの形で収録し（第 1 章〜第 12 章）、最後に、連載終了後の上記の動向等を追補としてまとめた。

　米国の個人情報・プライバシー保護法制に対しては、その保護の在り方を巡って批判的な見方がなされることも少なくない。しかし、プライバシー権の母国と言われる米国の法制度から学び得る点はなお多く、また、大きな転換点を迎えつつある米国の個人情報・プライバシー保護法制において今後どのような新しい仕組みが構築されていくのか、その議論動向からも多くを得ることができるはずである。本書では十分にカバーできなかった部分も少なくなく、その点については今後の課題としたいが、本書が米国の個人情報・プライバシー保護法制に関する検討の一助となれば望外の喜びである。

　連載時から、NBL 編集長（当時）の奥田博章氏をはじめとする NBL 編集部の皆様には大変お世話になった。奥田氏には、米国個人情報・プライバシー保護法制の連載についてお声がけを頂いたとともに、企画段階から有益なご助言も頂戴した。また、編集部の皆様には、毎月の校正段階における膨大な修正等に大変丁寧にご対応頂いた。この場をお借りして心からの感謝を申し上げたい。また、追補の完成を辛抱強くお待ち下さるとともに、丁寧な校正作業を行って下さった担当の澁谷禎之氏、山口渓太氏にも心より御礼申し上げる。

　2023 年 4 月

駒澤大学グローバル・メディア・スタディーズ学部　准教授
東京大学大学院情報学環　客員研究員

松前　恵環

目　次　-Contents-

第1章

米国の法制度の概要と近時の議論動向

※　本研究は、JSPS 基盤研究(C) 18K01390 の助成を
受けたものである。

Ⅰ　はじめに

　近時の個人情報・プライバシー保護法制に関する
議論において、欧州連合（European Union：EU）の
所謂「一般データ保護規則」（General Data Protection
Regulation：GDPR）[1] が持つ影響力は大きい[2]。日本
でも、令和2年6月5日に「個人情報の保護に関
する法律」（平成15年法律第57号。以下「個人情報保
護法」という）の改正法として、「個人情報の保護に
関する法律等の一部を改正する法律」（令和2年法律
第44号）が成立したが、その検討過程ではGDPR
の規定が度々参照された。今日の国際的な個人情
報・プライバシー保護法制の議論をリードしている
のはEUであり、その一方で、米国の存在感はやや
希薄になっているようにも見える[3]。

　しかし、米国では現在、カリフォルニア州におけ
る「2018年カリフォルニア消費者プライバシー
法」[4]（CalCPA）の制定等を契機に、公的部門及び
民間部門を包括的に規制する連邦法の制定に向けた
議論が活発化しており、その動向を把握しておく必
要性が高まっている。また、基本権としての「個人
データの保護」の権利[5] の保障を前提としたEUの
法制度に対して、日本は米国の影響を受けて発展し
てきたプライバシーの権利を中心とした法制度であ
り[6]、プライバシーの権利に基礎を置く米国の法制
度の検討から得られる教訓は少なくない。更に、合

1　Regulation（EU）2016/679 of the European Parliament and of the Council of 27 April 2016 on the protection of natural persons with regard to the processing of personal data and on the free movement of such data, and repealing Directive 95/46/EC（General Data Protection Regulation）, 2016 O.J.（L119）1.

2　P. M. シュウォーツは、EU型のデータ保護法制の普及の要因として、EUの法制はその規制方式及び内容の双方において他国にも受け入れやすいものであることを指摘している。Paul M. Schwartz, *Global Data Privacy: The EU Way*, 94 N.Y.U.L. Rev. 771, 809-817（2019）.

3　*See* Emmanuel Pernot-Leplay, *EU Influence on Data Privacy Laws: Is The US Approach Converging with The EU Model?*, 18 Colo. Tech. L.J. 25, 28 (2020).

4　California Consumer Privacy Act of 2018, Cal. Civ. Code § 1798.100 *et seq.* 同法は、2018年6月28日に成立し、2020年1月1日に施行されている。

5　EU基本権憲章8条は「個人データ保護」の権利を保障する。*See Charter of Fundamental Rights of the European Union*, art. 8, 2010/C 083/02 of 30 March 2010, 2010 O.J.（C 83）389, 393.

6　プライバシーは、個人情報保護法により保護される「個人の権利利益」の主要なものと解されている。園部逸夫＝藤原静雄編『個人情報保護法の解説〔第二次改訂版〕』（ぎょうせい、2018）53〜54頁。

衆国憲法第1修正[7]上の表現の自由の価値を重視する米国の議論からは、プライバシー権とその対抗利益との調整の在り方についても示唆を得ることができるように思われる。これらの点に鑑みれば、米国の法制度や議論動向を、その根底にある思想も含めて理解しておくことには、なお重要な意義が認められよう。

Ⅱで述べるように、米国では分野ごとに個別の法律を制定する方式が採用されていることから、米国の個人情報・プライバシー保護法制の検討は制定法ごとに行われることが多いが[8]、今後、日本で予定されている個人情報保護法の3年ごとの見直しや、公的部門と民間部門の法制の一元化に向けた議論[9]のためには、こうした言わば縦割りの検討に止まらず、個別の論点を切り口として、米国の法制度を分野横断的に理解しておくことが有益である。

そこで本稿では、先般の改正法の検討過程において争点となった点や今後の議論において重要となり得る点に注目し、米国の法制度、関連政策及び学説等を検討する。**第1～2章**では、総論として、米国の個人情報・プライバシー保護法制の概要及び特徴と近時の議論動向を明らかにした上で、米国におけるプライバシー権の理解や表現の自由との関係を含め、米国の法制度の背景にある基本的な思想を検討する。**第3～11章**では、各論的検討として、日本の個人情報保護法制を考える上でとりわけ重要と解される論点、具体的には、「個人情報」という概念の意義や匿名化・仮名化との関連（**第3章**）、通知や開示請求権等の個人参加の仕組み（**第4章**）、プロファイリングを含む個人情報の処理に関する規制の在り方（**第5章**）、データ漏洩通知や所謂名簿屋等の問題（**第6章**）、越境データ移転に関する規制（**第7章**）、近時COVID-19との関係で注目される研究や公衆衛生等の公益目的での個人情報の利活用の在り方（**第8章**）、連邦取引委員会（Federal Trade Commission: FTC）を中心とした監督機関の組織や権限（**第9章**）、公的部門の個人情報保護法制（**第10章**）、その他の新たな論点（**第11章**）を取り上げ、検討を加える。最後に**第12章**では、日本の法制度の在り方についての示唆を導出したい。

総論の前半となる本章では、各論の前提として、まずⅡで米国の個人情報・プライバシー保護法制の全体像及び特徴を明らかにし、連邦及び州の制定法を概観した上で、Ⅲにおいて、包括的な連邦法の制定に向けた近時の議論動向と課題を明らかにする。

Ⅱ　米国の個人情報・プライバシー保護法制の概要

1.　全体像と特徴

米国の個人情報・プライバシー保護法制は、単一の法により形成されているものではなく、コモン・ロー、憲法、個人情報・プライバシー保護のための制定法等、多岐にわたる法の集合体である[10]。このうち、個人情報の取扱いを直接的に規制するのは連邦及び州の制定法であるが、まず、米国の法制度の特徴として指摘すべきは、米国では、公的部門及び民間部門を包括的に規制する連邦レベルでの制定法は存在せず、特定の分野について個別の制定法を設ける、所謂セクトラル方式による規制を採用し、それ以外は自主規制に委ねられているという点である。こうした米国の法制度は、公的部門及び民間部門双方を一つの法律で規制するオムニバス方式を採るEUとは対照的である。

第二の特徴は、連邦レベルでの個別の制定法が、特定の問題に即して「アド・ホック」に制定されてきたものであるという点である[11]。後述するように、米国では現在、様々な分野で個人情報・プライバシー保護のための法律が制定されているが、例えば「1988年ビデオ・プライバシー保護法」[12]（VPPA）の制定の背景に、当時の合衆国最高裁判所の判事候補であったR. ボークのレンタル・ビデオの記録が公開された事件があったように、これらの多くは、制定当時、世間の耳目を集めていた重大な事件を契機として制定されたものであると言われている[13]。こうした制定法の「一貫性のなさ」は、しばしば批判の対象とされる米国法の特徴でもある[14]。

第三に、米国における個人情報・プライバシー保護は、消費者保護としての側面を有するという特徴も指摘し得る[15]。上述のように、米国では民間部門については制定法の規制対象以外は自主規制に委ねられているが、この領域について、FTCは、消費者保護の見地から、「不公正若しくは欺瞞的な行為又は慣行」を禁ずるFTC法5条[16]の法執行を行っており、これが自主規制の効力を担保する役割を担っているのである[17]。また、民間部門では、企業が個人情報・プライバシー保護の取組みを行うための統一的な指針として、政府や業界団体が策定するガイドライン等も重要な役割を担っており、米国に

おいては、法的なルールのみならず、こうした業界団体の行動規範や企業の慣行等も含めた多様なルールにより個人情報の保護が図られていることには留意すべきである[18]。

なお、米国の個人情報・プライバシー保護のための制定法やFTCのプライバシー保護政策は、「公正な情報取扱慣行に関する原則」（Fair Information Practice Principles：FIPPs）を基礎として構築されている[19]。無論、FIPPsは様々なバリエーションを有するものであって、FIPPsの要素として何を重視するのかは国又は地域によって異なるものの、FIPPsが個人情報・プライバシー保護のための法制度の基礎に据えられているという点は、米国を含め、各国の法制度に共通するものと言えよう[20]。

2.　制定法の概要

⑴　連邦レベル

では、個人情報・プライバシー保護のための制定法としては、如何なる分野においてどのような法律が制定されているのか。詳しい内容は各論において見るとして、ここでは、ごく簡単に概要を確認しておく。まず、公的部門については、連邦の行政機関が保有する個人情報の取扱いに関する「1974年プライバシー法」[21]が制定されており、行政機関が管理する「記録システム」に含まれる「記録」について適切な保護措置を講ずることが義務付けられている。

これに加え、米国では多様な分野について個人情報・プライバシー保護のための規定を含む法律が制定されているが[22]、ここではまず、日本の個人情報保護法制において特別の配慮が必要であるとして「特定分野ガイドライン」が定められている分野、すなわち、①医療、②金融・信用、③通信分野における制定法を確認する。①の医療分野に関しては、「1996年医療保険の相互運用性と説明責任に関する法律」[23]（HIPAA）が制定されており[24]、個人識別可能な健康情報の保護に関する規定が置かれている。2009年には「経済的及び臨床的健全性のための医療情報技術に関する法律」[25]（HITECH法）も制定され、同法13編のサブタイトルD「プライバシー」に、HIPAAに基づいて定められたプライバシー及びセキュリティ保護のための規則[26]を強化する規定が置かれた。これを受けて米国保健福祉省（Department of Health and Human Services：HHS）は、2013年にHIPAAプライバシー規則及び

7　U.S. Const. amend. I.

8　米国の個人情報・プライバシーの保護のための連邦法の概要に関する邦語文献としては、新保史生『プライバシーの権利の生成と展開』（成文堂、2000）308〜340頁；石井夏生利『個人情報保護法の理念と現代的課題：プライバシー権の歴史と国際的視点』（勁草書房、2008）419〜470頁；個人情報保護委員会「諸外国の個人情報保護制度に係る最新の動向に関する調査研究」（2018年3月）9〜46頁（https://www.ppc.go.jp/files/pdf/201803_shogaikoku.pdf（last visited Nov. 30, 2020））、西村あさひ法律事務所編『個人情報保護法制大全』（商事法務、2020）622〜684頁等がある。

9　個人情報保護制度の見直しに関するタスクフォース「個人情報保護制度の見直しに向けた中間整理」（令和2年8月）5頁では、「個人情報保護法、行政機関個人情報保護法、独立行政法人等個人情報保護法の3法（以下「保護3法」という）を統合して1本の法律と」することが適当であるとされている。

10　Daniel J. Solove & Paul M. Schwartz, Information Privacy Law 10 (6th ed. 2017). コモン・ローや憲法によるプライバシーの保護については、第2章で改めて論ずる。

11　See Paul Ohm, Sensitive Information, 88 S. Cal. L. Rev. 1125, 1140-1142 (2015).

12　Video Privacy Protection Act of 1988, Pub. L. No. 100-618, 102 Stat. 3195.

13　Priscilla M. Regan, Legislating Privacy 199 (1995).

14　Paul M. Schwartz, Privacy and Democracy in Cyberspace, 52 Vand. L. Rev. 1607, 1633 (1999).

15　William McGeveran, Friending the Privacy Regulators, 58 Ariz. L. Rev. 959, 965 (2016)；Julie Brill, The Intersection of Privacy and Consumer Protection, in The Cambridge Handbook of Consumer Privacy 355, 355-357 (Evan Selinger et al. eds., 2018).

16　15 U.S.C. §45(a).

17　FTCの権限や具体的な取組み等については、第9章で論ずる。

18　Joel R. Reidenberg, Setting Standards for Fair Information Practice in the U.S. Private Sector, 80 Iowa L. Rev. 497, 507-511 (1995).

19　See Marc Rotenberg, Fair Information Practices and the Architecture of Privacy (What Larry Doesn't Get), Stan. Tech. L. Rev. 1, 44 (2001).

20　Colin J. Bennett, Regulating Privacy: Data Protection and Public Policy in The Europe and The United States 152 (1992).

21　Privacy Act of 1974, Pub. L. No. 93-579, 88 Stat. 1896.

22　こうした制定法をまとめたものとして、See e.g., Marc Rotenberg, The Privacy Law Sourcebook 2020: United States Law, International Law, and Recent Developments (2018).

23　Health Insurance Portability and Accountability Act of 1996, Pub. L. No. 104-191, 110 Stat. 1936.

24　HIPAAに関する邦語文献としては、樋口範雄「アメリカにおける医療情報保護：HIPAA法と日本への示唆」開原成允＝樋口範雄編『医療の個人情報保護とセキュリティ［第2版］』（有斐閣、2005）49〜76頁等を参照。

25　同法は「2009年米国再生及び再投資法」（American Recovery and Reinvestment Act of 2009, Pub. L. No. 111-5, 123 Stat. 115）のA部第13編の下で制定された法律である。

26　U.S. Dep't of Health & Hum. Servs., The Privacy of Individually Identifiable Health Information, 45 C.F.R. §164.500 et seq.; U.S. Dep't of Health & Hum. Servs., The Security Standards for the Protection of Electronic Protected Health Information, 45 C.F.R. §164.302 et seq.

HIPAAセキュリティ規則等を改正する最終規則を公表している[27]。

②金融・信用分野については、米国最初の個人情報・プライバシー保護のための制定法と言われる「1970年公正信用報告法」[28]（FCRA）に、消費者信用情報の保護のための規定が置かれているほか、金融機関における顧客のプライバシー保護のための規定を含む「1999年金融サービス近代化法」[29]（GLBA）も制定されている[30]。また、「1978年金融プライバシーの権利に関する法律」[31]は、政府に対する顧客の金融情報の開示を規制している。

③通信分野におけるプライバシーの保護に関しては、「1934年通信法」[32]に顧客に関する個人情報の保護に関する義務が定められており、「1986年電子通信プライバシー法」[33]（ECPA）にも、通信内容や顧客情報の保護に関する規定が置かれている[34]。

これらの分野以外に、例えば子ども・教育関連分野については、公的基金を受ける教育機関に適用される「1974年家族の教育の権利とプライバシーに関する法律」[35]（FERPA）が制定され、学生の教育記録や個人識別情報の保護が義務付けられている。また、13歳未満の子どもの個人情報を収集するウェブサイト又はオンラインサービスの運営者に対し、子どもの個人情報の保護を義務付ける、「1998年子どもオンラインプライバシー保護法」（COPPA）[36]も制定されている。

その他、家庭における娯楽に関する情報については、個人のビデオのレンタル記録や購入記録の保護に関する上述のVPPAや、ケーブルテレビの視聴者の視聴傾向情報に関する保護を定めた「1984年ケーブル通信政策法」[37]（CCPA）が制定されている。また、法執行機関が報道機関の保有する個人情報にアクセスする際の手続を定める「1980年プライバシー保護法」[38]（PPA）、雇用者の被用者に対するポリグラフの使用を禁ずる「1988年ポリグラフ使用に関する被用者の保護に関する法律」[39]（EPPA）、運転記録に関する個人情報の保護を義務付ける「1994年運転免許者プライバシー保護法」[40]（DPPA）、一定の盗撮行為を禁ずる「2004年盗撮防止法」[41]等も制定されている。更に、不招請勧誘からの消費者保護に関する法律として、「1991年電話消費者保護法」[42]、「2003年電話勧誘規制法」[43]、迷惑メールを規制する「2003年未承諾のポルノ及びマーケティング規制法」[44]（CAN-SPAM法）等も制定されてい

るほか、コンピュータの不正利用を取り締まる「1984年コンピュータ詐欺・不正利用防止法」[45]、ID窃盗を犯罪とする「1998年ID窃盗及び濫用防止法」[46]等も制定されている。

(2) 州レベル

このように包括的な連邦法を欠く米国において、州は個人情報・プライバシー保護法制の発展においてとりわけ重要な役割を果たしてきたと言われる[47]。各州は、様々な分野について個人情報・プライバシー保護のための法律を制定しており、連邦法に比して積極的な取組みを行っている州も多い。とりわけ著名なのは、今般の日本の個人情報保護法の改正でも導入された所謂データ漏洩通知に関する法律、すなわち個人情報の漏洩等の際に情報主体への通知を義務付ける法律であり、2002年に制定されたカリフォルニア州の「セキュリティ侵害通知法」[48]を皮切りに、今や米国の50州すべてにおいて制定されるに至っている[49]。

もっとも、こうした州による法制定については、合衆国憲法第6編2項の最高法規条項（supremacy clause）[50]から、連邦法による専占（preemption）、すなわち、連邦法と州法とが抵触する際に連邦法が専ら適用されることが認められる場合もある[51]。専占には、明示の専占と黙示の専占があるが[52]、個人情報・プライバシー保護のための制定法の中で明示の専占条項を置くものとしては[53]、例えば上記COPPAが、同法の規制対象となる行為についてCOPPAに矛盾する州法を定めることを禁じている[54]。また、FCRAでは、原則として、同法に矛盾する州法については、その矛盾する限りにおいてFCRAが専占すると定めるが、例外として、FCRAが専占する事項を広く定めている[55]。他方で、例えば、GLBAは、同法に矛盾しない限りにおいて州法の制定を許容しており、より厳格な法律を制定することは矛盾に当たらないと定める[56]。また、HIPAAについても、原則として、州法と矛盾する場合はHIPAAに関する規則が専占するが、州法の規定が、特定の目的のために必要又は規則よりも厳格な規定であるといった事由に該当するとHHSが判断した場合には、州法の優先が認められている[57]。このように、GLBA及びHIPAAは最低限の基準を定めるものと解されており、医療・金融分野では、実際に多くの州がより厳格な法律を制定している[58]。

　また、多くの州では、先述のFTC法 5 条に類似した消費者保護のための法律が制定されており、個人情報・プライバシー保護の問題を解決するために用いられることもあるとされる[59]。この他、個別の問題に関する州レベルの制定法としては、例えば2019 年に制定されたヴァーモント州の「データ・ブローカー及び消費者の保護に関する法律」[60]や、データ・ブローカーの登録を義務付けるカリフォルニア州法[61]等が、日本における名簿屋対策との関係で注目される[62]。また、ネバダ州やミネソタ州等で

は、インターネット・サービス・プロバイダが保有する個人情報の保護に関する法律も制定されている[63]。特定の先端的な技術との関連で個人情報・プライバシー保護のための法律を制定する州もあり、とりわけ生体情報の保護については、従来から規制法を有していたイリノイ州、テキサス州及びワシントン州に加え、近時多くの州で関連法の検討が進められている[64]。

　こうした特定の分野や事項に焦点を当てた法律に止まらず、最近は、包括的な性質を有する法律を制

27　U.S. Dep't of Health & Hum. Servs., *Modifications to the HIPAA Privacy, Security, Enforcement, and Breach Notification Rules Under the Health Information Technology for Economic and Clinical Health Act and the Genetic Information Nondiscrimination Act: Other Modifications to the HIPAA Rules*, 78 Fed. Reg. 5566（2013）.

28　Fair Credit Reporting Act of 1970, Pub. L. No. 91-508, 84 Stat. 1127.

29　Financial Services Modernization Act of 1999, Pub. L. 106-102, 113 Stat. 1338.

30　GLBA及びFCRAに関する邦語文献としては、阪本昌成『プライヴァシー権論』（日本評論社、1986）245〜249 頁、287〜309 頁；江夏健一＝小林麻理監修・編著『グローバリゼーションとデータ保護：EUデータ保護指令を中心として』（敬文堂、1999）124〜144 頁；中川かおり「公正かつ正確な信用取引のための法律：アメリカの『公正信用報告法』の改正」外国の立法 221 号（2004）等を参照。

31　Right to Financial Privacy Act of 1978, Pub. L. No. 95-630, 92 Stat. 3697.

32　Communications Act of 1934, Pub. L. No. 73-416, 48 Stat. 1064.

33　Electronic Communications Privacy Act of 1986, Pub. L. No. 99-508, 100 Stat. 1848.

34　通信分野における米国の制定法については、城所岩生＝松前恵環「第一章：米国」情報セキュリティ大学院大学「インターネットと通信の秘密」第 2 期研究会「インターネット時代の『通信の秘密』各国比較」（2014）19〜37 頁（http://lab.iisec.ac.jp/~hayashi/2014-7-7.pdf（last visited Nov. 30, 2020））を参照。

35　Family Educational Rights and Privacy Act of 1974, Pub. L. No. 93-380, 88 Stat. 571.

36　Children's Online Privacy Protection Act of 1998, Pub. L. No. 105-277, 112 Stat. 2681.

37　Cable Communications Policy Act of 1984, Pub. L. No. 98-549, 98 Stat. 2779.

38　Privacy Protection Act of 1980, Pub. L. No. 96-440, 94 Stat. 1879.

39　Employee Polygraph Protection Act of 1988, Pub. L. No. 100-347, 102 Stat. 646.

40　Drivers Privacy Protection Act of 1994, Pub. L. No. 103-322, 108 Stat. 2099.

41　Video Voyeurism Prevention Act of 2004, Pub. L. No. 108-495, 118 Stat. 3999.

42　Telephone Consumer Protections Act of 1991, Pub. L. No. 102-243, 105 Stat. 2394.

43　Do-Not-Call Implementation Act of 2003, Pub. L. No. 108-10, 117 Stat. 557.

44　Controlling the Assault of Non-Solicited Pornography and Marketing Act of 2003, Pub. L. No. 108-187, 117 Stat. 2699.

45　Computer Fraud and Abuse Act of 1984, Pub. L. No. 98-473, 98 Stat. 1837.

46　Identity Theft and Assumption Deterrence Act of 1998, Pub. L. No. 105-318, 112 Stat. 3007.

47　Paul M. Schwartz, *Preemption and Privacy*, 118 Yale. L.J. 902, 916-917 (2009).

48　Cal. Civ. Code §§ 1798.80, 1798.81.5, 1798.82, 1798.84.

49　National Conference of State Legislatures, *Security Breach Notification Laws* (2020), https://www.ncsl.org/research/telecommunications-and-information-technology/security-breach-notification-laws.aspx (last visited Nov. 30, 2020).

50　U.S. Const. art. VI, cl. 2.

51　樋口範雄『アメリカ憲法』（弘文堂、2011）170〜172 頁。最高法規条項と専占理論については、松井茂記『アメリカ憲法入門〔第 8 版〕』（有斐閣、2018）77〜78 頁も参照。

52　樋口・前掲注(51)174〜175 頁。

53　明示の専占条項を置く制定法については、*See e.g.*, Peter Swire, *US Federal Preemption Part 1: History of Federal Preemption of Stricter State Laws*（Jan. 2019）, https://iapp.org/news/a/us-federal-privacy-preemption-part-1-history-of-federal-preemption-of-stricter-state-laws/（last visited Nov. 30, 2020）; Ira S. Rubinstein, *Privacy Localism*, 93 Wash. L. Rev. 1961, 2031-2032（2018）.

54　15 U.S.C. § 6502(u).

55　15 U.S.C. §§ 1681t(a), (b).

56　15 U.S.C. § 6807.

57　45 C.F.R. § 160.203.

58　Swire, *supra* note 53.

59　Stephen P. Mulligan et al., *Data Protection Law: An Overview*, 37 (2019), https://fas.org/sgp/crs/misc/R45631.pdf (last visited Nov. 30, 2020).

60　An Act Relating to Data Brokers and Consumer Protection, No. 171, 2018 Vt. Acts & Resolves 584.

61　Cal. Civ. Code § 1798.99.80 *et seq.*

62　これらの州法を含め、データ・ブローカー規制については、第 6 章で論ずる。

63　National Conference of State Legislatures, *State Laws Related to Internet Privacy*（2020）, https://www.ncsl.org/research/telecommunications-and-information-technology/state-laws-related-to-internet-privacy.aspx#ISPs (last visited Nov. 30, 2020).

64　Elias Wright, *Note: The Future of Facial Recognition is Not Fully Know: Developing Privacy and Security Regulatory Mechanisms for Facial Recognition in the Retail Sector*, 29 Fordham Intell. Prop. Media & Ent. L.J. 611, 641-646 (2019).

定する州も見られるようになっている。とりわけ、冒頭でも言及したカリフォルニア州のCalCPAは、米国における最も広範で包括的なプライバシー法であるとも言われ[65]、特に消費者の権利に関して見るべき点を多く含んでいる[66]。なお、2020年11月には、CalCPAを改正し、消費者の権利の拡大や、カリフォルニア州プライバシー保護局の設立等を規定する「2020年カリフォルニアプライバシー権法」（CalPRA）に関する提案、「プロポジション24」[67]が住民投票により可決されており、同法は2023年に施行予定である。

Ⅲ　米国における近時の議論動向

1.　包括的な連邦法の制定に向けた動き

　近時、個人情報・プライバシー保護の文脈において最も重要な関心事の一つとなっているのは、各国共通の緊急課題であるCOVID-19対応のための個人情報の利用と保護の問題を別にすれば、やはりEUのGDPRやCalCPAへの対応であり、多くの企業がプライバシー保護方策を改善する必要に迫られている[68]。こうした中、2020年1月に国立標準技術研究所（National Institute of Standards and Technology: NIST）が公表した「プライバシー・フレームワーク ver.1.0」[69]は、様々な組織がプライバシー保護措置を講じるための統一的な指針として注目されている。また、EUとの間の個人情報の移転のための枠組みである「プライバシー・シールド」が、先般、EU司法裁判所により無効とされたことを受けて、越境データ移転規制の在り方も課題となっている[70]。この他、近時特に議論が活発化している個別の問題としては、生体認証、とりわけ顔認証技術の利用とプライバシーや、子どもの個人情報に関する問題等も挙げられるだろう[71]。しかし、これらの個々の問題と並んで、あるいはこれらを含みつつ、最も大きな流れを形成しているのは、連邦レベルでの包括法の制定に向けた議論である。

　Ⅱで明らかにした、分野ごとの制定法とFTCの執行を背景とした自主規制との組み合わせを中心とする米国の個人情報・プライバシー保護法制は、米国における技術革新の推進要因の一つとなったという利点もあるものの[72]、そのパッチワーク的な法制度の限界もまた、つとに指摘されてきた[73]。とりわけ2000年代にはこうした問題意識からプライバ

シー保護のための統一的なルールの導入を求める動きが盛んになり、議会において複数の法案が提出されたことに加え[74]、オバマ政権下でホワイトハウスが「消費者プライバシー権利章典」[75]を公表するなど、政府主導での取組みも行われた。こうした包括的な連邦法の制定に向けた動きは、近時、EUにおけるGDPRの制定やCalCPAをはじめとする州レベルでの包括的な法律の制定に向けた動き、そして、個人情報の漏洩や不正利用に関する事案の発生等を受けて、再び活発化しつつある[76]。

　まず、連邦政府の取組みとしては、2018年に米国商務省電気通信情報局（National Telecommunications and Information Administration）が、技術革新を維持しながら消費者のプライバシーを強化するために連邦政府が採るべき方策について意見募集を行っている[77]。2019年には、米国会計検査院（Government Accountability Office）が、インターネット・プライバシーに関するFTC及び連邦通信委員会（Federal Communication Commission）の法執行の現状を調査し、インターネット・プライバシーに関する包括的な連邦法の制定を議会に提言している[78]。

　また、これまで包括的な法律による規制に反対の立場をとる傾向が強かった企業からも、法制定を望む意見が出始めている[79]。例えば、AT&Tやアマゾン等を含む主要な企業51社が参加する「ビジネス・ラウンドテーブル」は、法制定に向けた具体的な提案を盛り込んだ「消費者プライバシー立法のためのフレームワーク」を公表し[80]、2019年には議会に書簡を送って、消費者のプライバシー保護のための包括的な法律の制定を求めている[81]。こうした企業の動向の背景には、今日の企業における「戦略」としてのプライバシー保護の重要性もあるが[82]、包括的な連邦法による専占を主張し、州ごとに異なる規制を遵守するためのコストを回避しようとする意図があることも指摘されている[83]。

　議会でもプライバシーに関する公聴会が度々開催され、包括法の制定に向けた議論が行われている。例えば、上院商務・科学・運輸委員会では、2019年に「消費者のデータ・プライバシーを保護するための立法提案の検討」と題する公聴会[84]、2020年に「連邦データ・プライバシー立法の必要性の再検討」と題する公聴会[85]等が開かれ、下院エネルギー・商業委員会の消費者保護・商業小委員会でも、「ビッグデータ時代における消費者プライバシーの保護」[86]

や、「FTC の監督：米国民のプライバシー及びデータ・セキュリティの保護の強化」と題した公聴会[87]等が開催されている。また、今日、COVID-19 対応のために個人の健康情報や位置情報等が利用される場面も増えているが、こうした情報の保護の必要性という観点からも包括的な法律の必要性が指摘されている[88]。第 116 議会には既に多数の個人情報・プライバシー保護に関する法案が提出されているが、主なものとしては、「2019 年合衆国消費者データプライバシー法」[89]（USCDPA）、「消費者オンラインプライバシー権法」[90]（COPRA）等がある。これらは、消去権やデータ・ポータビリティ権を含む個人の「コントロール」の権利や、センシティブ情報に関する規制、アルゴリズムによる意思決定に関連する規定等、GDPR に類似した内容をも含んでいる。

2.　法制定を巡る課題

他方で、包括的な連邦法の制定に向けては様々な課題も指摘されている[91]。こうした課題には、規制対象とする情報、法執行機関、情報主体の権利、データ処理の制限の在り方等が含まれるが[92]、中でも合意が得られにくいと言われているのは、専占及び私的訴権（private right of action）[93]の問題である[94]。まず、専占については、上述の通り一般的に

---

65 Stuart L. Pardau, *The California Consumer Privacy Act: Towards A European-Style Privacy Regime in the United States?*, 23 J. Tech. L. & Pol'y 68, 73（2018）.

66 CalCPA における消費者の権利を含む個人参加の仕組みについては、第 4 章で論ずる。

67 Cal. Sec'y of State, Text of Proposed Laws 42 (2020), https://vig.cdn.sos.ca.gov/2020/general/pdf/topl-prop24.pdf (last visited Nov. 30, 2020).

68 *See e.g.*, Jordan M. Blanke, *Top Ten Reasons to be Optimistic about Privacy*, 55 Idaho L. Rev. 281, 303-308 (2019).

69 National Institute of Standards and Technology, *NIST Privacy Framework: A Tool for Improving Privacy through Enterprise Risk Management, version 1.0* (2020), https://www.nist.gov/privacy-framework/privacy-framework (last visited Nov. 30, 2020).

70 プライバシー・シールド無効判決を含む越境データ移転に関する規制の問題については、第 7 章で論ずる。

71 これらの問題については、本稿の関連する章で適宜言及するほか、第 11 章で論ずる。

72 Alan McQuinn & Daniel Castro, *A Grand Bargain on Data Privacy Legislation for America*, 2 (2019), http://www2.itif.org/2019-grand-bargain-privacy.pdf?_ga=2.170317728.1070540707.1607786969-1449872846.1597028632 (last visited Nov. 30, 2020).

73 *See e.g.*, Schwartz, *supra* note 14, at 1632-1640.

74 McQuinn & Castro, *supra* note 72, at 4.

75 The White House, *Consumer Data Privacy in a Networked World: A Framework for Protecting Privacy and Promoting Innovation in the Global Digital Economy*（2012）, https://obamawhitehouse.archives.gov/sites/default/files/privacy-final.pdf（last visited Nov. 30, 2020）.

76 McQuinn & Castro, *supra* note 72, at 5.

77 National Telecommunications and Information Administration, *Request for Comments on Developing the Administration's Approach to Consumer Privacy*, 83 Fed. Reg. 48600 (2018).

78 U.S. Government Accountability Office, *Internet Privacy: Additional Federal Authority Could Enhance Consumer Protection and Provide Flexibility*, 37-38 (2019), https://www.gao.gov/assets/700/696437.pdf (last visited Nov. 30, 2020).

79 Woodrow Hartzog & Neil Richards, *Privacy's Constitutional Moment and the Limits of Data Protection*, 61 B.C. Rev. 1687, 1692 (2020).

80 Business Roundtable, *Framework for Consumer Privacy Legislation* (Dec. 6, 2018), https://s3.amazonaws.com/brt.org/privacy_report_PDF_005.pdf (last visited Nov. 30, 2020).

81 Business Roundtable, *Business Roundtable CEOs Call on Congress to Pass Comprehensive, Nationwide Consumer Data Privacy Law* (Sep. 2019), https://www.businessroundtable.org/business-roundtable-ceos-call-on-congress-to-pass-comprehensive-nationwide-consumer-data-privacy-law (last visited Nov. 30, 2020).

82 Blanke, *supra* note 68, at 301-302.

83 W. Gregory Voss, *Obstacles to Transatlantic Harmonization of Data Privacy Law in Context*, 2019 U. Ill. J.L. Tech. & Pol'y 405, 443-444.

84 *Examining Legislative Proposals to Protect Consumer Data Privacy: Hearing before the S. Comm. on Commerce, Sci., & Transp.*, 116th Cong. (2019).

85 *Revisiting the Need for Federal Data Privacy Legislation: Hearing before the S. Comm. on Commerce, Sci., & Transp.*, 116th Cong. (2020).

86 *Protecting Consumer Privacy in the Era of Big Data: Hearing before the Subcomm. on Consumer Prot. & Commerce of the Comm. on Energy and Commerce*, 116th Cong. (2019).

87 *Oversight of the Federal Trade Commission: Strengthening Protections for Americans' Privacy and Data Security: Hearing before the Subcomm. on Consumer Prot. & Commerce of the Comm. on Energy and Commerce*, 116th Cong. (2019).

88 *Enlisting Big Data in the Fight Against Coronavirus: Hearing before the S. Comm. on Commerce, Sci., & Transp.*, 116th Cong. (2020) (Statement of Sen. Roger Wicker, Chairman, Comm. on Commerce, Sci., & Transp.).

89 United States Consumer Data Privacy Act of 2019, Staff Discussion Draft (2019). 2020 年には、この草案を改訂した、「米国におけるデータへのアクセス、透明性及び説明責任の枠組みを定める法律」（SAFE DATA Act）（Setting an American Framework to Ensure Data Access, Transparency, and Accountability Act, S.4626, 116th Cong. (2020)）が提出されている。

90 Consumer Online Privacy Rights Act, S. 2968, 116th Cong. (2019).

91 Mulligan et al., *supra* note 59, at 54-69.

92 *Id. See also* Cameron F. Kerry et al., *Bridging the Gaps: A Path Forward to Federal Privacy Legislation*, 12 (2020), https://www.brookings.edu/research/bridging-the-gaps-a-path-forward-to-federal-privacy-legislation/ (last visited Nov. 30, 2020).

93 制定法違反を原因として個人が訴えを提起することを認める権利であり、幾つかの個人情報・プライバシー保護のための制定法では、明示的に私的訴権が規定されている。私的訴権については、リチャード・J・ピアース・Jr. 著（正木宏長訳）『アメリカ行政法』（勁草書房、2017）207〜214 頁を参照。

企業は連邦法による専占を支持するのに対し、プライバシー保護論者は州法による保護を重視して連邦法による専占には批判的であるという傾向が見られる[95]。また、法違反の場合の私的訴権を連邦法に規定するか否かについても、プライバシー保護の観点からこれを認めて個人に十分な救済手段を提供すべきとする立場と、一般的に訴訟を敬遠し私的訴権に消極的な姿勢をとることが多い企業の立場とが対立している[96]。こうした対立は上述の二つの法案にも表れており、専占についてUSCDPAは原則として連邦法の専占を認めるのに対し、COPRAは州法の規定が矛盾する場合にのみ連邦法の専占を認めており、私的訴権についてUSCDPAはこれを認めないのに対し、COPRAは私的訴権を認めている[97]。

　こうした個別の論点に加え、米国における包括的な連邦法制定への障壁の一つとなり得るのが、表現の自由を保障する合衆国憲法第1修正との関係である[98]。特にGDPRに倣った法律の制定については、学界を中心に批判的な見解が見られ、こうした批判には、GDPRは未だ施行されて間もなく、その効果や影響が明らかでないため、GDPRに倣った規制の導入には慎重であるべきという実際的な観点からの批判のみならず[99]、第1修正との関係を含む理論的な観点からの批判も含まれている。例えば、W.ハーツォグとN.リチャーズは、EUの枠組みは表現の自由を重視する米国にはなじまないとし、米国独自の「プライバシー・フレームワーク」を構築すべきであると主張する[100]。また、W. G. ボスは、米国のプライバシー政策における自由放任主義的なアプローチや、米国における表現の自由の価値といった憲法上の特徴を指摘し、米国では少なくともGDPRのような法律は制定されないという見解を示している[101]。

　このように、専占や私的訴権を中心とした個別の論点や、第1修正との関係等、包括的な連邦法の制定のために解決すべき課題は少なくない。これらの点に関する合意形成は必ずしも容易ではないことに鑑みれば、米国における包括的な連邦法の制定には、なお時間を要するものと見るのが妥当であろう[102]。

Ⅳ　むすびにかえて

　本章では、米国の個人情報・プライバシー保護法制を横断的に検討する前提として、まず、米国の法制度の全体像と特徴を明らかにし、連邦及び州の制定法を概観した上で、包括的な連邦法の制定に向けた動きを中心に近時の議論動向を明らかにした。ここから読み取り得るのは、米国の個人情報・プライバシー保護法制の固有性である。現在、日本も含め多くの国がEU型の法制度を整備する潮流の中で、米国は、これまで長きにわたり米国特有の法制度を構築してきており、こうした米国の姿勢は包括的な連邦法の制定に向けた議論にも明確に表れていた。では、こうした米国特有の法制度は、如何なる思想に基づいて形成され、維持されてきたのであろうか。本章では法制定を巡る課題の一つとして合衆国憲法第1修正に言及したが、米国の個人情報・プライバシー保護法制の根底には、かかる表現の自由の重視を含め、プライバシーの権利の捉え方や政府の役割に対する考え方等、米国の基本的な思想があり、こうした思想を理解しておくことは、個別の論点を検討する際にも重要な意義を有する。そこで、次章では、米国の個人情報・プライバシー保護法制の根底にある基本的な思想について検討を加えることとしたい。

＊本章は、「米国の法制度の概要と近時の議論動向」NBL　1185号（2021年1月）79頁を収録したものである。

94　Kerry et al., *supra* note 92, at 15-25.

95　*See* Mulligan et al., *supra* note 59, at 16.

96　Kerry et al., *supra* note 92, at 19-25.

97　Jonathan M. Gaffney, *Watching the Watchers: A Comparison of Privacy Bills in the 116ᵗʰ Congress*, 4 (2020), https://crsreports.congress.gov/product/pdf/LSB/LSB10441 (last visited Nov. 30, 2020).

98　*See* Mulligan et al., *supra* note 59, at 64.

99　Shaun G. Jamison, *Creating A National Data Privacy Law for the United States*, 10 Cybaris an Intell. Prop. L. Rev. 1, 28 (2019).

100　Hartzog & Richards, *supra* note 79, at 1721-1742.

101　Voss, *supra* note 83, at 456.

102　*See* e.g., Gaffney, *supra* note 97, at 4.

第 2 章

米国の法制度の基底をなす思想と
プライバシーの権利

Ⅰ　はじめに

　プライバシーの権利が、S. D. ウォーレンとL. D. ブランダイスの手になる論稿[1]により、19世紀末の米国において提唱されたことはあまりにも有名である。同論稿で「一人にしておいてもらう権利」（right to be let alone）として定義付けられたプライバシーの権利[2]は、その後、米国におけるプライバシー概念に関する理論的検討の蓄積を経て、不法行為法及び合衆国憲法上の権利として発展してきたのであり、米国は「プライバシー権の母国」とも言われる[3]。にもかかわらず、第1章で明らかにしたように、米国は公的部門及び民間部門を包括的に規制する個人情報・プライバシー保護のための連邦法を持たず、そのパッチワーク的な保護法制は批判の対象ともなってきた[4]。この背景には如何なる要因があるのだろうか。

　総論の後半となる第2章では、まずⅡで、前提として「プライバシー保護法制」としての米国の法制度の位置付けを明らかにした上で、米国におけるプライバシー概念の発展とその国際的な影響について検討し、Ⅲにおいて、米国の個人情報・プライバシー保護法制の基底をなす思想と米国におけるプライバシーの法的保護の在り方を明らかにする。

Ⅱ　米国におけるプライバシー概念の発展とそのインパクト

1.　「プライバシー保護法制」としての米国の法制度

　欧州連合（European Union：EU）の個人情報・プライバシー保護法制が一般に「データ保護法制」と呼ばれるのに対し、米国の法制度は厳密には「プライバシー保護法制」と言うべきものである。第1章で挙げた連邦法の名称を見ても、「1974年プライバシー法」、「1986年電子通信プライバシー法」、「1988年ビデオ・プライバシー保護法」、「1994年運転免許者プライバシー保護法」、「1998年子ども

1　Samuel D. Warren & Louis D. Brandeis, *The Right to Privacy*, 4 Harv. L. Rev. 193（1890）.
2　*Id.* at 193.
3　阪本昌成「プライバシーの権利と表現の自由⑴」立教76号（2009）34頁、36頁。
4　第1章2〜3頁、6頁を参照。

オンラインプライバシー保護法」等、その多くはプライバシーの保護のための法律として位置付けられている[5]。また、上記「1974年プライバシー法」[6]に関する「議会の認識及び目的の宣言」は、「プライバシーの権利は合衆国憲法によって保障される個人的かつ基本的な権利である」とした上で、同法の目的は「個人のプライバシーの侵害に対して個人に一定の保護措置を提供する」ことにあると述べる[7]など、米国の個人情報・プライバシー保護のための制定法は、基本的にプライバシーの権利保護を目的に据えているものと解される。

　他方でEUの法制度は、「基本権」（fundamental rights）としての「個人データの保護」という考え方を一つの基礎として形成されてきた「データ保護法制」である[8]。EUの「一般データ保護規則」[9]の1条2項は、「本規則は、自然人の基本的な権利及び自由と、とりわけ個人データの保護に関する権利を保護する」として、所謂「EU個人データ保護指令」[10]の1条が言及していたプライバシーの権利への言及をなくし、「個人データの保護」を前面に出すに至っている。

　そもそも個人情報・プライバシー保護法制の目的には、個人情報の処理に係る個人の権利利益の保護と情報の自由な流通の確保の二つが含まれると解されているが、この個人の権利利益として基本権としての「個人データの保護」の権利を掲げるEUと、プライバシーの権利を掲げる米国とでは、その制度に根本的な違いがある[11]。では、米国におけるプライバシーないしプライバシーの権利とは一体どのような概念なのか。まず次項では、米国におけるプライバシー概念の発展について見ることとしたい。

2.　米国におけるプライバシー概念の発展[12]とその国際的な影響

　プライバシーとは、法学のみならず、社会学、哲学、倫理学、人類学等、極めて広範な領域で学問的探求の対象となってきた概念であるが[13]、法的権利としてのプライバシーが明確に主張されたのは、冒頭で触れたウォーレンとブランダイスの論稿であったと言われる。同論稿は、プライバシーの根底にある原則は「不可侵の人格」の原則であり、コモン・ローは各個人に、自己の思想、心情及び感情をどの程度他者に伝えるべきかを決める権利を保障しているとして、「一人にしておいてもらう権利」としてのプライバシーの権利を提唱した[14]。かかるプライ

バシーの権利の概念は、米国における不法行為法によるプライバシーの権利の保護に寄与するとともに、合衆国憲法上のプライバシーの権利を巡る判例においても参照され、米国におけるプライバシー権発展の礎となっただけでなく[15]、EUの法制度にも大きな影響を及ぼした[16]。

　もっとも、プライバシーという概念の意義は必ずしも明確ではなく、かかる概念に如何なる定義をあてるのかという問題は、その後長きにわたり学説の中心に据えられ続けてきた。例えばD. J. ソロブは、現代に至るまでに提唱された多様なプライバシーの概念を、①一人にしておいてもらう権利、②自己へのアクセスの限定、③秘密、④自己に関する情報のコントロール、⑤人格としてのプライバシー、⑥親密性、の六つに分類している[17]。また、近時は、「信頼」との関係でプライバシーを理解する見解が有力になるなど[18]、現在に至るまでプライバシーという概念の意義について統一的な考えが確立されている訳ではない。J. J. トムソンは、「プライバシーの権利について最も特筆すべきことは、それが何であるかについて誰もそれほど明確な考えを持っていないように思われるということである」と指摘し[19]、J. C. イネスは、プライバシーを巡る法的及び哲学的な言説は未だ「カオス」の中にあると評したが[20]、こうした指摘は今日の議論にも依然として当てはまるものと言えよう。

　そもそも、上に掲げたような多様な定義は、それが論じられる時代背景や文脈に応じてそれぞれ引き出されてきたものであることに照らせば、プライバシーという概念に単独の定義を与えようとすること自体が妥当ではなく、プライバシーという概念は元来多様な意味合いを有し、時代や文脈によって異なる側面を見せ得るものであるという理解に立つ方が自然であるとも考えられる[21]。無論、そう解したとしてもプライバシーの側面として何を挙げるのかはまた論者によって異なるが、米国において主要な側面として挙げられることが多いのは、自己の身体や家族等についての決定に関する利益としての「自己決定のプライバシー」（decisional privacy）、及び、自己に関する情報の処理に関する利益としての「情報プライバシー」（information privacy）の二つであろう[22]。このうち、個人情報・プライバシー保護法制と最も密接に関わるのは「情報プライバシー」の側面であり、米国における「情報プライバシー」の

概念は、広義には EU の「データ保護」に相当するものと解されている[23]。

「情報プライバシー」の内容を如何に解するのかについても統一的な定義が確立されている訳ではないが、多くの論者はこれを所謂自己情報コントロール権として捉えている[24]。自己情報コントロール権とは、1960 年代のコンピュータ技術の発展等を契機に提唱された権利であり、代表的な論者である A. F. ウェスティンは、「プライバシーとは、自己に関する情報が、いつ、どのように、どの程度他者に伝達されるかを決定する個人、集団又は組織の要求である」[25] とする。また、A. R. ミラーは、コン

ピュータ化がもたらす脅威をより強調して自己情報のコントロールの必要性を説き、「効果的なプライバシーの権利の基本的な性質は、自己に関する情報の流通をコントロールする個人の能力」[26] であるとした。

かかるプライバシー権の理解は、個人情報・プライバシー保護のための制定法の発展において大きな役割を果たした。第 1 章で個人情報・プライバシー保護のための基本原則として言及した「公正な情報取扱慣行に関する原則」（Fair Information Practice Principles）は、米国保健教育福祉省が 1973 年に公表した「記録、コンピュータ及び市民の権利」と題する報告書の「公正な情報取扱規範」（Code of Fair

---

5　米国の個人情報・プライバシー保護のための連邦法の概要については、第 1 章 2〜4 頁を参照。

6　Privacy Act of 1974, Pub. L. No. 93-579, 88 Stat. 1896.

7　5 U.S.C. § 552a note.

8　*See e.g.*, Cristopher Kuner, European Data Protecion Law: Corporate Compliance and Regulation 18-19 (2nd ed. 2007); Orla Lynskey, The Foundations of EU Data Protection Law 38-39 (2015). EU 基本権憲章は、「個人データの保護」と題した 8 条で、「何人も、自己に関する個人データの保護を受ける権利を有する」と定めている。Charter of Fundamental Rights of the European Union, art. 8, 2010/C 083/02 of 30 March 2010, 2010 O.J. (C 83) 389, 393.

9　Regulation (EU) 2016/679 of the European Parliament and of the Council of 27 April 2016 on the protection of natural persons with regard to the processing of personal data and on the free movement of such data, and repealing Directive 95/46/EC (General Data Protection Regulation), 2016 O.J. (L119) 1.

10　Directive 95/46/EC of the European Parliament and of the Council of 24 October 1995 on the protection of individuals with regard to the processing of personal data and on the free movement of such data, 1995 O.J. (L281) 31.

11　W. マクガヴァランは、両者の相違は「デフォルト・ルール」の違いに存する——すなわち、EU では、法により許容されなければ個人データの処理は許されないのに対し、米国では法が禁じなければ自由である——と指摘する。*See* William McGeveran, *Friending the Privacy Regulators*, 58 Ariz. L. Rev. 959, 965-966 (2016).

12　米国におけるプライバシー概念の発展に関しては多数の邦語文献があるが、主要なものとしてさしあたり、伊藤正己『プライバシーの権利』（岩波書店、1963）；佐伯仁志「プライヴァシーと名誉の保護（三）」法協 110 巻 9 号（1984）1406 頁；阪本昌成『プライヴァシー権論』（日本評論社、1986）；堀部政男『現代のプライバシー』（岩波書店、1980）；新保史生『プライバシーの権利の生成と展開』（成文堂、2000）；佐藤幸治『現代国家と人権』（有斐閣、2008）；石井夏生利『個人情報保護法の理念と現代的課題：プライバシー権の歴史と国際的視点』（勁草書房、2008）；山本龍彦『プライバシーの権利を考える』（信山社、2017）等を参照。

13　新保・前掲注(12) 110 頁。

14　Warren & Brandeis, *supra* note 1, at 197-205, 207.

15　*See e.g.*, Katz v. United States, 389 U.S. 347, 350 (1967); Olmstead v. United States, 277 U.S. 438, 478 (1928)(Brandeis, J., dissenting). N. M. リチャーズは、ブランダイスの手になる二つのテキスト、すなわち、ウォーレンとの共著である同論稿及びオルムステッド判決における反対意見は、米国のプライバシー法の基礎になっていると指摘する。*See* Neil M. Richards, *The Puzzle of Brandeis, Privacy, and Speech*, 63 Vand. L. Rev. 1295, 1295-1296 (2010).

16　Paul M. Schwartz, *The EU-U.S. Privacy Collision: A Turn to Institutions and Procedures*, 126 Harv. L. Rev. 1966, 1970-1971 (2013).

17　Daniel J. Solove, *Conceptualizing Privacy*, 90 Calif. L. Rev. 1087, 1094 (2002).

18　*See e.g.*, Ari Ezra Waldman, Privacy as Trust: Information Privacy for an Information Age 67-75 (2018).

19　Judith Jarvis Thomson, *The Right to Privacy*, 4 Phil. & Pub. Aff. 295, 295 (1975).

20　Julie C. Inness, Privacy, Intimacy, and Isolation 3 (1992).

21　このようにプライバシーの多面性を認める見解は、米国では 1990 年代頃から多く見られるようになっている。*See e.g.*, *Id.* at 41-56; Judith Wagner Decew, In Pursuit of Privacy: Law, Ethics, and the Rise of Technology 2-4 (1997); Jerry Kang, *Information Privacy in Cyberspace Transactions*, 50 Stan. L. Rev. 1193, 1202-1203 (1998); Solove, *supra* note 17, at 1096-1126.

22　*See e.g.*, Neil M. Richards, *Essay: The Information Privacy Law Project*, 94 Geo. L.J. 1087, 1089 (2006). ここで言う「自己決定のプライバシー」は、日本における「自己決定権」にほぼ相当するものであるが、米国ではプライバシー権の一部を構成するものと解されるのが一般的である。佐藤幸治『日本国憲法論』（成文堂、2011）182、188 頁を参照。なお、後述のように「情報プライバシー」を「自己情報コントロール権」として捉える限りにおいて、「情報プライバシー」と「自己決定のプライバシー」には重なり合う部分があるという点には留意が必要である。

23　Colin J. Bennett, Regulating Privacy: Data Protection and Public Policy in Europe and the United States 14 (1992) は、「データ保護」（data protection）という概念は、A.F. ウェスティンによって定義された「情報プライバシー」（information privacy）という概念（*See infra* note 25.）と「広い意味で類似する」と指摘する。

24　*See e.g.*, Kang, *supra* note 21, at 1202-1203; Lawrence Friedman, *Establishing Information Privacy Violations: The New York Experience*, 31 Hofstra L. Rev. 651, 651 (2003); Richards, *supra* note 22, at 1089. 米国における「情報プライバシー」の権利については、村上康二郎『現代情報社会におけるプライバシー・個人情報の保護』（日本評論社、2017）59〜100 頁等を参照。

25　Alan F. Westin, Privacy and Freedom 7 (1967).

26　Arthur R. Miller, The Assault on Privacy: Computers, Data Banks, and Dossiers 25 (1971).

Information Practices)[27] がその起源であるとも言われているが[28]、かかる原則は、ウェスティンらが唱えた自己情報コントロール権を一つの背景として形成されたものである[29]。また、こうした見解は、欧州における初期のデータ保護法制の展開にも少なからぬ影響を及ぼしていたことが指摘されている[30]。プライバシーという、その外延も内実も十分に明確ではない権利の保護に関して、自己情報コントロール権という概念は、立法政策上極めて重要な意義を持ったものと言えよう[31]。

このように、所謂自己情報コントロール権という新たなプライバシー概念は初期の個人情報・プライバシー保護法制の形成において重要な役割を果たしたのであり[32]、先に見た法的権利としてのプライバシーの提唱も含め、米国の学説において発展してきたプライバシー概念は、EUも含めた国際的な個人情報・プライバシー保護法制の歴史において少なからぬ影響力を有してきたものと解される。

Ⅲ　米国の法制度の基底をなす思想とプライバシーの法的保護の在り方

しかし、米国におけるこうしたプライバシー概念の発展及びその国際的な影響力の大きさに比して、第1章で見たように、米国における個人情報・プライバシー保護法制の現状は必ずしも十分なものとは言い難い。その背景には様々な要因があるが[33]、とりわけ重要なのは米国の社会や法制度の基底をなす思想であり、また、これを背景としたプライバシーの法的保護の在り方である[34]。

1.　憲法上の「情報プライバシー」の権利の限定的な保障

まず、EUにおける基本権としての「個人データの保護」の権利の保障との比較において重要なのは、合衆国憲法における「情報プライバシー」の権利の保護は少なからず限定されたものであるという点である[35]。そもそも合衆国憲法にはプライバシーの権利は明記されていないが、連邦最高裁は、第1修正[36]による結社の自由の保障[37]、第3修正[38]による家宅所有者の同意なき兵士の宿営の禁止、第4修正[39]による不合理な捜索・押収からの保護、第5修正[40]による自己負罪拒否特権の保障等を根拠として、プライバシーの権利の保護を引き出してきた[41]。初めて独立した権利としてのプライバシーの権利に言及したと言われているのが1965年のGriswold判決[42]であり[43]、法廷意見は、上記の複数の条項の「半影」（penumbra）により「プライバシーの領域」（zones of privacy）が生成されるとし[44]、先述の「自己決定のプライバシー」を承認した。その後、「自己決定のプライバシー」は、中絶を禁止するテキサス州刑法の合憲性が争点となった1973年Roe判決で、合衆国憲法第14修正[45]により保障されるものと解されている[46]。

憲法上の「情報プライバシー」の権利については、1977年のWhalen事件に関する連邦最高裁判決[47]においてその存在が承認された。本件は、一定の薬物の処方に際して患者の氏名や住所等の個人情報を含む書類の提出を義務付け、当該情報を記録したコンピュータ用磁気テープを州の保健省において保管することを定めるニューヨーク州の薬物規制法が、憲法上のプライバシーの権利を侵害するか否かが争点となったものである。法廷意見は、プライバシーには「私的な事柄を開示されないということに関する個人の利益」及び「一定種類の重要な決定を独立して行うことができるということに関する利益」の二つの異なった利益が含まれるとし[48]、前者が「情報プライバシー」の利益を指すものと解されている[49]。もっとも、法廷意見が承認したのは、あくまでも「私的な事柄を開示されない」という意味における「情報プライバシー」の利益にとどまるものであり、本件についても、上記の情報に関する適切な安全管理措置が用意されていること等から第14修正に基づく権利侵害は認められないと判示している[50]。同判決に続くNixon事件に関する連邦最高裁判決[51]も、Whalen判決を引用しながら、プライバシーの一要素として「私的な事柄を開示されない」利益があることを認めたものの、問題となった「大統領記録資料保存法」がプライバシーの権利を侵害するという主張は退けている[52]。更に近時、連邦最高裁は、米国航空宇宙局における契約職員の採用の際に行われる身元調査を巡ってプライバシー侵害の有無が問題となった2011年のNelson判決[53]において、再び憲法上の「情報プライバシー」の権利について判示したが、法廷意見は「Whalen判決及びNixon判決において言及された類の」プライバシーの権利は憲法上保障されるとしたものの、「1974年プライバシー法」による安全管理措置の存在等を理由にプライバシー侵害を否定している[54]。

このように、合衆国憲法により保障されると解される「情報プライバシー」の権利は、先に見た学説

のように個人に自己情報に関するコントロールを認めるようなものではなく、あくまでも私的な事柄を開示されない権利であることに加え、少なくとも連邦最高裁はその侵害の主張をこれまで認めていないという点で、相当程度限定されたものと解される。これは、個人データの処理行為一般を規制し、広い範囲の個人データについてデータ主体に権利を付与するEUのデータ保護とは大きく異なるものと言えよう[55]。

2.　政府からの自由としてのプライバシー権と民間部門の規制の忌避

　また、米国におけるプライバシーの法的保護のあり方を理解するにあたっては、合衆国憲法上の権利に関する二つの特徴が重要であるとされる[56]。まず、合衆国憲法上の権利は、基本的に政府の行為に対して保障されるものであり、奴隷的拘束を禁ずる第13修正[57]を除いては私人間に適用されないと解されている[58]。したがって、仮に私人の行為によるプライバシー権の侵害が問題になったとしても、それが「国家の行為」（state action）と同視できるものでない限りは、憲法問題は生じない[59]。また、合衆国憲法上の権利は基本的に「消極的」なものである、すなわち、合衆国憲法は政府に何らかの行為を行うことではなく、むしろ、何らかの行為を控えることを義務付けるものであるという点も重要な特徴とされる[60]。F. H. ケイトは、これらの二つの特徴

27　U.S. Dep't of Health, Educ., & Welfare, *Records, Computers, and the Rights of Citizens*, 40-41（1973）［hereinafter *HEW Report*］.

28　*See* Marc Rotenberg, *Fair Information Practices and the Architecture of Privacy (What Larry Doesn't Get)*, Stan. L. Rev. 1, 43（2001）.

29　*HEW Report*, *supra* note 27, at 39-41.

30　*See e.g.*, Bennett, *supra* note 23, at 53-54; Gloria González Fuster, The Emergence of Personal Data Protection as a Fundamental Right of the EU 21-54（2014）.

31　L. ラスキーは、ウェスティンのプライバシー理解は、憲法上の目的のみならず、立法上の目的にも資する形式化を提供したという点で、先人達に比してより「広い概念システム」を提示したと評価している。*See* Louis Lusky, *Invasion of Privacy: A Clarification of Concepts*, 72 Colum. L. Rev. 693, 693（1972）. 阪本・前掲注⑶54頁も、自己コントロール権について、立法政策論の色合いが強いと指摘している。

32　Schwartz, *supra* note 16, at 1969.

33　例えば、米国とEUの法制度の差異の要因として企業によるロビー活動の在り方の違いを指摘するものとして、*See* W. Gregory Voss, *Obstacles to Transatlantic Harmonization of Data Privacy Law in Context*, 2019 U. Ill. J.L. Tech. & Pol'y 405, 436-438（2019）.

34　米国とEUの個人情報・プライバシー保護法制の背景にあるこうした思想の違いについては、宮下紘『プライバシー権の復権：自由と尊厳の衝突』（中央大学出版部、2015）102～153頁を参照。

35　Fred H. Cate, Privacy in the Information Age 52-66（1997）.

36　U.S. Const. amend. Ⅰ.

37　NAACP判決（NAACP v. Alabama, 357 U.S. 449（1958））では、「結社の自由」（freedom of association）には、メンバーリストを開示されないというプライバシーの権利が含まれるとされた。

38　U.S. Const. amend. Ⅲ.

39　U.S. Const. amend. Ⅳ.

40　U.S. Const. amend. Ⅴ.

41　Priscilla M. Regan, Legislating Privacy: Technology, Social Values, and Public Policy 35-39（1995）. 合衆国憲法上のプライバシー権の保護に関する邦語文献としては、前掲注⑿に掲げたもの等を参照。

42　Griswold v. Connecticut, 381 U.S. 479（1965）.

43　Regan, *supra* note 41, at 39.

44　*Griswold*, 381 U.S. 479, at 484-485.

45　U.S. Const. amend. XIV.

46　Roe v. Wade, 410 U.S. 113（1973）. 第14修正による自己決定のプライバシー保護に関する邦語文献としては、前掲注⑿に掲げたもののほか、松井茂記『アメリカ憲法入門〔第8版〕』（有斐閣、2018）380～397頁等を参照。

47　Whalen v. Roe, 429 U.S. 589（1977）. 合衆国憲法上の「情報プライバシー」の権利の保護については、大林啓吾「アメリカにおける情報プライバシー権の法理」千葉27巻4号（2013）157頁を参照。

48　*Whalen*, 429 U.S. 589, at 598-600.

49　佐藤幸治「権利としてのプライバシー」ジュリ742号（1981）158頁、159頁。

50　*Whalen*, 429 U.S. 589, at 600-604.

51　Nixon v. Adm'r of Gen. Servs., 433 U.S. 425（1977）.

52　*Nixon*, 433 U.S. 425, at 456-457.

53　NASA v. Nelson, 562 U.S. 134（2011）.

54　*NASA*, 562 U.S. 134, at 138.

55　Lynskey, *supra* note 8, at 11, 131; McGeveran, *supra* note 11, at 976.

56　Cate, *supra* note 35, at 50-51.

57　U.S. Const. amend. XIII.

58　Erwin Chemerinsky, Constitutional Law: Principles and Policies 553-554（6th ed. 2019）.

59　Cate, *supra* note 35, at 50-51. このように、一定の場合には私人の行為を国家の行為と同視して合衆国憲法の適用を認める法理は、「ステイト・アクション法理」と呼ばれる。同法理については多数の邦語文献があるが、基本的なものとしてさしあたり、松井・前掲注46216～224頁を参照。

は、米国における政府と市民との伝統的な区分や、政府の権力の制限に関する長年にわたって維持されてきた信念を反映するものであり、合衆国憲法は、市民に権利を付与するものというよりもむしろ、政府の市民に対する権力を抑制するものと解されていると述べる[61]。

すなわち、伝統的に私的行為の自由を重視し、政府の役割を限定的に捉える米国において[62]、合衆国憲法が保障するのは、言わば政府からの自由としてのプライバシー権であり、合衆国憲法におけるプライバシー権の保護は、市民相互間での保護というよりもむしろ、政府に対する市民のプライバシーの保護を意味するものである[63]。「情報プライバシー」についても、政府こそが、その情報処理の規模の大きさや市場競争にさらされないといった点で、個人の自由に対して最も大きな脅威を及ぼすものと見做されてきたのであり[64]、P. M. シュウォーツは、こうした考え方が民間部門における個人情報の処理に関する基本的な法的保護の不在につながってきたと指摘する[65]。

このように政府による民間への介入が忌避される中で、民間部門における個人情報・プライバシー保護のための主要な法制度としての機能を担うことになるのは不法行為法であるが、その保護もまた必ずしも十分なものとは言えない。冒頭で言及したウォーレンとブランダイスによって法の領域に登場したプライバシーの権利は、その後、各州のコモン・ロー上の権利として承認されていき[66]、1960年にはW. L. プロッサーが、こうして蓄積された裁判例の分析を踏まえ、プライバシーを侵害する行為を「侵入」、「私事の公開」、「公衆の誤認」及び「盗用」の四類型に整理している[67]。現在では多くの州において、これらのプライバシー侵害が不法行為として承認されているが[68]、「情報プライバシー」の問題はこれらの類型に必ずしも当てはまり難く、不法行為法による保護の限界が指摘されている[69]。

第1章において、消費者保護としてのプライバシー保護という米国の個人情報・プライバシー保護法制の特徴を指摘したが[70]、これはまさに、ここまで見てきた米国における憲法、コモン・ロー及び個人情報・プライバシー保護のための制定法による保護の間隙を埋めるものとして発展してきたものである[71]。そして、こうした消費者保護としての側面故に、米国における規制は、消費者の「脆弱性」

（vulnerability）に焦点を当てた、例えば子どもの個人情報の保護に代表されるような、特に保護の必要性が認められる分野における限定的な規制にとどまってきたとも言えよう[72]。

3.　第1修正上の表現の自由と情報の自由な流通の重視

無論、政府はプライバシーを保護するために何らかの方策を採り得るものの、憲法上保障される他の権利――とりわけ米国において伝統的に重視されてきた合衆国憲法第1修正上の表現の自由――との関係で、厳しい制約を受け得る[73]。先述のように、第1修正は、結社の自由の保護を通じてプライバシーの権利を保護するという面もあるが、プライバシー権の保護と衝突する場合もあり、かかる場合にはほぼ例外なく表現の自由が優先されてきたと言われる[74]。J. R. ライデンバーグは、政府からの市民の保護に重きを置く合衆国憲法の伝統は、米国における情報の自由な流通の重視につながり、とりわけ情報に関する規制を行うことは忌避されると指摘しており[75]、実際にこれまで、情報の公開を制限する多くの制定法が第1修正違反として無効とされてきた[76]。

とりわけ注目すべき近時の判決としては、薬剤の処方記録に関する「処方者識別情報」（prescriber-identifying information）を製薬会社やデータ・マイニング事業者がマーケティング目的で販売・利用等することを禁じたヴァーモント州法が、第1修正に違反すると判断したSorrell事件の2011年連邦最高裁判決[77]が挙げられる。法廷意見は、本件で問題となった処方者識別情報の利用について、薬局は、その日常的な業務として処方箋を処理する際に処方者識別情報を受領し、多くの薬局がそうした情報をデータ・マイニング事業者に販売するとする[78]。そして、データ・マイニング事業者は、それらの情報を分析して作成した処方者の行動に関する報告書を製薬会社に貸与し、製薬会社の依頼を受けた販売支援者は、かかる報告書を利用してマーケティング戦略の改善を行い、販売の拡大を図るのである[79]。法廷意見は、「情報の生成や頒布は第1修正が意味するところの言論である」ことを前提に[80]、こうした「医薬品のマーケティングを支援するための言論は、第1修正によって保障される表現の一形態である」とし、同法は第1修正に違反するものと判示している[81]。

　そもそも米国では、第 1 修正上の表現の自由を重視する観点から、プライバシーの権利を保護すること自体への批判も主張されてきた。代表的な論者であるR. ポズナーは、プライバシーへの欲求の多くは過去の犯罪行為等を含む不名誉な情報に関わるものであるとし、こうした情報を隠匿し他者を誤解させることの危険性を説く[82]。また、E. ヴォロクは、「情報プライバシー」の権利とは他者が自身について話すことを禁ずる権利であり、第 1 修正に反すると主張する[83]。こうした考え方に対しては、情報プライバシー法学者を中心に反論が展開されてきているが[84]、米国においては、個人情報・プライバシー

保護法制に対して第 1 修正による表現の自由の保障の観点から厳しい目が注がれる傾向は否定し得ない。

　米国の個人情報・プライバシー保護のための制定法においては、EUや日本とは異なり、情報の自由な流通ないし情報の有用性の確保が明確に規定される訳ではないが、こうした思想は、最低限の制定法と自主規制を中心とした米国の個人情報・プライバシー保護法制の構造そのものに反映されているものと解されよう[85]。

60　CATE, supra note 35, at 51.

61　Id.

62　Joel R. Reidenberg, Setting Standards for Fair Information Practice in the U.S. Private Sector, 80 IOWA L. REV. 497, 501-502 (1995). See also Fred H. Cate, The Changing Face of Privacy Protection in the European Union and the United States, 33 IND. L. REV. 173, 224-225 (1999).

63　Reidenberg, supra note 62, at 501-503. なお、幾つかの州の憲法ではプライバシーの権利が保障されているが、その多くは上に見た合衆国憲法と同様、やはり州政府が市民のプライバシーに介入することを禁ずるものと解されている。もっとも、例外として、カリフォルニア州憲法上のプライバシーの権利は、私人間にも適用されるものと解されている。他方で、欧州においては、政府が市民の権利の「保護者」として積極的な規制を行うことが義務付けられると考えられており、国家が個人の私生活における行動等に関して様々な規制を行うことがある程度受け入れられてきたと言われている。See e.g., CATE, supra note 35, at 44.

64　CATE, supra note 35, at 76.

65　Paul M. Schwartz, Privacy and Democracy in Cyberspace, 52 VAND. L. REV. 1607, 1633-1634 (1999).

66　William L. Prosser, Privacy, 48 CALIF. L. REV. 383, 384-388 (1960).

67　Id. at 389. 米国における不法行為法上のプライバシー権の発展に関する邦語文献としては、前掲注⑿に掲げたもの等を参照。

68　Neil M. Richards & Daniel J. Solove, Prosser's Privacy Law: A Mixed Legacy, 98 CALIF. L. REV. 1887, 1904 (2010).

69　Id. at 1917-1921. なお、こうした「情報プライバシー」の保護に関する米国不法行為法の課題について、とりわけ公開された個人情報の保護という観点から論じたものとして、松前恵環「個人によるカメラ監視と米国不法行為法上のプライバシー権の限界：『ポリオプティコン』の時代におけるプライバシー」社会情報学研究 16 巻 2 号（2012）111 頁；松前恵環「SNSにおけるプライバシーの期待と保護のあり方：L. J. ストゥラホラヴィッツの『プライバシーの社会ネットワーク理論』を手がかりに」Journal of Global Media Studies 13 巻（2014）75 頁を参照。

70　米国では、連邦取引委員会（Federal Trade Commission：FTC）が、「不公正若しくは欺瞞的な行為又は慣行」を禁ずるFTC法 5 条の法執行を通じて、消費者保護を図っている。第 1 章 2～3 頁を参照。

71　McGeveran, supra note 11, at 977.

72　Julie Brill, The Intersection of Privacy and Consumer Protection, in THE CAMBRIDGE HANDBOOK OF CONSUMER PRIVACY 355-357 (Evan Selinger et al. eds., 2018). See also Cate, supra note 62, at 224-225; Woodrow Hartzog & Neil M. Richards, Privacy's Constitutional Moment and the Limits of Data Protection, 61 B.C. REV. 1687, 1690 (2020).

73　CATE, supra note 35, at 68. 米国における自由な情報流通の重要性とプライバシー権の位置付けについては、阪本・前掲注⑶46～61 頁を参照。

74　CATE, supra note 35, at 70. 他方で、欧州では古くからメディアに対する規制がある程度受け入れられてきたという歴史があり、欧州では、表現の自由を含む他の権利に対するプライバシーの権利の優位性が見られるとの指摘もある（CATE, supra note 35, at 42-45.）。

75　Reidenberg, supra note 62, at 503-504.

76　CATE, supra note 35, at 70.

77　Sorrell v. IMS Health, 564 U.S. 552 (2011).

78　Id. at 557-558.

79　Id.

80　Id. at 570. そもそも、「データ」ないし「情報」が第 1 修正上の「言論」に当たるのかという点については、議論の対立がある。これを肯定する代表的な論者であるE. ヴォロクは、第 1 修正は政府が情報の伝達を統制することを一般的に禁ずるものであるとするのに対し（Eugene Volokh, Freedom of Speech and Information Privacy: The Troubling Implications of a Right to Stop People from Speaking About You, 52 STAN. L. REV. 1049, 1051 (2000))、例えばリチャーズは、商業的な文脈において情報の伝達を制限するプライバシー規制法のほとんどは、第 1 修正上の「言論」の規制に当たらないとしている（Neil M. Richards, Reconciling Data Privacy and the First Amendment, 52 UCLA L. REV. 1149, 1169 (2005))。こうした議論について考察を加える邦語文献として、村上康二郎「情報プライバシー権と表現の自由の関係に関する一試論：アメリカにおける議論を参考にして」法政論叢 48 巻 1 号（2011）141 頁、143～154 頁を参照。

81　Sorrell, 504 U.S. 552, at 557.

82　Richard A. Posner, The Right of Privacy, 12 GA. L. REV. 393, 399 (1978).

83　Volokh, supra note 80, at 1050-1051.

84　See e.g., Paul M. Schwartz, Free Speech vs. Information Privacy: Eugene Volokh's First Amendment Jurisprudence, 52 STAN. L. REV. 1559 (2000); Daniel J. Solove, The Virtues of Knowing Less: Justifying Privacy Protections Against Disclosure, 53 DUKE L.J. 967 (2003); Richards, supra note 80.

85　なお、公的部門を包括的に規律する「1974 年プライバシー法」にも広範な適用除外が設けられており、特に、情報公開法の下で開示が義務付けられる情報についてはプライバシー法の規定にかかわらず開示が義務付けられるという点は、情報の自由な流通の価値が反映されたものと言われる。CATE, supra note 35, at 77-78.「1974 年プライバシー法」に関しては、第 10 章において改めて解説する。

Ⅳ　むすびにかえて

　第1章及び本章では、総論として、米国の個人情報・プライバシー保護法制の全体像及び概要と、その背景にある米国の基本的な思想及びプライバシーの法的保護の在り方を明らかにした。第1章で指摘したように、米国は、公的部門及び民間部門を包括的に規制する個人情報・プライバシー保護のための制定法を持たず、民間部門についてはとりわけ保護が必要な分野においてのみ個別法を制定し、それ以外は自主規制に委ねるという、固有の制度を構築してきている。この背景には、本稿で述べてきたように、政府の役割を限定的に捉え、民間部門の規制を忌避するとともに、情報の自由な流通の価値にとりわけ重きを置くという米国の基本的な思想が存在する。

　こうした思想は、所謂忘れられる権利、プロファイリングを始めとした個人情報の利用の規制の在り方、プライバシー保護のための監督機関の在り方等、個別の問題に関する考え方についても大きな影響を及ぼす。次章からは、各論として、こうした個別の論点について検討を行っていくこととしたい。

＊本章は、「米国の法制度の基底をなす思想とプライバシーの権利」NBL　1187号（2021年2月）57頁を収録したものである。

第3章

米国における「個人情報」の概念と個人識別性

Ⅰ　はじめに

　第3章からは、第1～2章の総論を踏まえ、各論として、日本の個人情報保護法制を考える上でとりわけ重要となる論点につき、米国の個人情報・プライバシー保護法制を横断的に検討する。各論の初回となる本稿では、個人情報・プライバシー保護のための制定法の保護対象となる情報を画する上で重要になる「個人情報」という概念を取り上げる。日本の「個人情報の保護に関する法律」[1]（以下「個人情報保護法」という）における「個人情報」概念については、個人情報保護法の平成27年改正[2]により生体情報を含む「個人識別符号」も法的保護の対象として明確化され[3]、令和2年改正[4]では、クッキー等の端末識別子等を念頭に置いた「個人関連情報」の取扱いに関する規制も導入されるに至っている[5]。また、日本の個人情報保護法上の「個人情報」は個人識別性をその中核要素とし[6]、個人識別性を有し

1　平成15年法律第57号。

2　個人情報保護法は、平成27年に「個人情報の保護に関する法律及び行政手続における特定の個人を識別するための番号の利用等に関する法律の一部を改正する法律」（平成27年法律第65号）により改正されている。

3　個人情報保護法2条1項2号。

4　個人情報保護法は、令和2年に「個人情報の保護に関する法律等の一部を改正する法律」（令和2年法律第44号）により改正されており、当該改正法は公布の日から起算して2年を超えない範囲内において政令で定める日から施行される。

5　「個人関連情報」とは、「生存する個人に関する情報であって、個人情報、仮名加工情報及び匿名加工情報のいずれにも該当しないもの」とされ（令和2年改正後の個人情報保護法26条の2第1項）、これには、氏名と結び付いていないインターネットの閲覧履歴、位置情報、クッキー等が含まれ得るとされる。村瀬光ほか「個人情報の保護に関する法律等の一部を改正する法律（令和2年改正）等について（下）」NBL1177号（2020）15頁、18頁参照。

6　個人情報保護法2条1項は「『個人情報』とは、生存する個人に関する情報であって、次の各号のいずれかに該当するものをいう」とし、1号で「当該情報に含まれる氏名、生年月日その他の記述等……により特定の個人を識別することができるもの（他の情報と容易に照合することができ、それにより特定の個人を識別することができることとなるものを含む。）」と定める。なお、個人識別性については、「特定」（ある情報が誰の情報であるかが分かること）と「識別」（ある情報が誰か一人の情報であることが分かること）とを分けて考える見解があるが（「パーソナルデータに関する検討会」技術検討ワーキンググループ報告書（2013年）10頁（https://www.kantei.go.jp/jp/singi/it2/pd/dai5/siryou2-1.pdf (last visited Jan. 28, 2021)）（以下「技術検討WG報告書」として引用））、本稿では個人識別性という語を、識別される個人が誰であるか分かるという「特定個人識別性」（宇賀克也『個人情報保護法の逐条解説〔第6版〕』（有斐閣、2018）37頁参照）を意味するものとして用いる。

ない情報は基本的に法的保護の対象とならないが、「個人情報」の非識別化[7]に関連して、平成27年改正により「匿名加工情報」、令和2年改正により「仮名加工情報」[8]といった概念も導入されるに至っている。

こうした議論動向を踏まえ、本稿では米国における「個人情報」及びその関連概念について検討する[9]。第1〜2章で明らかにしたように、米国には公的部門及び民間部門を包括的に規制する個人情報・プライバシー保護のための連邦法は存在せず、法的保護の対象となる「個人情報」に関する用語や定義は個々の法律によって異なるが、これらの横断的検討を通じて米国におけるその意義や関連する法制度の現状を明らかにしたい。まずⅡにおいて、米国における個人識別性を中核とした「個人情報」の概念について明らかにした上で、Ⅲでは、これを巡る問題と法的対応について「個人情報」の非識別化に関する法制度も含めて検討する。

Ⅱ 個人識別性を中核とした「個人情報」の概念

1. 個人識別性の基準の導入

そもそも、米国の初期の個人情報・プライバシー保護法制は、「個人情報」というよりもむしろ一定の種類の「記録」をその保護の対象としていたと言われる[10]。例えば、「1970年公正信用報告法」[11]（FCRA）の保護対象となるのは「消費者報告」（consumer report）であり、これは、消費者の信用度、信用状況、信用能力、性格、一般的な評判、個人的な特徴又は生活態様に関する、書面、口頭その他のあらゆる情報の伝達であり、その全部又は一部が、信用若しくは保険、雇用その他の法で認められた目的で消費者の資格を確立するための要素として利用される又はその利用若しくは収集が予想されるものと定義されている[12]。また、公的部門に関する「1974年プライバシー法」が保護するのも、「個人情報」ではなく行政機関の管理下に置かれる記録の集合たる「記録システム」に含まれる「記録」である[13]。「1974年家族の教育の権利とプライバシーに関する法律」[14]（FERPA）もまた、学生に直接に関連する情報を含み、教育機関又は教育機関のために行動する人により保管される記録、ファイル、書類その他の資料と定義される「教育記録」について、その公表の制限等を定めるものである[15]。

こうした中、初めて個人情報・プライバシー保護のための制定法の保護対象となる情報を画する概念として「個人を識別し得る情報」（personally identifiable information：PII）を用いたのは、「1984年ケーブル通信政策法」[16]（CCPA）であったとされる[17]。CCPAは、「個人を識別し得る情報には特定の個人を識別しない集合データの記録を含まない」と規定するにとどまり[18]、その定義を明確にしてはいないが、PIIの同意なき取得や提供の禁止等を定めている[19]。これ以降、PIIをその適用の有無の判断基準にする法律が増えていったと言われており[20]、例えば「1988年ビデオ・プライバシー保護法」[21]（VPPA）は、PIIの用語を用い、これはビデオサービス・プロバイダに特定のビデオ若しくはサービスを要求し又はその提供を受けた個人を識別する情報を含むと規定している[22]。また、「1994年運転免許者プライバシー保護法」[23]（DPPA）は、「個人情報」（personal information：PI）の用語を用いるものの、これを特定の個人を識別する情報を意味すると定める。「1996年医療保険の相互運用性と説明責任に関する法律」[24]（HIPAA）に関する所謂「HIPAAプライバシー規則」[25]も、医療保健分野における「保護対象健康情報」（protected health information：PHI）に適用されるものであり[26]、PHIとは、「個人を識別し得る健康情報」（individually identifiable health information）であると定義されている[27]。「1998年子どもオンラインプライバシー保護法」[28]（COPPA）でも、PIの用語を用いてこれを「オンラインで収集される特定の個人を識別し得る情報を意味する」[29]とし、やはり法的保護の対象となる情報について個人識別性を基準とする規定を置いている[30]。

こうした個人識別性を中核とする「個人情報」の概念は、政府のプライバシー保護政策においても用いられ、例えば1995年にクリントン政権の情報基盤タスク・フォースによって公表された個人情報保護のための原則では、PIとは「特定の個人を識別し得る情報」であるとされている[31]。また、かかる概念は連邦取引委員会（Federal Trade Commission：FTC）のプライバシー保護政策においても用いられてきた[32]。FTCは1998年の「プライバシー・オンライン」と題した報告書において、PIには、(ⅰ)氏名、住所、eメールアドレス等の「個人識別情報」（personal identifying information）[33]と、(ⅱ)年齢、性別、所得水準、趣味等の、市場分析のように個人を

識別しない態様での集積に利用したり、消費者の詳細な個人プロファイルを作成するために個人識別情報と結び付けて利用したりし得る、「人口統計・嗜好に関する情報」の二つが含まれるものとしている[34]。

このように、米国においては、「個人情報」（PI）という概念の他に「個人を識別し得る情報」（PII）という概念も用いられており[35]、用語自体が法律によって区々ではあるが、その多くはここまで見たように個人識別性を中核とした概念として規定されている。

2.　制定法におけるPIIの意義と例

では、米国におけるPIIの概念は具体的に何を意味し、如何なる範囲の情報を含むものとして規定されているのか。米国では、これらが指す情報の範囲や種類は個人情報・プライバシー保護のための各制

7　非識別化は、匿名化と互換的に用いられる場合もあるが、匿名化とは極めて広い概念であって人によって受けるイメージが異なることが指摘されており（「技術検討WG報告書」・前掲注(6)10頁）、米国でも、匿名化という語は、実際には再識別化のリスクを含んでいるにもかかわらず、そうしたリスクのない、個人の身元を保護する措置を含意することが多いと言われるため（*See* Simson L. Garfinkel, Nat'l Inst. of Standards & Tech., *De-Identification of Personal Information*, 2-3 (2015); Ira S. Rubinstein & Woodrow Hartzog, *Anonymization and Risk*, 91 Wash. L. Rev. 703, 710 (2016))、本稿では、基本的に非識別化という語を用いる。

8　「匿名加工情報」とは、「特定の個人を識別することができないように個人情報を加工して得られる個人に関する情報であって、当該個人情報を復元することができないようにしたもの」（令和2年改正後の個人情報保護法2条11項）であり、その加工方法や取扱いが規制されている。他方で「仮名加工情報」とは一定の「措置を講じて他の情報と照合しない限り特定の個人を識別することができないように個人情報を加工して得られる個人に関する情報」であり（令和2年改正後の個人情報保護法2条9項）、個人情報の利活用の観点から「個人情報」と「匿名加工情報」の中間的な形態として導入されたものである。

9　なお、個人情報保護法の平成27年改正では「要配慮個人情報」（個人情報保護法2条3項）に関する規定も導入されているが、米国の連邦法ではこれに相当する所謂センシティブ情報は明示的に規定されていない。そこでその法的保護の在り方については、個人情報の収集規制との関係で、第5章で論ずる。

10　Paul M. Schwartz & Daniel J. Solove, *The PII Problem: Privacy and a New Concept of Personally Identifiable Information*, 86 N.Y.U.L. Rev. 1814, 1821 (2011).

11　Fair Credit Reporting Act of 1970, Pub. L. No. 91-508, 84 Stat. 1127.

12　15 U.S.C. §1681a(d)(1).

13　*See* Schwartz & Solove, *supra* note 10, at 1823-1824. 5 U.S.C. §§552a(a)(4), (5). 同法の保護対象については、第10章で論ずる。

14　Family Educational Rights and Privacy Act of 1974, Pub. L. No. 93-380, 88 Stat. 571.

15　20 U.S.C. §§1232g(a)(4)(A), (b). 同法は、「個人を識別し得る情報」（personally identifiable information）という用語を用いているが、これはあくまでも「教育記録」の一部を構成するものである。Schwartz & Solove, *supra* note 10, at 1822-1823.

16　Cable Communications Policy Act of 1984, Pub. L. No. 98-549, 98 Stat. 2779.

17　Schwartz & Solove, *supra* note 10, at 1824-1825.

18　47 U.S.C. §551(a)(2)(A).

19　*See e.g.*, 47 U.S.C. §§551(b), (c). このように「記録」ではなく「情報」自体を保護対象とするようになった背景には、当時、ケーブル事業者による視聴履歴等の個人情報の利用を巡るプライバシーの問題への懸念が高まっていたことが指摘されている。*See* Schwartz & Solove, *supra* note 10, at 1825-1826.

20　Schwartz & Solove, *supra* note 10, at 1825-1826.

21　Video Privacy Protection Act of 1988, Pub. L. No. 100-618, 102 Stat. 3195.

22　18 U.S.C. §2710(a)(3).

23　Drivers Privacy Protection Act of 1994, Pub. L. No. 103-322, 108 Stat. 2099.

24　Health Insurance Portability and Accountability Act of 1996, Pub. L. No. 104-191, 110 Stat. 1936.

25　Standards for Privacy of Individually Identifiable Health Information, 45 C.F.R. §164.500 *et seq.*

26　45 C.F.R. §164.500(a).

27　45 C.F.R. §160.103.

28　Children's Online Privacy Protection Act of 1998, Pub. L. No. 105-277, 112 Stat. 2681.

29　15 U.S.C. §6501(8).

30　なお、「1934年通信法」（Communications Act of 1934, Pub. L. No. 73-416, 48 Stat. 1064）を改正し、「顧客に関する専属的ネットワーク情報」（customer proprietary network information）（47 U.S.C. §222(h)(1)）に関する規定を新設する「1996年電気通信法」（Telecommunications Act of 1996, Pub. L. No. 104-104, 110 Stat. 56）のように、PI又はPIIの用語を用いない法律もある。

31　Information Infrastructure Task Force, *Privacy and the National Information Infrastructure: Principles for Providing and Using Personal Information*, 5 (1995), https://aspe.hhs.gov/privacy-and-national-information-infrastructure-principles-providing-and-using-personal-information (last visited Jan. 28, 2021).

32　FTCのプライバシー保護政策における「個人情報」概念の発展については、松前恵環「個人識別性/識別可能性といわゆる『FTC3要件』──個人識別性を巡る米国の議論動向を踏まえて」（堀部政男情報法研究会　連続シンポジウム「プライバシー・個人情報保護の課題と展望『個人情報保護法改正に向けて──国際越境データ問題の解決・匿名データ等の流通確保とプライバシー権』」第9回シンポジウム（2013年12月22日）（http://www.horibemasao.org/horibe9_Matsumae2.pdf（last visited Jan. 28, 2021)))を参照。

33　ここでは、上記「個人を識別し得る情報」（personally *identifiable* information）ではなく、「個人識別情報」（personal *identifying* information）（傍点筆者）という用語が用いられている。

34　Federal Trade Commission, *Privacy Online: A Report to Congress*, 20 (1998), https://www.ftc.gov/sites/default/files/documents/reports/privacy-online-report-congress/priv-23a.pdf（last visited Jan. 28, 2021)。

35　これらは互換的に用いられることもあるが、1990年代からはPIIを用いることが多くなっていると言われるため（Schwartz & Solove, *supra* note 10, at 1827)、以下では基本的にPIIという用語を用いて論を進める。

定法で異なるが、P. M. シュウォーツとD. J. ソロブは、米国の制定法におけるPIIの定義の規定の仕方には、以下に述べる通り①循環論法アプローチ、②非公開アプローチ及び③具体的な情報を列挙するアプローチの三つがあるとする[36]。とりわけ米国に特徴的なものとして注目すべきは、②のアプローチを採用すると言われる「1999年金融サービス近代化法」[37]（GLBA）であろう。GLBAは金融情報の保護に関する法律であるが、その保護対象となる情報は顧客の「非公開個人情報」であるとされる[38]。「非公開個人情報」とは、「個人を識別し得る金融情報」（personally identifiable financial information）であって、消費者が金融機関に提供したもの、消費者との取引若しくは消費者へのサービスから生じたもの又はその他金融機関が取得したものと定義され[39]、個人識別性が基準として用いられているが、これには規則により定義される公開情報は含まないとされ[40]、「個人情報」には公知の情報も含むと解される日本の個人情報保護法とは異なり[41]、その範囲が非公開の情報に限定されている点が特徴的である[42]。

また、これに関連して、米国では個別の分野ごとに法律が制定されているため、多くの法律が保護の対象となる「個人情報」をその分野に特化した情報に限定している[43]。例えば、上記「HIPAAプライバシー規則」におけるPHI、すなわち「個人を識別し得る健康情報」は、個人から収集される統計的情報を含む、健康情報の一部であり、（ⅰ）保健医療提供者、保健計画、雇用者又は保健医療クリアリングハウスが作成又は受領した情報で、かつ、（ⅱ）個人の過去・現在・将来の身体的若しくは精神的な健康状態、個人に対する保健医療の提供又は個人に対する保健医療の提供にかかる過去・現在・将来の支払に関連する情報で、これにより個人が識別されるもの又は個人を識別するために利用され得ると信ずるに足る合理的な根拠があるものと定義されている[44]。

他方で、米国では、上記のVPPAのようにPIIとは個人を識別し得る情報を含むと定義する①のアプローチも見られるが、シュウォーツとソロブはこれを循環論法的であり定義規定として有益でないと批判している[45]。

また、米国では、上述の③のアプローチとして位置付けられる、法的保護の対象となる個人情報を具体的に列挙する法律も多く、前出のシュウォーツとソロブは、このアプローチを採る法律として

COPPAを挙げる。同法は、PIには（ⅰ）氏名、（ⅱ）通りの名称及び市又は町の名称を含む住所、（ⅲ）eメールアドレス、（ⅳ）電話番号、（ⅴ）社会保障番号、（ⅵ）特定の個人への物理的な又はオンラインでの連絡を可能にするものとしてFTCが定めるその他の識別子、（ⅶ）子ども又はその親権者に関する情報で、ウェブサイトがオンラインで子どもから収集し本定義に規定される識別子と結合するものが含まれると定める[46]。FTCはこの定義を「子どもオンラインプライバシー保護規則」[47]により拡大しており、eメール以外のオンラインでの連絡先情報、スクリーン又はユーザネーム、子どもの映像若しくは音声を含む写真、ビデオ又は音声ファイル、地理位置情報、クッキーに保存される顧客番号やIPアドレス等を含む識別子等もPIに含まれるとしている[48]。

他方で、州レベルでは、第1章で明らかにしたように様々な分野について制定法があるが、所謂データ漏洩通知に関する法律が個人情報の定義を含んでいるほか[49]、包括的な法律として注目されている「2018年カリフォルニア消費者プライバシー法」[50]（CalCPA）では、後述するように「個人情報」について広範な定義が採用されている。

Ⅲ　PIIとnon-PIIの区分や再識別化を巡る問題と法的対応

このように、個別の法律ごとにその意義は区々ではあるものの、米国の個人情報・プライバシー保護のための制定法の多くは、日本やEUと同様、個人識別性の有無を法的保護の対象となる情報を画するための分水嶺とし、PIIの範疇に含まれる情報を保護の対象としてきた。これは他方で、これらに該当しない情報——non-PII——については規制対象とならないことを意味し、実際に、例えば「HIPAAプライバシー規則」は、「非識別化」（de-identification）された情報、すなわち、個人を識別しない又はその情報が個人を識別するのに利用され得ると信ずるにつき合理的な根拠のない情報は、保護対象となる「個人を識別し得る健康情報」には該当しないとし[51]、当該情報には原則として同規則は適用されないと定める[52]。また、上記GLBAに関する消費者金融保護局（Consumer Financial Protection Bureau）の規則でも、「口座番号、氏名又は住所等の個人識別子を含まない集積情報（aggregate information）又はブラインド・データ」は保護の対象となる情報に含まれないとされている[53]。

こうしたPIIとnon-PIIとの二分法に対しては様々な問題が指摘されてきた[54]。かかる問題には、例えば、non-PIIであってもそれらを結合することによりPIIに変容するおそれがあることや[55]、情報主体のプライバシーを保護しつつ情報の利活用を図るという観点から非識別化された情報であっても、後述するように再識別化され得るリスクがあること[56]等が含まれる。J. カンは、既に1990年代に、匿名化された情報など一見特定の個人が識別されないと解される情報であっても、文脈や付加的な調査などによって個人を識別し得る場合もあると指摘している[57]。

こうした問題に対応するための米国の法制度としては、個人情報の非識別化の基準を明確化するもの及び保護対象となる情報の範囲を拡大するものが挙げられよう。以下ではこれらの代表例として、1990年代の議論とそれを契機とした「HIPAAプライバシー規則」の規定、2010年代の議論とそれを契機

としたFTCのプライバシー保護政策について見てみることとしたい。

1.　「HIPAAプライバシー規則」における非識別化の基準の明確化

上述のように米国では、1990年代から再識別化に関する理論上のリスクが指摘されてきたが、この問題が世間の耳目を集める大きなきっかけとなったのは、1990年代後半にマサチューセッツ知事であったW. ウェルドの健康情報に関して実際に再識別化が行われた事案である。これは、L. スウィーニーが、研究者向けに公開されていた、氏名や住所等は除かれているものの性別、生年月日及び郵便番号を含む患者の情報を、別に公開されている投票者名簿と照合することによりウェルド知事の健康情報を特定したという事件であり[58]、健康情報について2000年に公表された「HIPAAプライバシー規則」におけるPHIの非識別化に関する規定の導入に大きな影響を及ぼしたと言われる[59]。

36　*Id.* at 1828.

37　Financial Services Modernization Act of 1999, Pub. L. 106-102, 113 Stat. 1338.

38　15 U.S.C. §6801(a).

39　15 U.S.C. §6809(4)(A). これについては、消費者金融保護局（Consumer Financial Protection Bureau）が制定した規則である「消費者金融情報のプライバシー」（Privacy of Consumer Financial Information (Regulation P), 12 C.F.R. §1016.1 *et seq.*) において、「個人を識別し得る金融情報」に含まれる情報が例示されており、具体的には、(i)ローン、クレジット・カード、信用組合への加入その他の金融商品又はサービスの申込みのために消費者が金融機関に提供した情報、(ii)残高情報、支払履歴、貸越履歴及びクレジット又はデビット・カードの購入情報、(iii)個人が金融機関の顧客である若しくはあったという事実又は金融機関から金融商品若しくはサービスを購入していたという事実、(iv)当該個人が金融機関の消費者であると分かるような態様で開示される、消費者に関する情報、(v)消費者が金融機関に提供した情報又は金融機関若しくはその代理人がローン若しくはクレジット・アカウントに関連して取得した情報、(vi)金融機関がインターネット・クッキーを通じて収集した情報、(vii)消費者報告から得た情報が挙げられている。12 C.F.R. §1016.3(q)(2)(i).

40　15 U.S.C. §6809(4)(B). もっとも、非公開個人情報を用いて得られた消費者のリスト、消費者に関する記述又は消費者の分類（及び消費者に帰属する公開情報）は、これに含まれるものとされる。15 U.S.C. §6809(4)(C)(i).

41　宇賀・前掲注(6)37頁。

42　なお、後述するCalCPAにおいても、公開情報が「個人情報」の定義から除外されている。

43　こうした分野に特化した情報への限定は、以下で取り上げる「HIPAAプライバシー規則」のみならず、米国の個人情報・プライバシー保護のための連邦法全般について言えることであり、②のアプローチに関連して取り上げた前述のGLBA、③のアプローチに関連して後述するCOPPA、DPPA、VPPA等についても同様の特徴を指摘し得る。

44　45 C.F.R. §160.103.

45　Schwartz & Solove, *supra* note 10, at 1829. 実際に、VPPAにおけるPIIの意義については Ⅲ 3 で後述するように近時複数の判例があり、見解の対立が見られる。

46　15 U.S.C. §6501(8).

47　Children's Online Privacy Protection Rule, 16 C.F.R. §312.1 *et seq.*

48　*See* 16 C.F.R. §312.2.

49　Daniel J. Solove & Paul M. Schwartz, Consumer Privacy and Data Protection 346-347 (3d ed. 2020). データ漏洩通知に関する州法については、第6章で論ずる。

50　California Consumer Privacy Act of 2018, Cal. Civ. Code §1798.100 *et seq.*

51　45 C.F.R. §164.514(a).

52　45 C.F.R. §164.502(d)(2).

53　12 C.F.R. §1016.3(q)(2)(ii).

54　*See e.g.*, Paul Ohm, *Broken Promises of Privacy: Responding to the Surprising Failure of Anonymization*, 57 UCLA L. Rev. 1701, 1742-1743 (2010); Schwartz & Solove, *supra* note 10, at 1841-1845.

55　Schwartz & Solove, *supra* note 10, at 1836-1848.

56　Ohm, *supra* note 54, at 1716-1731.

57　Jerry Kang, *Information Privacy in Cyberspace Transactions*, 50 Stan. L. Rev. 1193, 1209 (1998).

58　Ohm, *supra* note 54, at 1719-1720.

59　Daniel C. Barth-Jones, *The "Re-Identification" of Governor William Weld's Medical Information: A Critical Re-examination of Health Data Identification Risks and Privacy Protections, Then and Now*, 9 (2012), https://papers.ssrn.com/sol3/papers.cfm?abstract_id=2076397 (last visited Jan. 28, 2021).

「HIPAAプライバシー規則」は、こうした再識別化のリスクに対応するために、非識別化された情報に該当するための二つの基準を定めている[60]。第一は「専門家決定基準」と呼ばれるものであり[61]、情報が個人識別可能でないと判断するための一般的な統計的・科学的原則及び方法に関して適切な知識及び経験を有する者が、かかる原則及び方法を用いて、情報の予期せぬ受領者が、情報主体たる個人を識別するために当該情報を単独で又は他の合理的に入手可能な情報と結び付けて利用するリスクが極めて小さいと決定し、かつ、かかる決定を裏付ける分析の方法及び結果を書面で立証した場合には、非識別化がなされたとされる[62]。同規則に関して公表されている指針では、リスクが極めて小さいかどうかについての明確な基準はないとされるが、リスク評価の際に専門家が参照し得る原則として、個人を特定し得る特徴を含むかどうか、当該情報へのアクセス可能性、情報主体が識別される程度といったものが挙げられている[63]。第二は「セーフ・ハーバー基準」と呼ばれるもので[64]、個人に関する又は個人の親族、雇用者若しくは家族の構成員に関する、18項目の識別子[65]が削除され、かつ、対象組織が、情報主体たる個人を識別するために当該情報が単独で又は他の合理的に入手可能な情報と結び付けて利用されることについて実際に知らなかった場合には、非識別化がなされたとされる[66]。このうち後者の要件については、対象組織が、上記について明確かつ直接的な認識を持っていた場合、すなわち、当該情報が実際には非識別化された情報でないことに気づいていた場合には、「実際に知っていた」ものとされると解されている[67]。

更に「HIPAAプライバシー規則」においては、非識別化された情報の再識別化に関する定めも置かれている。すなわち、対象組織は、同規則が定めるルールの下で非識別化された情報を再識別化することができるように、コードその他の記録管理のためのIDを割り当てることができるが[68]、かかるコードその他の記録管理のためのIDは、個人に関する情報から抽出された又はそれに関連するものであってはならず、かつ、個人を識別するために変換可能なものであってはならない[69]。また、対象組織は、コードその他の記録管理のためのIDを他の目的のために利用又は開示してはならず、再識別化の仕組みも開示してはならない[70]。なお、再識別化が行わ

れた場合には、当該情報に関しては「HIPAAプライバシー規則」の遵守が求められている[71]。

2.　FTCによる保護対象情報の拡大と非識別化の基準の明確化

こうした情報の再識別化やnon-PIIのPIIへの変容といったリスクは、医療分野のみならず一般的な個人情報・プライバシー保護の文脈においても指摘されてきており、とりわけ2000年代頃からクッキーやIPアドレス等との関係で議論が高まった。例えばFTCが2000年に公表した報告書では、一般的にnon-PIIであるとされる、オンライン広告事業者がクッキー等を用いて収集した情報が、PIIと結び付けられるおそれが指摘されている[72]。また、2009年の「オンライン行動ターゲティング広告のための自主規制原則」は、例えばIPアドレスのようにこれまでnon-PIIであると考えられてきた情報から個人の識別を可能にする技術の進歩や[73]、情報の再識別化が行われたAOL事件[74]が示すように、ある情報がそれ自体は匿名と思われるものであっても他の情報と結合することで個人識別が可能になるおそれ等を指摘し、PIIとnon-PIIの伝統的な区分の意義は薄れつつあると述べている[75]。

こうした検討を踏まえ、FTCは2010年に公表した報告書において、保護の対象となる消費者の個人情報一般について新たな基準を提示し[76]、プライバシー保護のためのフレームワークは、「特定の消費者、コンピュータその他のデバイスに合理的に結び付けられ得る消費者のデータを収集又は利用するすべての事業者に適用される」として、保護対象はPIIに限定されないとした[77]。報告書は具体的に如何なる情報がこれに含まれるのかを明示していないが、これには、クッキーやIPアドレス等が含まれ得ると解されている[78]。この背景には、一般に利用可能な個人情報の増大に加え、やはり情報の再識別化が実際に問題となった2008年のNetflix事件が象徴する、技術の進展による再識別化の可能性の高まりへの懸念がある[79]。こうした保護対象となる情報の拡大は、前述のCOPPAに関するFTC規則によるPI概念の拡大に繋がったほか[80]、オバマ政権下で公表された所謂「消費者プライバシー権利章典」にも見ることができる[81]。

その一方で、FTCは2012年に公表した報告書において、上記の「合理的に結び付けられ得る」という基準につき、「事業者のデータは、当該事業者が

そのデータについて三つの重要な保護措置を実施している場合は、特定の消費者又はデバイスに合理的に結び付けられ得ることとはならない」としてデータの非識別化のための三つの基準も示している[82]。これは、所謂「FTC 3 要件」として日本の個人情報保護法の平成 27 年改正に向けた議論において大きな注目を集めたものであるが[83]、まず、第一要件は、「事業者はそのデータの非識別化を確保するために合理的な措置を講ずるべきである」とされ、「合理的な措置」については、「事業者は、当該データが、特定の消費者、コンピュータその他のデバイスに関する情報を推測するために合理的に用いられな

い又は合理的にそれらに結び付けられないという、合理的なレベルの正当な信頼を確保しなければならない」とされている。何が「合理的なレベルの正当な信頼」に当たるかは、利用可能な方法及び技術、問題となっているデータの性質又はその利用目的等の個々の状況により判断される[84]。第二要件は、「事業者は、そのデータを非識別化された態様で保有及び利用し、そのデータの再識別化を試みないことを公に誓約すべきである」とされ、FTC は、かかる誓約に反した再識別化は FTC 法 5 条の下での法執行の対象になるとする。第三要件は、「事業者がかかる非識別化されたデータを他の事業者に提供する

60　45 C.F.R. §164.514(b).

61　U.S. Dep't of Health & Human Servs., *Guidance Regarding Methods for De-Identification of Protected Health Information in Accordance with the Health Insurance Portability and Accountability Act (HIPAA) Privacy Rule*, 7 (2012), https://www.hhs.gov/sites/default/files/ocr/privacy/hipaa/understanding/coveredentities/De-identification/hhs_deid_guidance.pdf (last visited Jan. 28, 2021) [hereinafter *HHS Guidance*].「統計学基準」と呼ばれることもある。*See e.g.*, Ohm, *supra* note 54, at 1737.

62　45 C.F.R. §164.514(b)(1).

63　*HHS Guidance*, *supra* note 61, at 10-16.

64　Ohm, *supra* note 54, at 1737.

65　18 項目の識別子としては、氏名、州以下の住所、生年月日等を含む個人に直接関係する日の年月日、電話番号、FAX 番号、電子メールアドレス、社会保障番号、医療記録番号、健康保険受給者番号、口座番号、資格等に関する番号、自動車登録番号、機器番号、ウェブの URL、IP アドレス、指紋や声紋を含む生体情報、顔写真その他の画像、その他のあらゆる個人識別番号、特徴又はコードが挙げられている。45 C.F.R. §164.514(b)(2)(i).

66　45 C.F.R. §164.514(b)(2).

67　*HHS Guidance*, *supra* note 61, at 27.

68　45 C.F.R. §164.514(c).

69　45 C.F.R. §164.514(c)(1).

70　45 C.F.R. §164.514(c)(2).

71　45 C.F.R. §164.502(d)(2)(ii).

72　Federal Trade Commission, *Online Profiling : A Report to Congress*, 3-5 (2000), https://www.ftc.gov/sites/default/files/documents/reports/online-profiling-federal-trade-commission-report-congress-part-2/onlineprofilingreportjune2000.pdf (last visited Jan. 28, 2021).

73　IP アドレスが特定の個人に結び付けられる可能性について、*See e.g.*, Schwartz & Solove, *supra* note 10, at 1836-1841.

74　米国のインターネット・サービス企業である AOL がユーザの氏名やユーザ ID を特定の識別番号に置き換えることで匿名化した検索履歴を研究者向けに公開したところ、複数の検索履歴とその他の情報の照合により個人が特定された事件である。*See e.g.*, Michael Barbaro & Tom Zeller, Jr., *A Face Is Exposed for AOL Searcher No. 4417749*, N.Y. Times (Aug. 9, 2006).

75　Federal Trade Commission, *FTC Staff Report: Self-Regulatory Principles for Online Behavioral Advertising*, 21-26 (2009), https://www.ftc.gov/sites/default/files/documents/reports/federal-trade-commission-staff-report-self-regulatory-principles-online-behavioral-advertising/p085400behavadreport.pdf (last visited Jan. 28, 2021).

76　Federal Trade Commission, *Preliminary FTC Staff Report: Protecting Consumer Privacy in an Era of Rapid Change: A Proposed Framework for Business and Policymakers*, 42-43 (2010), https://www.ftc.gov/sites/default/files/documents/reports/federal-trade-commission-bureau-consumer-protection-preliminary-ftc-staff-report-protecting-consumer/101201privacyreport.pdf (last visited Jan. 28, 2021) [hereinafter *2010 Report*]. なお、類似する基準は上述の 2009 年の報告書においても提示されていたが、これはあくまでオンライン行動ターゲティング広告に関する自主規制原則の適用範囲に関する基準である。

77　*Id.*

78　Jessica Rich, *Keeping Up with the Online Advertising Industry* (Apr. 21, 2016), https://www.ftc.gov/news-events/blogs/business-blog/2016/04/keeping-online-advertising-industry (last visited Jan. 28, 2021).

79　*2010 Report*, *supra* note 76, at 35-38. Netflix 事件では、匿名化された上で公開された Netflix の視聴履歴データと映画情報サイト IMDb（Internet Movie Database）で公開されているユーザレビューとを結び付けることにより、一部の個人が特定されている。

80　Rich, *supra* note 78.

81　「消費者プライバシー権利章典」では、「個人データ」とは「特定の個人に結び付け得るあらゆるデータ」を指し、データの集合や、特定のコンピュータその他のデバイスに結び付け得るデータも含むとされる。*See* The White House, *Consumer Data Privacy in a Networked World: A Framework for Protecting Privacy and Promoting Innovation in the Global Digital Economy*, 10 (2012), https://obamawhitehouse.archives.gov/sites/default/files/privacy-final.pdf (last visited Nov. 30, 2020).

82　Federal Trade Commission, *Protecting Consumer Privacy in an Era of Rapid Change: Recommendations for Businesses and Policymakers*, 20-21 (2012), https://www.ftc.gov/sites/default/files/documents/reports/federal-trade-commission-report-protecting-consumer-privacy-era-rapid-change-recommendations/120326privacyreport.pdf (last visited Jan. 28, 2021) [hereinafter *2012 Report*].

83　「FTC 三要件」については、松前・前掲注⑫を参照。

84　*2012 Report*, *supra* note 82, at 21. 例えば、企業が外部にデータを公表しているか否かはこの判断に影響すると言われている。

場合には、それがサービス提供事業者であろうとその他の第三者であろうと、その事業者がデータの再識別化を試みることを契約で禁止すべきである」とされ、契約条項の遵守状況を監視し、契約違反に対して適切に対処するために、合理的な監督を行うことが求められている[85]。

3.　近時の議論動向

このように米国では、non-PIIから個人が識別されるおそれや再識別化に関するリスクに対して、非識別化の基準の明確化や保護対象となる情報の範囲の拡大等の法的対応がなされてきている。近時、包括的な規制を行う州法として注目されているCalCPAも、PIを「特定の消費者若しくは世帯を識別する、関連する、叙述する、関連付けることができる情報、又は、直接的若しくは間接的にそれらと合理的に結び付けられる情報」を意味するものと定義し[86]、「世帯」を識別し得る情報にまで保護対象となる個人情報の範囲を拡大するとともに、その例としてIPアドレスなどの識別子や生体情報、地理位置情報等を列挙しており[87]、「個人情報」を広く定義するものと解されている[88]。同時にCalCPAは、「非識別化」（deidentified）[89]された消費者の情報及び「集積消費者情報」（aggregate consumer information）[90]を収集、利用、保管、販売又は開示することは同法によって制限されないと定めるとともに[91]、非識別化された情報を利用する事業者に、当該情報が帰属する消費者の再識別を禁ずる技術的な安全管理措置、当該情報の再識別化を明確に禁ずる手続及び非識別化された情報の不注意による公開を防止するための手続の実施と、当該情報の再識別化を行わないことを求めている[92]。また、CalCPAでは個人情報の「仮名化」（pseudonymize）という概念も設けられており、これは個人情報を用いた研究を行うための要件の一つとされている[93]。

もっとも、技術の進展等に照らして法的保護の対象となる情報の範囲を広げるという対応ではその範囲は無限に拡大しかねないという問題があることには留意が必要である[94]。また、そもそも再識別化のリスクを如何に評価しどの程度これを重視するのかという点についても見解の対立があり[95]、非識別化の基準をプライバシー保護の観点から過度に厳格にすれば、他方で情報の有用性が失われるというトレードオフの関係があることも指摘されている[96]。

こうした問題を踏まえ、学説でも、PII概念の放擲を主張する見解[97]、ある情報の個人に対するリスクの程度によって、①特定の個人が識別される情報、②特定の個人が識別され得るがその可能性は低い情報、③特定の個人が識別されない情報の三つに情報を区分し直し、それぞれ別の規制に服せしめることを提案する見解[98]、非識別化の基準について、非識別化されたという状態ではなく、非識別化のための手続に焦点を当てた規制の重要性を説く見解[99]等が見られ、傾聴に値する。もっとも、やはり根底にあるのは個人識別性の有無を如何なる基準で判断するのかという問題であり、かかる観点から近時の動向として注目されるのは、VPPAを巡る近時の複数の判例である。VPPAはⅡで見たように、PIIはビデオサービス・プロバイダに特定のビデオ若しくはサービスを要求し又はその提供を受けた個人を識別する情報を含むと規定するが、これについて、Nickelodeon事件に関する2016年の第3巡回区連邦控訴裁判所の法廷意見は、IPアドレスや、クッキーに含まれるデジタルコードは、平均的な人が実際の個人を識別するためにほとんど役に立たない情報であるという理由により、これらはPIIに該当しないと判示した[100]。これは、一般人の判断力・理解力により当該情報を特定の個人に結び付けることが可能か否かで個人識別性の有無を判断する日本の基準[101]に類似するものと言えよう。他方で、Yershov事件に関する同じく2016年の第1巡回区連邦控訴裁判所の法廷意見は、アンドロイドIDやGPS座標についてこれらが開示された場合に特定の個人と結び付けられ得ることを指摘し、これらは個人を「合理的にかつ予見可能に明らかにする」情報でありPIIに当たると判示している[102]。こうした議論は個人識別性の判断基準について一つの手掛かりとなり得るものであり、今後の動向が注目される。

Ⅳ　むすびにかえて

本章では、「個人情報」及びその関連概念に関する米国の法制度と議論動向を明らかにした。PIIとnon-PIIの区分の妥当性への疑義や再識別化のリスクといった問題を踏まえ、PII概念の見直しや非識別化のための基準の明確化を行うという米国の対応は、こうした問題に対し、「個人関連情報」という新たな概念や、「匿名加工情報」及び「仮名加工情

報」に関する規律の導入により対処しようとしている日本の法制度とも共通する面がある。本稿で明らかにしたように、個人情報・プライバシー保護のための包括的な制定法を持たない米国では、「個人情報」や個人識別性を巡って様々な制度や議論が展開されており、統一的な規範は存在しないが、こうした多様な制度や議論からは、「個人情報」や個人識別性といった抽象的な概念を考察するにあたって有益な示唆を得ることができるだろう。

次章では、米国の個人情報・プライバシー保護法制における個人参加の仕組みについて検討を加える。

＊本章は、「米国における『個人情報』の概念と個人識別性」NBL 1189 号（2021 年 3 月）51 頁を収録したものである。

---

85 *Id.*

86 Cal. Civ. Code §1798.140(o)(1). もっとも、かかる「個人情報」には、公開情報、すなわち、連邦、州又は地方の行政機関から適法に入手することが可能な情報は含まれない。Cal. Civ. Code §1798.140(o)(2). CalCPAについては、第 1 章 6 頁で述べたように、CalCPAを改正する「2020 年カリフォルニアプライバシー権法」（CalPRA）に関する提案、「プロポジション 24」が 2020 年 11 月に住民投票により可決されているが、同法は 2023 年 1 月に施行予定であるため、本稿では現行法（連載執筆時）の条文を前提に解説し、適宜改正内容に言及する。

87 CalCPAでは、(i)実名・仮名・郵便住所・固有の個人識別子・IPアドレス・eメールアドレス・運転免許証番号・旅券番号その他類似の識別子、(ii)第 1798.80 条(e)項に規定される個人情報の種類、(iii)カリフォルニア州法又は連邦法の下で保護される分類の属性、(iv)商業的な情報、(v)生体情報、(vi)閲覧履歴や検索履歴等を含むインターネットその他の電子ネットワーク活動に関する情報、(vii)地理位置情報、(viii)音声・電子・視覚・温度・嗅覚又は類似の情報、(ix)職業又は雇用に関わる情報、(x)教育に関する情報、(xi)消費者のプロファイルを作成するために本項で特定された情報から抽出された推測が例示されている。Cal. Civ. Code §1798.140(o)(1). なお、上記CalPRA（前掲注86参照）では、これにセンシティブな個人情報が追加されている。

88 W. Gregory Voss & Kimberly A. Houser, *Personal Data and the GDPR: Providing a Competitive Advantage for U.S. Companies*, 56 Am. Bus. L.J. 287, 307 (2019).

89 「非識別化」とは、特定の消費者を合理的に識別できない、それに関連しない、それを記述しない、それと関連付けることができない、又は、それと直接的若しくは間接的に結び付けることができない情報と定義される。Cal. Civ. Code §1798.140(h). なお、CalPRAではこの定義が改正され、「特定の消費者に関する情報を推測するために合理的に利用されない、その他特定の消費者に合理的に結び付けられない情報」と規定されている。

90 「集積消費者情報」とは、個々の消費者の身元が除去された消費者のグループ又はカテゴリーに関する情報であり、何らかのデバイスを介しても、特定の消費者若しくは世帯に関連付けられていない又は合理的に関連付けることができない情報を意味するものとされている。かかる「集積消費者情報」は、非識別化された一つ又は複数の消費者記録を意味しない。Cal. Civ. Code §1798.140(a).

91 Cal. Civ. Code §1798.145(a)(5).

92 Cal. Civ. Code §1798.140(h). CalPRAではこれらの再識別化に関するルールが改正されており、非識別化された情報を保有する事業者に、特定の消費者や世帯に結び付けられないようにするための合理的な措置を講ずること、当該情報を非識別化された態様で保有及び利用し、再識別化を試みないことを公に誓約すること、及び、当該情報の受領者に対してこれらのルールの遵守を契約で義務付けることが求められている。これは、Ⅲ 2 で解説したFTCの非識別化の基準に類似するものである。

93 「仮名化する」又は「仮名化」とは、追加情報の利用なしには個人情報を特定の消費者に帰属させ得ない態様で、個人情報を処理することであり、追加情報が特定の個人からは切り離して保管され、当該個人情報を識別された又は識別可能な消費者に帰属させないための技術的及び組織的な措置に服する場合をいうものとされる。Cal. Civ. Code §§1798.140(r), (s). 研究目的での個人情報の利用については、第 8 章で論ずる。

94 *See e.g.*, Ohm, *supra* note 54, at 1742.

95 例えばP. オームのように、先に挙げたような再識別化が問題になった事案が示す再識別化のリスクに照らして非識別化の限界を指摘する見解がある一方で（Ohm, *supra* note 54, at 1716-1732, 1744-1745）、これらの事案ではそのリスクが誇張されており、再識別化のリスクは理論上あるものの実際上はそれ程大きくないとして、非識別化は一定の効果を持ち得るとする見解もある（*See e.g.*, Barth-Jones, *supra* note 59, at 3-12; Jane Yakowitz, *Tragedy of the Data Commons*, 25 Harv. J.L. & Tech. 1, 23-42 (2011)）。

96 Steven M. Bellovin et al., *Privacy and Synthetic Datasets*, 22 Stan. Tech. L. Rev. 1, 14 (2019).

97 Ohm, *supra* note 54, at 1743.

98 Schwartz & Solove, *supra* note 10, at 1866, 1877-1883. シュウォーツとソロブも再識別化のリスク等に着目してPII概念の再検討を行うが、PIIという括りがなくなると無制限に規制対象が広がってしまうことから、前出オームの見解には異を唱えている。

99 Rubinstein & Hartzog, *supra* note 7, at 728-729. ルビンスタインとハーツォグは、こうした非識別化のための手続に焦点を当てるものとして、FTCの非識別化の基準を評価している。*Id.* at 738.

100 *In re* Nickelodeon Consumer Privacy Litig., 827 F.3d 262, 283 (3d Cir. 2016).

101 宇賀・前掲注(6)37 頁。

102 Yershov v. Gannett Satellite Info. Network, Inc., 820 F.3d 482, 486 (1st Cir. 2016).

第4章

米国における個人参加の仕組み
——情報主体への通知とアクセス権等を中心に

Ⅰ　はじめに

　第4章では、米国の個人情報・プライバシー保護法制における個人参加（Individual Participation）のための仕組みを取り上げる。個人参加の原則は、「公正な情報取扱慣行に関する原則」（Fair Information Practice Principles：FIPPs）の一つとして所謂OECD 8原則[1]にも含まれる重要な原則であり、情報主体のアクセス権、すなわち、個人が自己に関する情報にアクセスする権利や、その誤りの訂正を求める訂正権等が含まれるものと解されている。これらの権利は自己に関する情報のコントロールを実現し得る[2]、最も重要なプライバシー保護手段とも言われるが[3]、これに関連して近時、欧州連合（European Union：EU）の「一般データ保護規則」[4]（GDPR）で所謂「忘れられる権利」（right to be forgotten）やデータ・ポータビリティの権利等が新たに規定され、米国でも「2018年カリフォルニア消費者プライバシー法」[5]（CalCPA）に様々な消費者の権利が盛り込まれるなど、情報主体の権利強化に関する議論が活発化している。日本の「個人情報の保護に関する法律」[6]（以下「個人情報保護法」とい

う）の令和2年改正[7]でも開示請求権や利用停止等請求権の拡充が行われるなど[8]、情報主体の権利を含む個人参加の仕組みの在り方は、現在、個人情報・プライバシー保護法制に関する最も重要な論点の一つであると言えよう。

　そこで本章では、米国でも古くから情報主体の権利として位置付けられてきたアクセス権や訂正権等と[9]、アクセス権等の行使の前提としての意義を有しこれらと密接な関連性を有する、個人情報の取扱いに関する情報主体への通知[10]に焦点を当てながら、米国の個人情報・プライバシー保護法制における個人参加の仕組みについて検討する[11]。

　まずⅡでは情報主体への通知について、Ⅲではアクセス権等の情報主体の権利について、それぞれ米国の法制度を検討した上で、Ⅳにおいて、所謂「忘れられる権利」やデータ・ポータビリティの権利等の新たな権利に関する米国の議論動向を明らかにする。

Ⅱ　情報主体への通知

　日本の個人情報保護法では、情報主体への通知に関連して、個人情報取扱事業者に対し、個人情報の取得の際の利用目的の通知等（18条）と保有個人

データに関する事項の公表等（27条）とが義務付けられている[12]。他方で米国では、個人情報・プライバシー保護のための各制定法において情報主体への通知に関する様々な規定が置かれているが、大別すると、①個人情報の取扱いに関する一般的な通知と、②個人情報の収集、利用及び提供といった個々の処理行為に関連して要求される通知とに分けることが可能であろう[13]。これらを通知の内容、時期及び方法といった視点から分析してみると、まず①の一般的な通知については、例えば「1996年医療保険の相互運用性と説明責任に関する法律」[14]（HIPAA）に関するHIPAAプライバシー規則[15]に

おいて、個人は、「保護対象健康情報」（protected health information：PHI）の利用及び開示、並びに、PHIに関する個人の権利及び対象組織（covered entity）[16]の義務に関して、適切な通知を受ける権利を有すると定められている[17]。当該通知の内容については、注意喚起のための見出し、対象組織に認められるPHIの利用及び開示、PHIに関する個人の権利や対象組織の義務、苦情申立ての手続、担当者の氏名や連絡先等を含み、平易な文章で記述することが求められている[18]。また、通知の方法について同規則は、ヘルスプラン及び保健医療提供者についてそれぞれ具体的な規定を置くとともに[19]、ウェブサ

1　OECD, *OECD Guidelines on the Protection of Privacy and Transborder Flows of Personal Data* (1980), http://www.oecd.org/sti/ieconomy/Oecdguidelinesontheprotectionofprivacyandtransborderflowsofpersonaldata.htm (last visited Mar. 12, 2021).

2　Colin J. Bennett, Regulating Privacy: Data Protection and Public Policy in Europe and the United States 156 (1992).

3　OECD, *supra* note 1.

4　Regulation (EU) 2016/679 of the European Parliament and of the Council of 27 April 2016 on the protection of natural persons with regard to the processing of personal data and on the free movement of such data, and repealing Directive 95/46/EC (General Data Protection Regulation), 2016 O.J. (L119) 1.

5　California Consumer Privacy Act of 2018, Cal. Civ. Code §1798.100 *et seq.*

6　平成15年法律第57号。

7　個人情報保護法は、令和2年に「個人情報の保護に関する法律等の一部を改正する法律」（令和2年法律第44号）により改正されており、当該改正法は公布の日から起算して2年を超えない範囲内において政令で定める日から施行される。

8　個人情報保護法では、情報主体の権利として、保有個人データの開示請求権（28条）、訂正、追加又は削除（以下「訂正等」という）請求権（29条）、及び、利用停止又は消去（以下「利用停止等」という）請求権（30条）が定められている。改正について詳しくは、松前恵環「個人データに関する個人の権利の在り方」ジュリ1551号（2020）30頁を参照。

9　米国保健教育福祉省が1973年に提示した「公正な情報取扱規範」（Code of Fair Information Practices）の一つとしても、「個人が、自己に関する識別可能な情報の記録を訂正する方法がなければならない」という原則が掲げられ、これは情報主体のアクセス権や訂正権等を意味するものと解されている。U.S. Dep't of Health, Educ., & Welfare, *Records, Computers, and the Rights of Citizens*, 40-41 (1973).

10　情報主体への通知はOECD 8原則の中の公開の原則に相当するものであり、アクセス権等を行使するためには情報主体が自己の情報の取扱いについて知る必要があるという意味において、個人参加の原則の必要条件とされる（OECD, *supra* note 1）。こうしたことから、情報主体への通知とアクセス権等とを一つの原則に含める見解も見られる。*See e.g.*, Lee A. Bygrave, Data Privacy Law: An International Perspective 158-159 (2014); Federal Trade Commission, *Protecting Consumer Privacy in an Era of Rapid Change: Recommendations for Businesses and Policymakers*, 60-71 (2012), https://www.ftc.gov/sites/default/files/documents/reports/federal-trade-commission-report-protecting-consumer-privacy-era-rapid-change-recommendations/120326privacyreport.pdf (last visited Mar. 12, 2021).

11　米国では、情報主体の権利として、アクセス権等や情報主体への通知に加えて、個人情報の処理行為に関する情報主体の選択ないし同意を挙げることも多い。例えば、D. J. ソロブは、通知や同意を自己に関する情報へのコントロールを確保するための権利として位置付けている。*See* Daniel J. Solove, *Introduction: Privacy Self-Management and the Consent Dilemma*, 126 Harv. L. Rev. 1880, 1880 (2013). もっとも、個人情報・プライバシー保護法制における同意は一般的に個人情報の処理行為の適法化根拠としての法的機能を有するものと解されるため（松前恵環「個人情報保護法制における『通知・選択アプローチ』の意義と課題―近時の議論動向の分析とIoT環境に即したアプローチの考察―」InfoCom REVIEW 72号（2019）30頁、松前恵環「個人情報保護法制における『同意』の意義と課題」NBL1167号（2020）20頁を参照）、個人情報の処理行為に関する選択ないし同意に関しては第5章で個人情報の処理行為に関する規制と合わせて解説する。

12　個人情報保護法の令和2年改正では、個人データが漏洩した際の通知義務も新設されたが（改正後の個人情報保護法22条の2第2項）、かかる通知に相当するものに関しては第6章で論ずる。

13　無論、これらは関連付けて規定される場合もあり必ずしも明確に切り分けられる訳ではないが、本稿では、米国の個人情報・プライバシー保護法制における情報主体への通知の全体像を把握することに重点を置き、便宜上、かかる区分を用いる。また、②は第5章で論ずる個人情報の処理行為に関する規制の一部としての側面をも有するため、適宜、第5章でも解説を加える。

14　Health Insurance Portability and Accountability Act of 1996, Pub. L. No. 104-191, 110 Stat. 1936.

15　Standards for Privacy of Individually Identifiable Health Information, 45 C.F.R. §164.500 *et seq.*

16　対象組織とは、ヘルスプラン、保健医療クリアリングハウス、健康情報を電子的方法で送信する保健医療提供者であるとされる。ここでヘルスプランとは、健康保険等のみならず、その提供主体をも含む概念として定義されている。*See* 45 C.F.R. §160.103.

17　45 C.F.R. §164.520(a)(1). PHIの定義については、第3章20頁を参照。

18　45 C.F.R. §164.520(b)(1).

19　まずヘルスプランには、個人に対して、通知を提供すること、通知を受けられること及び通知を受ける方法を少なくとも3年に一度知らせること、通知に実質的な変更がある場合には改訂後の通知の提供等を行うことなどが求められている。一方、個人と直接に治療関係を有する保健医療提供者には、最初のサービスの提供日までに又は緊急の治療の場合にはその後合理的に実行可能な限り早く、個人に対して通知を提供することや、診療所その他のサービス提供のための物理的な場所を有している場合には通知をその分かりやすい場所に掲示すること、また、通知の改訂に関する情報提供等を行うことが求められている。*See* 45 C.F.R. §§164.520(c)(1), (2).

イトを有する対象組織に対しては、ウェブサイトで明確に通知を掲載することを義務付けている[20]。

また、「1999年金融サービス近代化法」[21]（GLBA）に関する消費者金融保護局（Consumer Financial Protection Bureau）の規則では、金融機関に対し、プライバシーに関する方針及び慣行を正確に反映した明確かつ明瞭な「プライバシー通知」の提供が求められており、「顧客」[22]には「顧客関係」を構築する際及び顧客関係が継続している間は少なくとも年に1回[23]、また、「消費者」[24]には非公開個人情報[25]の非関連第三者[26]への提供の前に[27]、通知を行うものとされる。これらの通知には、金融機関が収集又は開示する非公開個人情報の種類、非公開個人情報を提供する第三者の種類、消費者の権利に関する説明等を含むものとされ[28]、通知の方法については、書面か、消費者が同意した場合には電子的方法により行うものとされる[29]。また、「1998年子どもオンラインプライバシー保護法」[30]（COPPA）に関する連邦取引委員会（Federal Trade Commission：FTC）の規則[31]も、子どもの個人情報を収集するウェブサイト又はオンライン・サービスの管理者に対してウェブサイトでの一般的な通知義務を課しており、プライバシーに関する慣行をホームページ等に明確かつ明瞭に掲載することを義務付けている[32]。その他、「1974年家族の教育の権利とプライバシーに関する法律」[33]（FERPA）や「1984年ケーブル通信政策法」[34]（CCPA）等にも一般的な通知に関する規定が置かれている[35]。

次に、②個人情報の収集、利用及び提供といった個々の処理行為に関連して要求される通知の例としては、日本と同様に個人情報の取得の際の通知を求めるカリフォルニア州のCalCPAが挙げられ、同法は、消費者の個人情報を収集する事業者は、収集時又は収集の前に、消費者に対して、収集される個人情報の種類及び当該情報の利用目的を通知しなければならないと定める[36]。また、この種の通知はしばしば個人情報の処理行為に関する情報主体の選択ないし同意の前提として求められることもあり、例えば「1934年通信法」[37]では、個人情報の利用、開示又は当該情報へのアクセスの要件とされる顧客の承認を得る際に顧客への通知が求められている[38]。また、前述のCOPPAに関するFTC規則でも、既に見た一般的な通知とは別に、子どもの個人情報の収集、利用又は開示の要件とされる親権者の同意取得

の前提として親権者に対する通知が義務付けられている[39]。GLBAでも前述の一般的な通知とは別に、非関連会社への非公開個人情報の提供の際のオプトアウトに関する通知が求められている[40]。更に、特徴的な規定としては、「1970年公正信用報告法」[41]（FCRA）が定める、個人情報の処理に基づいて情報主体に不利益な行為等を行う場合の通知義務が挙げられよう。FCRAは、消費者報告[42]の利用者に対し、消費者報告に含まれる情報に基づいて消費者に不利益な取扱いをなす場合には、当該不利益な取扱い、情報を提供した消費者信用報告機関の名称、住所及び電話番号、並びに、消費者の権利等に関する通知を、口頭、書面又は電子的方法等によって消費者に提供することを義務付ける[43]。また、雇用目的での消費者報告の利用等に関しても、雇用目的で消費者報告を提供する消費者信用報告機関や[44]、同目的で消費者報告を利用する者に[45]、消費者に不利益が及ぶ場合の通知義務が課されている。

このように、情報主体への通知に関しては多くの制定法に定めがあるが、とりわけ医療情報、金融・信用情報、子どもに関する情報等については詳細な規定が置かれていると言えよう。

Ⅲ　情報主体のアクセス権等

1.　アクセス権

日本の個人情報保護法上の開示請求権に相当するアクセス権は、米国の個人情報・プライバシー保護のための制定法の多くにおいて認められている。個人情報保護法上の開示請求権は平成27年改正により裁判上の請求権であることが明確にされたが、米国においてアクセス権を権利として明記するのはHIPAAプライバシー規則であり、同規則は、個人は「指定記録セット」（designated record set）[46]に含まれる自身に関するPHIを調査し、その写しを入手するための「アクセスの権利」を有すると規定する[47]。個人からアクセス請求を受けた対象組織はPHIを開示しなくてはならないが[48]、そのアクセスが当該個人やその他の個人に損害等を及ぼすと考えられる場合にはこれを拒絶することができ[49]、この場合、個人はかかる拒絶について有資格の保健医療専門家による再調査を受ける権利を有する[50]。他方で、対象組織は、アクセス権の対象とならない情報に関するアクセス請求、治療を含む研究の過程で作

成又は入手されたPHIに関する請求等については、拒絶に関する再調査の機会を提供することなく、これを拒絶することができる[51]。対象組織がPHIに関するアクセス請求の全部又は一部を拒絶する場合には、個人に対して書面で拒絶の通知を提供することが求められており、かかる通知は平易な文章で行い、拒絶の理由、個人が拒絶の再調査を求める権利を有する場合にはその旨及び権利行使の方法、並びに、個人が苦情を申し立てるための方法を含まなけ

ればならない[52]。

　また、FCRAもアクセス権に関して詳細な規定を置いている。同法は消費者信用報告機関に対し、消費者の請求があった場合に、請求の時点で消費者のファイル[53]に含まれるすべての情報、情報の入手元、消費者報告を入手した者の身元[54]等を開示することを義務付けており[55]、日本の個人情報保護法でも令和2年改正により可能となった情報の入手元の開示を認めている点が特徴である[56]。また、この

20　45 C.F.R. §164.520(c)(3)(i). なお、かかる通知は、個人が同意すれば電子メールで行うこともできる。*See* 45 C.F.R. §164.520(c)(3)(ii).

21　Financial Services Modernization Act of 1999, Pub. L. 106-102, 113 Stat. 1338.

22　「顧客」とは、金融機関との「顧客関係」を有する消費者であり、「顧客関係」とは、金融機関と消費者との間の継続的な関係であって、それに基づき、金融機関が消費者に対して、主として個人的、家族的若しくは家庭的な目的のために用いる金融商品又はサービスを提供するものと定義される。*See* 12 C.F.R. §§1016.3(i), (j)(1).

23　*See* 12 C.F.R. §§1016.4(a)(1), 1016.5(a)(1). もっとも、金融機関が関連規定を遵守して非公開個人情報を提供している場合で、非公開個人情報の提供にかかるプライバシーに関する方針及び慣行を直近に消費者へ通知したものから変更していない場合は、年1回の通知を行う必要はないとされる。*See* 12 C.F.R. §1016.5(e).

24　「消費者」とは、金融機関から、主として個人的、家族的若しくは家庭的な目的のために用いる金融商品又はサービスの提供を受ける個人と定義される。*See* 12 C.F.R. §1016.3(e)(1).

25　非公開個人情報とは、GLBAの保護対象である個人を識別し得る金融情報をいう。詳しくは、第3章20頁を参照。

26　非関連第三者とは、金融機関の関連会社でない組織を意味する。*See* 15 U.S.C. §6809(5).

27　12 C.F.R. §1016.4(a)(2).

28　12 C.F.R. §1016.6(a).

29　12 C.F.R. §1016.9(a).

30　Children's Online Privacy Protection Act of 1998, Pub. L. No. 105-277, 112 Stat. 2681.

31　Children's Online Privacy Protection Rule, 16 C.F.R. §312.1 *et seq.*

32　16 C.F.R. §312.4(d).

33　Family Educational Rights and Privacy Act of 1974, Pub. L. No. 93-380, 88 Stat. 571.

34　Cable Communications Policy Act of 1984, Pub. L. No. 98-549, 98 Stat. 2779.

35　*See* 20 U.S.C. §1232g(e); 47 U.S.C. §551(a).

36　Cal. Civ. Code §1798.100(b). CalCPAについては、第1章6頁で述べたように、CalCPAを改正する「2020年カリフォルニアプライバシー権法」（CalPRA）に関する提案、「プロポジション24」が2020年11月に住民投票により可決されているが、同法は2023年1月に施行予定であるため、本稿では現行法（連載執筆時）の条文を前提に解説し、適宜改正内容に言及する。

37　Communications Act of 1934, Pub. L. No. 73-416, 48 Stat. 1064.

38　*See* 47 U.S.C. §222(c)(1); 47 C.F.R. §§64.2008(a), (b).

39　16 C.F.R. §§312.4(a), (b).

40　12 C.F.R. §1016.7(a).

41　Fair Credit Reporting Act of 1970, Pub. L. No. 91-508, 84 Stat. 1127.

42　消費者報告とは、FCRAの保護対象である個人に関する信用情報をいう。詳しくは、第3章18頁を参照。

43　15 U.S.C. §1681m(a).

44　15 U.S.C. §1681k(a)(1).

45　15 U.S.C. §1681b(b)(3).

46　「指定記録セット」とは、対象組織が保有する記録の集合であると定義される。*See* 45 C.F.R. §164.501.

47　45 C.F.R. §164.524(a)(1). なお、心理療法に関する記録や、民事、刑事又は行政措置・手続を見込んで又はかかる措置・手続での利用のために編集されている情報は、アクセス権の対象とならない。*See* 45 C.F.R. §§164.524(a)(1)(i), (ii).

48　45 C.F.R. §164.502(a)(2)(i). 対象組織が請求の全部又は一部を認める場合、対象組織は個人に対して請求の承認を通知し、法定の手続に従ってアクセスを提供しなければならない。*See* 45 C.F.R. §164.524(b)(2)(i)(A).

49　45 C.F.R. §164.524(a)(3).

50　45 C.F.R. §164.524(a)(4).

51　45 C.F.R. §164.524(a)(2).

52　45 C.F.R. §164.524(d)(2).

53　消費者のファイルとは「情報がどのように保存されるかにかかわらず、消費者報告機関により記録し保存される消費者についての情報」と定義される。*See* 15 U.S.C. §1681a(g).

54　消費者報告を入手した者の身元に関しては、開示請求があった日から過去2年以内に雇用目的で消費者報告を入手した者又は開示請求があった日から過去1年以内にその他の目的で消費者報告を入手した者について、その氏名又は名称と、消費者の要求がある場合にはその住所及び電話番号を開示することが求められている。*See* 15 U.S.C. §1681g(a)(3).

55　15 U.S.C. §1681g(a).

56　令和2年改正では、開示請求権の対象に第三者提供記録が加えられた（改正後の個人情報保護法28条5項）。詳しくは、松前・前掲注⑻34頁。また、佐脇紀代志編著『一問一答 令和2年改正個人情報保護法』（商事法務、2020）78頁を参照。なお、後述のCalCPAにおいても情報の入手元の開示が認められている。

際、消費者に対し、消費者が有する権利の要約[57]、同法の執行機関の住所及び電話番号、全米規模の消費者信用報告機関の場合はフリー・ダイヤルの電話番号等の情報を提供することも義務付けられている[58]。なお、金融情報の保護に関するGLBAにはアクセス権に関する規定は置かれていないが、実際上、消費者には自身の金融情報に対するアクセスやその正確性及び完全性に関する異議申立てが認められていると言われている[59]。

　また、COPPA規則では、子どもが提供した個人情報を親権者が確認する権利が定められており、親権者が要求した場合、ウェブサイト又はオンライン・サービスの管理者は親権者に対して、子どもから収集した個人情報の内容を説明するとともに、当該個人情報を確認する手段を提供しなければならないとされる[60]。また、FERPAでも教育機関に所属する学生の親権者に、当該学生の教育記録を調査・確認する権利が認められている[61]ほか、「1934年通信法」やCCPAにもアクセス権に関する規定が置かれている[62]。他方で、「1988年ビデオ・プライバシー保護法」[63]（VPPA）のように、個人情報の本人への開示は認められると規定するにとどめ[64]、アクセス権という形での明確な規定を置かない法律も見られる。

　州レベルでは、CalCPAにおいて、消費者は、消費者に関する個人情報を収集する事業者に対して、収集される個人情報の種類、個人情報の入手元の種類、個人情報の収集又は販売の目的、個人情報を共有する第三者の種類、消費者に関して収集された特定の個人情報の開示を請求する権利を有するとされ、かかる請求を受けた事業者は法の定めに則りこれらを開示する義務を負う[65]。また、消費者は個人情報の販売又は事業目的での提供を行っている事業者に対して、事業者が収集、販売又は提供する個人情報の種類等の開示を請求する権利も有する[66]。

2.　訂正等・利用停止等の権利

　日本の個人情報保護法29条は保有個人データの内容が事実でない場合における訂正等請求権を定めるが、米国の個人情報・プライバシー保護のための制定法にも、こうした場合に訂正等の請求を認めるものが存在する。まず、権利としてこれを明記するものとしてはHIPAAプライバシー規則が挙げられ、同規則は、個人は、PHI又は「指定記録セット」に含まれる個人に関する記録を対象組織に訂正させる権利を有すると定める[67]。訂正請求を受けた組織は、当該PHI又は記録が当該組織によって作成されたものでない場合や、それが正確かつ完全である場合等には、これを拒絶することができる[68]。拒絶の場合の手続については、前述のアクセス権の場合と概ね同様の定めが置かれている[69]。

　また、FCRAは、消費者信用報告機関が保有する消費者のファイルに含まれる情報の完全性又は正確性について消費者が異議を申し立てた場合、消費者信用報告機関は消費者の通知を受けてから30日以内に、無料で合理的な再調査を行わなければならないと定める[70]。消費者信用報告機関は、再調査を行った結果、異議に理由がないと決定した場合には再調査を終了してその旨を消費者に通知し[71]、他方で、再調査の結果、情報が不正確、不完全又は検証不可能であった場合には、消費者のファイルから迅速に当該情報を削除又は訂正するとともに、当該情報を提供した者にその旨を通知しなければならない[72]。

　これらの他、FERPAも、教育機関に対して、学生の教育記録の内容について異議を申し立てるための聴聞の機会を親権者に提供することや、不正確、誤りその他の不適切なデータを訂正又は削除すること等を求めている[73]。また、CCPAでも、ケーブル事業者が収集し保有する個人情報に関して、その誤りを訂正する機会を情報主体に提供することが義務付けられている[74]。CalCPAには訂正権に関する規定は置かれていないが、これを改正する「2020年カリフォルニアプライバシー権法」（CalPRA）[75]において、不正確な個人情報の訂正に関する消費者の請求権が新たに規定されている[76]。

　これらの訂正等の権利とは別に、幾つかの連邦法では、情報主体等が個人情報の処理の制限を求めることも認められている。もっともこれらは、日本の個人情報保護法30条の利用停止等請求権とは、その行使の要件や請求に応ずる事業者の義務の在り方といった点で内容を異にするものである[77]。例えばHIPAAプライバシー規則では、個人は、治療、支払又は保健医療の提供のためのPHIの利用又は開示の制限、及び、家族その他の血縁者や親しい友人へのPHIの開示の制限を要求する権利を有するとされるが[78]、この権利行使に関して特段の要件等は設けられていない。対象組織は、かかる請求を受け

た開示が、支払又は保健医療の提供のために行われるものであって法に別段の定めがない場合、及び、当該PHIが保健医療に関する製品又はサービスにのみ関わるものであって既に全額の支払が済んでいる場合は請求に応じなければならないが、それ以外の場合にはかかる請求に応ずる義務はない[79]。なお、HIPAAプライバシー規則では、個人が対象組織による過去６年間のPHIの開示について説明を求める権利も定められている[80]。

また、COPPAでは、親権者が要求した場合、ウェブサイト又はオンライン・サービスの管理者は、親権者に対して、子どもから収集した個人情報の追加的な利用又はオンラインでの将来的な個人情報の収集を拒否する機会や、管理者に子どもの個人情報を削除するように指示する機会を提供しなければならないと規定される[81]。これに基づいて親権者が子どもの個人情報の収集や利用の拒否又は削除指

示を行った場合には、管理者は当該子どもに対するサービスの提供を終了させることができる[82]。

３．　アクセス等の具体的な手続や手数料等

日本の個人情報保護法では、開示等に関する手続や手数料等について個別の規定が置かれているが、米国では、こうした規定を置く個人情報・プライバシー保護のための制定法は少ない。比較的詳細な規定を置くHIPAAプライバシー規則では、対象組織はアクセス請求を書面で行うことを求めることができるとされ、対象組織はアクセス請求を受けてから30日以内に対応しなければならないとされている[83]。アクセスの具体的な提供方法については、それが容易に提供可能な場合には個人の要求に沿った形式により行い、そうでない場合には判読可能なハードコピーの形式又は対象組織及び個人が合意したその他の形式により行うものとされる[84]。また、

57　この内容としては、消費者報告の写しを入手する権利、無料で消費者報告を受け取ることができる回数及び条件、消費者のファイルに含まれる情報について異議を申し立てる権利等が掲げられている。*See* 15 U.S.C. §1681g(c)(1)(B).

58　15 U.S.C. §1681g(c)(2).

59　*See* Peter P. Swire, *The Surprising Virtues of the New Financial Privacy Law*, 86 Minn. L. Rev. 1263, 1269-1270 (2002).

60　16 C.F.R. §312.6(a). かかる手段については、利用可能な技術を考慮して、開示要求をなす者が当該子どもの親権者であることを確認できるものであり、かつ、親権者に不当な負担を課すものでないことが求められている。*See* 16 C.F.R. §312.6(a)(3).

61　20 U.S.C. §1232g(a)(1)(A).

62　*See* 47 U.S.C. §222(c)(2); 47 U.S.C. §551(d).

63　Video Privacy Protection Act of 1988, Pub. L. No. 100-618, 102 Stat. 3195.

64　18 U.S.C. §2710(b)(2)(A).

65　Cal. Civ. Code §§1798.110(a), (b).

66　Cal. Civ. Code §1798.115.

67　45 C.F.R. §164.526(a)(1).

68　45 C.F.R. §164.526(a)(2).

69　45 C.F.R. §164.526(d).

70　15 U.S.C. §1681i(a)(1)(A). また、消費者から通知を受けた消費者信用報告機関は、異議が申し立てられた情報を提供した者に対して、その旨を迅速に通知しなければならないとされる。*See* 15 U.S.C. §1681i(a)(2)(A).

71　15 U.S.C. §1681i(a)(3).

72　15 U.S.C. §1681i(a)(5). なお、再調査を行ったにもかかわらず問題が解決しない場合は、消費者は異議の内容を説明する陳述書を提出することができ、消費者信用報告機関は、当該陳述書が理由のないものと信じるに足る合理的な理由がない限り、その後は、異議が申し立てられた情報を含む消費者報告に消費者が異議を申し立てている旨を明記するとともに、消費者の陳述書又はその明確かつ正確な要約を付記しなければならない。*See* 15 U.S.C. §§1681i(b), (c).

73　20 U.S.C. §1232g(a)(2).

74　47 U.S.C. §551(d).

75　前掲注㊱を参照。

76　Cal. Civ. Code §1798.106(a).

77　個人情報保護法30条が定める利用停止等請求権の行使の要件は、令和２年改正で緩和されたものの、保有個人データの取扱いが一定の規定に違反している場合、保有個人データの利用の必要がなくなった場合、データ漏洩が生じている場合、その他保有個人データの取扱いにより本人の権利又は正当な利益が害されるおそれがある場合に限られている（改正後の個人情報保護法30条５項）。請求を受けた個人情報取扱事業者は、請求に理由がある場合は利用停止等を行わなければならないが、それが困難な場合であって本人の権利利益の保護のための代替措置をとる場合はこの限りでないとされる（同条６項）。詳しくは、松前・前掲注⑧31〜32頁を参照。

78　45 C.F.R. §164.522(a)(1)(i).

79　45 C.F.R. §164.522(a)(1)(ii).

80　45 C.F.R. §164.528(a)(1).

81　16 C.F.R. §312.6(a)(2).

82　16 C.F.R. §312.6(c).

83　45 C.F.R. §164.524(b)(2).

84　45 C.F.R. §164.524(c)(2)(i).

日本の個人情報保護法の令和２年改正では電磁的記録の提供による開示も認められるようになったが[85]、HIPAAプライバシー規則にも電子的方法によるアクセス提供に関する規定が置かれており、アクセス請求の対象となったPHIが複数の「指定記録セット」に電子的に保管され、個人がその電子的なコピーを要求している場合については、それが容易に提供可能な場合には個人の要求に沿った電子的形式により行い、そうでない場合には対象組織及び個人が合意した判読可能な電子的形式により行うものとされる[86]。また、個人が指定した他の者に直接PHIの写しを送るように求めることも認められており、この場合、個人のアクセス請求は、当該個人の署名を含む書面で、PHIの写しを送る者の身元を明確にした上でなされなければならない[87]。HIPAAプライバシー規則には手数料に関する定めも置かれており、個人によるアクセス権の行使に関して、対象組織は、合理的な、コストに見合った手数料を課すことができるとされている[88]。なお、訂正請求については、対象組織は、請求を受けてから60日以内にこれに対応することが求められている[89]。

また、FCRAにも開示に関する手続が定められており、消費者信用報告機関は、消費者ファイルの開示を行う条件として、消費者に対し適切な身分証明書の提供を求めることができる[90]。開示方法については原則として書面で行うものとされるが[91]、消費者が許可した場合には、書面以外の、消費者が指定した、当該機関が利用可能な方法で、これを行うことができる[92]。また、手数料に関しては、全米規模の消費者信用報告機関は、消費者の請求に基づき年に一度、無料でかかる情報の開示を行うものとされる[93]。これに加え、法が定める一定の場合には無料での開示が求められるが、それ以外の場合には、開示請求前に消費者に金額を示した上で８ドルを超えない範囲で合理的な手数料を課すことができる[94]。

州レベルでは、CalCPAが事業者に対して、消費者が開示等の請求を行えるように、フリー・ダイヤルの電話番号や電子メールアドレスを提供することを義務付けている[95]。事業者は消費者に対し、求められた情報を無料で、原則として消費者の請求を受けてから45日以内に開示しなくてはならない[96]。開示に含まれる情報は請求を受けた日から過去１年間のものとされ、消費者のアカウントを通じて又は

郵送若しくは電子的方法により、書面で提供するものと定められている[97]。

以上のように、情報主体のアクセス権等についても、とりわけ医療情報、信用情報、子どもに関する情報については、権利の内容やその行使のための手続といった点で他に比して充実した個人参加の仕組みが設けられていることが見て取れる。

Ⅳ　情報主体の権利強化に関する議論動向

近時、米国では、GDPRに新たな権利規定が設けられたこと等を受け、情報主体の権利を強化する動きが見られる。とりわけCalCPAは象徴的な例であり、同法は、既に見た権利に加え、個人情報の消去を求める権利、個人情報の販売を行う事業者に対して販売の停止を指示し得るオプトアウトの権利等を規定するほか、消費者の権利行使を理由とした差別的な取扱いを禁ずる条項も設けている[98]。また、第１章で言及した、個人情報・プライバシー保護のための包括的な連邦法の制定に向けて検討されている近時の法案にも、多岐にわたる消費者の権利を盛り込むものが見られる[99]。

これらの権利の中でもとりわけ注目すべきは、日本の個人情報保護法の令和２年改正に向けた議論においても重要な論点となった、所謂「忘れられる権利」やデータ・ポータビリティの権利であろう[100]。まず、米国において「忘れられる権利」を明確に保障する法律はないが、そもそも所謂「忘れられる権利」には、①前科等の過去の不利益な情報の公開等の制限を求める権利、②不要なデータ等の消去を求める、個人情報・プライバシー保護のための制定法上の権利、③とりわけインターネット上で過去の情報へのリンクの削除を求める権利等の多様な権利が含まれ得ると解されており[101]、米国でもこれらの権利の一部が保護されていると解することは可能である。まず①は、米国では伝統的に不法行為法上のプライバシー権の問題として議論されてきたほか[102]、一定期間経過後は、破産、民事訴訟や民事判決、逮捕記録等の不利益な個人情報を消費者報告に含むことを禁じるFCRAの規定[103]等もこれに関連するものと言われる[104]。②の例はGDPR 17条に規定される「消去権（忘れられる権利）」であり[105]、米国の個人情報・プライバシー保護のための連邦法では、個人情報の保管制限や不要な情報の消去等に関する事業者等の義務規定は見られるものの[106]、これに相当

する権利は認められていない。なお、上述のように CalCPA では消費者の消去権が定められており、消去の請求を受けた事業者は、その記録から消費者の個人情報を消去しなければならないが、これには一定の例外が設けられている[107]。③の例としては、EU 司法裁判所が承認した、検索エンジン事業者に対して過去の情報へのリンクの削除を求める権利が挙げられるが[108]、第 2 章で指摘したように、合衆国憲法第 1 修正が保障する表現の自由に伝統的に重きを置く米国では、かかる権利に対する根強い批判がある[109]。これらの権利に加え、青少年がオンラインでの投稿を削除することができるカリフォルニア州の「デジタル世界におけるカリフォルニア州の青少

年のプライバシー権に関する法律」[110]、所謂「消しゴム法」の関連規定や、リベンジポルノに関する規制等をも「忘れられる権利」の一類型と位置付ける見解もあるが[111]、ここに掲げたような保護はいずれもあくまで限定的なものに過ぎず、表現の自由を重視する米国では EU において保障されるような「忘れられる権利」はほとんど認められていないと解されている[112]。

　一方、データ・ポータビリティ権は、GDPR 20 条において、データ管理者によるデータ処理が同意又は契約を根拠として、かつ、自動的手段により行われている場合に、データ主体が、自身がデータ管理者に提供した個人データを別のデータ管理者に移

85　令和 2 年改正では、従来は原則として書面の交付によるものとされていた開示の方法につき、「電磁的記録の提供による方法その他の個人情報保護委員会規則で定める方法」による開示を請求できることとされた（改正後の個人情報保護法 28 条 1 項）。

86　45 C.F.R. §164.524(c)(2)(ii).

87　45 C.F.R. §164.524(c)(3)(ii). これは、情報主体に一定のデータ・ポータビリティを認めるものと解されている。詳しくは IV を参照。

88　この手数料に含まれ得るのは、PHI の複写にかかる費用、複写のための紙又は電子的メディアの費用、郵送で送る場合にはその郵送にかかる費用及び PHI の要約又は説明を用意するための費用のみである。See 45 C.F.R. §164.524(c)(4).

89　45 C.F.R. §164.526(b)(2).

90　15 U.S.C. §1681h(a)(1).

91　15 U.S.C. §1681h(a)(2).

92　15 U.S.C. §1681h(b)(1). 消費者が指定し得る方法としては、消費者信用報告機関の事務所で通常の営業時間内に消費者に対して直接に開示する、消費者の書面による要求に基づいて電話で開示する、消費者信用報告機関が利用可能な電子的方法で開示する、といった方法が挙げられている。See 15 U.S.C. §1681h(b)(2).

93　15 U.S.C. §1681j(a)(1).

94　15 U.S.C. §1681j(f).

95　CAL. CIV. CODE §1798.130(a)(1).

96　CAL. CIV. CODE §1798.130(a)(2).

97　Id.

98　See CAL. CIV. CODE §§1798.105(a), 1798.120(a), 1798.125(a)(1).

99　See e.g., Consumer Online Privacy Rights Act, S. 2968, 116th Cong. (2019).

100　個人情報保護委員会「個人情報保護法 いわゆる 3 年ごと見直しに係る検討の中間整理」（平成 31 年 4 月 25 日）13～14 頁、17～18 頁。なお、これらに加えて論点となったプロファイリング規制の在り方については、第 5 章において個人情報の処理行為の規制との関係で適宜言及する。

101　W. Gregory Voss & Céline Castets-Renard, *Proposal for an International Taxonomy on the Various Forms of the 'Right to Be Forgotten': A Study on the Convergence of Norms*, 14 COLO. TECH. L.J. 281, 297-299 (2016). 所謂「忘れられる権利」に含まれるこうした多様な権利について論ずるものとして、*See also* Robert C. Post, *Data Privacy and Dignitary Privacy: Google Spain, The Right to Be Forgotten, and the Construction of the Public Sphere*, 67 DUKE L.J. 981, 991-994 (2018).

102　See e.g., Post, *supra* note 101, at 992; Amy Gajda, *Privacy, Press, and the Right to Be Forgotten in the United States*, 93 WASH. L. REV. 201 (2018).

103　15 U.S.C. §1681c(a).

104　Voss & Castets-Renard, *supra* note 101, at 301.

105　Id. at 305-308. GDPR 17 条は、データ主体は、個人データがその処理の目的との関係で必要でなくなった場合、データ主体が同意を撤回した場合、データ主体が個人データの処理について異議を申し立てた場合、個人データが違法に処理された場合等において、個人データを遅滞なく消去させる権利を有すると定める。

106　個人情報の保管制限や情報の消去に関する義務は、日本では個人情報保護法 19 条において個人情報の正確性との関係で規定されているため、これらの義務については第 6 章において論ずる。

107　具体的には、消費者の個人情報を保有することが、取引の履行、セキュリティ・インシデントの防止、他の消費者の表現の自由の保障の目的のために必要な場合等には、消去する必要はない。See CAL. CIV. CODE §§1798.105(c), (d).

108　Voss & Castets-Renard, *supra* note 101, at 325-327. See Case C-131/12, Google Spain SL v. Agencia Española de Protección de Datos, 2014 E.C.R. 317. EU 司法裁判所の裁定に関する解説は多数あるが、主要なものとして、石井夏生利「『忘れられる権利』をめぐる議論の意義」情報管理 58 巻 4 号（2015）271 頁等を参照。

109　See e.g., Post, *supra* note 101, at 990; Jeffrey Rosen, *The Right to Be Forgotten*, 64 STAN. L. REV. ONLINE 88, 88 (2012).

110　Privacy Rights for California Minors in the Digital World, CAL. BUS. & PROF. CODE §22580 *et seq.*

111　Voss & Castets-Renard, *supra* note 101, at 338.

112　See William McGeveran, *Friending the Privacy Regulators*, 58 ARIZ. L. REV. 978, 978 (2016). 日本でも、所謂「忘れられる権利」に関連して、前述のように個人情報保護法の令和 2 年改正で利用の必要がなくなった保有個人データの利用停止等請求権が認められたが、これらは EU と同等の権利を認めるものではない。佐脇編著・前掲注⑤ 87 頁を参照。

転する権利と定義されるが、米国の個人情報・プライバシー保護のための制定法においてこれを明記するものはない。もっとも、米国において同権利は一般的にアクセス権の問題として位置付けられており、HIPAAプライバシー規則のアクセス権に関する規定、すなわち、Ⅲの3で見た、情報主体へのアクセスの提供について個人が指定した他の者に直接PHIの写しを送るように求めることを認める規定が、米国における最初のそして最も広範なデータ・ポータビリティの取組みと解されてきたと言われる[113]。また米国では、オバマ政権下で実施された「マイデータ・イニシアチブ」、すなわち情報主体の自己情報へのアクセスを強化するための取組みも有名であり[114]、民間でもこうした取組みを推進する事業者が見られる[115]。なお、データ・ポータビリティの権利についてはEUでも様々な課題が指摘されており[116]、米国においても賛否両論がある現状[117]を踏まえ、仮に米国においてデータ・ポータビリティを認めるとしても、あらゆる分野において強制的に情報主体の権利として取り入れるのは適当ではな

く、事業者側がその採否を選択し得るものとして位置付けるべきであるという指摘もある[118]。

Ⅴ　むすびにかえて

　本章では、情報主体への通知、アクセス権等を中心に、米国の個人情報・プライバシー保護法制における個人参加のための仕組みについて検討を加えた。米国では各分野における個々の法律によってそれぞれ異なる規定が置かれており統一的な傾向を引き出すのは難しいが、とりわけ、医療情報、信用情報、子どもの情報といった保護の必要性の高い情報については、他に比して手厚い個人参加の仕組みが設けられていると解することが可能であろう。次章では、個人情報の処理行為に関する規制について検討する。

　＊本章は、「米国における個人参加の仕組み──情報主体への通知とアクセス権等を中心に」NBL 1191号（2021年4月）62頁を収録したものである。

---

113 Aysem D. Vanberg, *The Right to Data Portability in the GDPR: What Lessons Can Be Learned from the EU Experience?*, 21 No. 7 J. Internet L. 16 (2018).

114 Kristen Honey et al., *My Data: Empowering All Americans with Personal Data Access* (2016), https://obamawhitehouse.archives.gov/blog/2016/03/15/my-data-empowering-all-americans-personal-data-access (last visited Mar. 12, 2021). この例として、医療記録への患者のアクセスに関する取組み（所謂「ブルー・ボタン」）や電力使用記録へのアクセスに関する取組み（所謂「グリーン・ボタン」）等がある。

115 Alexander Macgillivray & Jay Shambaugh, *Exploring data portability* (2016), https://obamawhitehouse.archives.gov/blog/2016/09/30/exploring-data-portability (last visited Mar. 12, 2021).

116 *See* Art.29 Working Party, *Guidelines on the right to data portability*, WP 242 rev.01 (2017).

117 *See e.g.*, White House Office of Science and Technology Policy, *Request for Information regarding data portability: Public Responses* (2017), https://obamawhitehouse.archives.gov/sites/whitehouse.gov/files/documents/OSTP-Data%20Portability-RFI-Responses_for_humans.pdf (last visited Mar. 12, 2021).

118 Vanberg, *supra* note 113, at 17-18. *See also* Whitney Nixdorf, *Planting in a Walled Garden: Data Portability Policies to Inform Consumers How Much (If Any) of the Harvest Is Their Share*, 20 Transnat'l L. & Contemp. Probs. 135, 156-157 (2019). 日本でも、個人情報保護法の令和2年改正において、前述のように電磁的方法による情報の開示が可能となったが、これはデータ・ポータビリティの推進策の一つとも位置付けられるものの、EUと同等の権利を認めるものではない。佐脇編著・前掲注(56) 77頁を参照。

第5章

米国における個人情報の収集、利用及び開示に関する規制

Ⅰ　はじめに

　第5章からは、米国の個人情報・プライバシー保護法制における個人情報の処理行為に関する規制について検討を加える。個人情報の処理行為に関して事業者等が如何なる義務を負うのかということは、前回検討した情報主体の権利とともに「公正な情報取扱慣行に関する原則」(Fair Information Practice Principles)の中核をなす要素である。日本の「個人情報の保護に関する法律」[1](以下「個人情報保護法」という)の令和2年改正[2]では、個人情報の不適正な利用の禁止[3]や、所謂オプトアウト規定により第三者提供し得る個人データの範囲の限定[4]等が盛り込まれ、個人情報の処理行為に関する新たな規制が導入された。また、欧州連合(European Union：EU)の「一般データ保護規則」[5](GDPR)において関連規定が設けられた、集積した個人情報を分析し個人の人物像や行動等を予測する、所謂プロファイリング規制の在り方も重要な論点となっており[6]、個人情報の処理行為の規制に関する今後の

1　平成15年法律第57号。

2　個人情報保護法は、令和2年に「個人情報の保護に関する法律等の一部を改正する法律」(令和2年法律第44号)により改正されており、当該改正法は公布の日から起算して2年を超えない範囲内において政令で定める日から施行される。

3　改正後の個人情報保護法16条の2では、違法又は不当な行為を助長する等の不適正な方法による個人情報の利用が禁じられた。

4　個人情報保護法23条では、個人データの第三者提供の際に原則としての本人の同意を取得することが義務付けられているが、例外として、所謂オプトアウト規定、すなわち本人の求めがあれば事後的に停止することを条件に、本人の同意を得ずに個人データを第三者に提供することを認める規定が設けられている。令和2年改正では、所謂名簿屋対策を念頭に、かかるオプトアウト規定に基づいて第三者に提供し得る個人データの範囲が限定された。詳しくは、松前恵環「個人データに関する個人の権利の在り方」ジュリ1551号(2020)30頁、33頁を参照。なお、所謂名簿屋に相当するデータ・ブローカーに関する米国の法規制の現状については、第6章で論ずる。

5　Regulation (EU) 2016/679 of the European Parliament and of the Council of 27 April 2016 on the protection of natural persons with regard to the processing of personal data and on the free movement of such data, and repealing Directive 95/46/EC (General Data Protection Regulation), 2016 O.J. (L119) 1.

6　個人情報保護委員会「個人情報保護法　いわゆる3年ごと見直しに係る検討の中間整理」(平成31年4月25日)13~14頁。プロファイリングに関する懸念に対しては、令和2年改正で導入された個人情報の不適正な利用の禁止を定める規定等により対応し得るとの見解もあるが(第201回国会参議院内閣委員会会議録第13号(令和2年6月4日)15頁、27頁[衛藤晟一国務大臣答弁]を参照)、令和2年改正ではプロファイリングに関する直接の規制は導入されていない。

検討を見据えて米国の法制度を横断的に把握しておく必要性は高い。個人情報の処理プロセスとして何を挙げるのかについては様々な考えがあり得るが[7]、本稿では、収集、利用、開示及び保有・管理の各段階に分け[8]、本章では収集、利用及び開示に関する規制に、次章は保有及び管理に関する規制に、それぞれ焦点を当てて検討を加える[9]。

Ⅱではまず個人情報の収集に関する規制について、個人情報保護法における「要配慮個人情報」に相当する所謂センシティブ情報に関する議論動向も含めて明らかにし、Ⅲでは個人情報の利用及び開示に関する規制について米国の法制度を整理する。最後にⅣでは、所謂プロファイリングに関する米国の議論動向について検討する。

Ⅱ　収集に関する規制

1.　収集とその適正性に関する規制

まず、個人情報の収集について、日本の個人情報保護法では、個人情報の適正な取得（17条1項）と本人への利用目的の通知等（18条）が義務付けられている。第4章で明らかにしたように、米国では、後者の通知義務に関して、「2018年カリフォルニア消費者プライバシー法」[10]（CalCPA）が個人情報の収集時又は収集前の利用目的等の通知義務を定めているものの[11]、そもそも米国における個人情報・プライバシー保護のための制定法の多くは個人情報の収集後の利用及び開示に関する規制に重点を置いており、個人情報の収集に関する規制を設ける法律は多くない。

こうした中、個人情報の収集を含む処理行為について個人の同意取得等を求める例としては、「1998年子どもオンラインプライバシー保護法」[12]（COPPA）に基づいて制定された連邦取引委員会（Federal Trade Commission：FTC）規則[13]が挙げられる。同規則は、13歳未満の子どもから個人情報を収集している又はそのことを実際に認識しているウェブサイト又はオンライン・サービスの運営者に対し、子どもからの個人情報の収集、利用又は開示に対して「証明可能な親権者の同意」を得ることを求め[14]、親権者の同意を個人情報の収集を含む処理行為の要件としている。第4章でも言及したよう

に、かかる同意を得るための前提として情報主体への通知も義務付けられており、ウェブサイト又はオンライン・サービスの運営者は子どもの個人情報の収集、利用又は開示に先立ち、親権者に対して直接に通知を提供しなければならない[15]。

また、個人情報の収集に関する規制を含む制定法としては、「1986年電子通信プライバシー法」[16]（ECPA）も挙げられよう。同法は、「通信傍受法」（Wiretap Act）、「保存された通信に関する法」（Stored Communications Act：SCA）、「ペンレジスター法」（Pen Register Act）と呼ばれる三つの部分から構成されているが[17]、所謂「通信傍受法」では、有線通信、口頭の会話又は電子的通信の傍受が禁じられており[18]、SCAでは、電子的通信サービスを提供するための設備に許可なくアクセスし、保存された有線通信又は電子的な通信を取得した者は罰せられるとの規定が置かれている[19]。ECPAは所謂通信の秘密の保護に関連する法律であり、個人情報・プライバシー保護のための制定法とはその規制の対象や趣旨を異にする面もあるが、例えばクッキー等によるインターネット上での個人情報の収集が同法との関係で問題となる場合がある[20]。

一方、先述のように、日本の個人情報保護法では個人情報の適正な取得が義務付けられ、偽りその他不正の手段による個人情報の取得は禁じられるが、これに関連して、米国の個人情報・プライバシー保護のための制定法にも個人情報の詐欺的な収集等を禁ずる規定を置くものが見られる。例えば「1999年金融サービス近代化法」[21]（GLBA）は、詐欺的な行為により金融機関の顧客情報を取得することを禁じており[22]、また「1970年公正信用報告法」[23]（FCRA）にも、消費者信用報告機関から、故意に、詐欺的な行為に基づいて消費者に関する情報を取得した者を処罰する規定が置かれている[24]。なお、医療分野における「1996年医療保険の相互運用性と説明責任に関する法律」[25]（HIPAA）に関するHIPAAプライバシー規則[26]では、個人を識別し得る健康情報を違法に取得又は開示した者を罰する規定が置かれているが[27]、かかる違反を詐欺的な行為に基づいて行った場合には、通常よりも重い罰が科されている[28]。

2.　センシティブ情報に関する規制

個人情報の収集に関して、日本の個人情報保護法17条2項は、「要配慮個人情報」、すなわち、人種、信条、社会的身分、病歴、犯罪の経歴、犯罪により害を被った事実その他本人に対する不当な差別、偏見その他の不利益が生じないようにその取扱いに特に配慮を要する情報の取得について、原則として本人の同意を要求している。かかる「要配慮個人情報」は米国ではセンシティブ情報と呼ばれることが多いが、センシティブ情報に関する特別の保護を明記する規定は、米国の個人情報・プライバシー保護のための制定法には少なくとも連邦レベルでは置かれていない[29]。

もっとも、本稿で見てきたように、米国では各分野において個別の制定法による個人情報・プライバシー保護が図られており、こうした制定法による特別の保護を受ける情報がセンシティブ情報に当たると解する見解もある[30]。とりわけ、金融・信用情報、健康情報、子どもに関する情報といったものが

7　例えばGDPR4条2項は、「処理」（processing）を個人データに対して行われるあらゆる作用と定義し、その例として「収集、記録、組織化、構造化、蓄積、編集又は改変、検索、参照、利用、伝達・頒布又はその他利用可能な状態にすることによる開示、配列又は結合、制限、消去又は破壊」を挙げている。米国では、個人情報の収集、利用及び開示を、個人情報の処理プロセスとして挙げる見解が多い。*See e.g.*, Jerry Kang, *Information Privacy in Cyberspace Transactions*, 50 STAN. L. REV. 1193, 1203 (1998); Richard Warner, *Undermined Norms: The Corrosive Effect of Information Processing Technology on Information Privacy*, 55 ST. LOUIS U.L.J. 1047, 1053 (2011).

8　*See e.g.*, WILLIAM MCGEVERAN, PRIVACY AND DATA PROTECTION LAW 327-550 (2016).

9　なお、所謂越境データ移転、すなわち、外国への個人情報の移転の問題については、第7章で論ずる。

10　California Consumer Privacy Act of 2018, CAL. CIV. CODE §1798.100 *et seq.*

11　CAL. CIV. CODE §1798.100(b). CalCPAについては、第1章6頁で述べたように、CalCPAを改正する「2020年カリフォルニアプライバシー権法」（CalPRA）に関する提案、「プロポジション24」が2020年11月に住民投票により可決されているが、同法は2023年1月に施行予定であるため、本稿では現行法（連載執筆時）の条文を前提に解説し、適宜改正内容に言及する。

12　Children's Online Privacy Protection Act of 1998, Pub. L. No. 105-277, 112 Stat. 2681.

13　Children's Online Privacy Protection Rule, 16 C.F.R. §312.1 *et seq.*

14　16 C.F.R. §312.5(a)(1). 同規則は、ウェブサイト又はオンライン・サービスの運営者は、同意をなす者が子どもの親権者であることを担保できるように、利用可能な技術を考慮して「証明可能な親権者の同意」を得るための合理的な努力をなすべきであると定める。*See* 16 C.F.R. §312.5(b)(1). 詳しくは、松前恵環「子どもの個人情報の処理にかかる『同意』のあり方」情報通信学会誌38巻1号（2020）13頁、15〜17頁を参照。

15　16 C.F.R. §§312.4(a), (b).

16　Electronic Communications Privacy Act of 1986, Pub. L. No. 99-508, 100 Stat. 1848.

17　城所岩生＝松前恵環「第一章：米国」情報セキュリティ大学院大学「インターネットと通信の秘密」第2期研究会『インターネット時代の「通信の秘密」各国比較』（2014）19〜37頁（http://lab.iisec.ac.jp/~hayashi/2014-7-7.pdf (last visited Mar. 30, 2021)）。

18　18 U.S.C. §2511(1)(a). 傍受とは、電子的、機械的その他の装置の利用を通じて、有線通信、電子的通信又は口頭の会話の内容を音声その他の形態で捕捉することと定義される。*See* 18 U.S.C. §2510(4). 但し、有線通信又は電子的通信サービスのプロバイダの従業員等によるサービス提供等に必要な一定の通信の傍受の場合、法に基づく場合、傍受する者が通信の一方当事者であるか又は通信の一方当事者の事前の同意がある場合等は、通信の傍受は違法とならない。*See* 18 U.S.C. §2511(2).

19　18 U.S.C. §2701(a). 但し、有線通信サービス又は電子的通信サービスを提供する者やサービスの利用者の許可がある場合、法に基づく場合はこの限りではない。*See* 18 U.S.C. §2701(c).

20　例えば、DoubleClick事件では、行動ターゲティング広告のためのクッキーを利用した個人情報の収集が通信傍受法及びSCAに違反するかどうかが争点となった。もっとも、裁判所は、クッキーを利用しているウェブサイトを通信の一方当事者としてその同意を認定し、通信傍受法及びSCA違反の主張を退けている。*See* In re DoubleClick Inc, Privacy Litigation,154 F. Supp. 2d. 497 (S.D.N.Y. 2001).

21　Financial Services Modernization Act of 1999, Pub. L. No. 106-102, 113 Stat. 1338.

22　15 U.S.C. §6821(a). 禁じられる詐欺的な行為としては、金融機関の担当者、従業員若しくは代理人又は金融機関の顧客に対し、虚偽の、架空の若しくは詐欺的な宣言又は表明を行うことや、金融機関の担当者、従業員又は代理人に対して、特定の書類を、当該書類が偽造された、紛失・盗難にあった又は不正に取得されたものであることや、虚偽の、架空の若しくは詐欺的な宣言又は表明を含むものであることを知りながら提供することが挙げられている。

23　Fair Credit Reporting Act of 1970, Pub. L. No. 91-508, 84 Stat. 1127.

24　15 U.S.C. §1681q.

25　Health Insurance Portability and Accountability Act of 1996, Pub. L. No. 104-191, 110 Stat. 1936.

26　Standards for Privacy of Individually Identifiable Health Information, 45 C.F.R. §164.500 *et seq.*

27　42 U.S.C. §1320d-6(a).

28　42 U.S.C. §1320d-6(b)(2).

29　州レベルでは、例えばCalCPAを改正するCalPRA（前掲注(11)参照）において、個人情報の定義に「センシティブ情報」が追加されている。第3章24頁注(87)を参照。

30　Nancy J. King & V.T. Raja, *What Do They Really Know About Me in the Cloud?: A Comparative Law Perspective on Protecting Privacy and Security of Sensitive Consumer Data*, 50 AM. BUS. L.J. 413, 424-425 (2013). もっとも、米国の制定法には、第1章2頁で指摘したようにアド・ホックに制定されたものも多く、制定法による保護を受ける情報がすべてセンシティブ情報に該当するものであるとは言い難いことには留意が必要である。

これに相当すると指摘されており[31]、実際に第4章で情報主体の権利について見たように、これらの情報に関しては他に比して手厚い保護がなされている状況を看取し得る。また、一定の差別を禁ずる制定法もセンシティブ情報の保護に関連し得ると解されており、例えば、信用付与の際に性別、年齢、人種、宗教等による差別を禁ずる「平等な信用機会に関する法」[32]や、保険会社や雇用者が遺伝情報に基づき差別的取扱いをなすことを禁ずる「遺伝子差別禁止法」[33]といったものがこれに該当し得る[34]。その他、一定の情報に対する特別の保護がコモン・ローや憲法により付与される場合もあり、前科等はその例と言われている[35]。

　政府のプライバシー保護政策においても、例えばFTCの2012年の報告書は、ある情報がセンシティブであるかどうかは複数の主観的な考慮要素によるものとし、センシティブ情報を明確に定義してはいないものの、子どもに関する情報、金融情報、健康情報、社会保障番号及び正確な位置情報はセンシティブ情報であるとの見解を示し、センシティブ情報を収集する場合には事前に消費者の積極的な明示の同意を取得すべきであるとしている[36]。

　このように米国では、個人情報・プライバシー保護のための連邦法にはその特別の保護を明記する規定はないものの、実質的にセンシティブ情報の保護が行われているものと解することが可能であろう。

Ⅲ　利用及び開示に関する規制

　日本の個人情報保護法では、まず個人情報の利用に関する規制として、個人情報の利用目的の特定（15条）と本人の同意を得ない目的外利用の禁止（16条）が定められるほか、令和2年改正では、前述のように個人情報の不適正な利用が禁じられた（16条の2）。これは、個人情報の利用の内容に着目する実体的な規制として評価し得るが、禁じられる「不適正」な利用の意義の明確化は今後の課題となっている[37]。他方で開示に関しては、個人データの第三者提供の際に原則として本人の同意を取得することが義務付けられているが、例外として所謂オプトアウト規定が置かれている（23条）。

　これに対し、米国の個人情報・プライバシー保護のための制定法には、カリフォルニア州のCalCPA

のように目的外利用に関連する規定を置くものもあるが[38]、連邦レベルでは、利用目的の特定や目的外利用の禁止を義務付けるというよりも、個人情報の利用が認められる場面を限定するものが多く、また、利用及び開示をあわせて規制する場合が多い。そこで以下ではまず、個人情報の利用及び開示を一定の場面に限定する規定を見た上で、日本の個人情報保護法上の第三者提供に係るオプトアウト規定に相当する規定、そして、上述の不適正な利用との関係で参考になり得る、一定の目的での利用及び開示を禁止する規定に注目して、検討を加える[39]。

1.　利用及び開示が認められる場面の限定

　まず、個人情報の利用及び開示が認められる場合を一定の場面に限定する規定としては、医療分野におけるHIPAAプライバシー規則が挙げられる。同規則は、対象組織による「保護対象健康情報」（protected health information：PHI）の利用及び開示が許容される場合を、①情報主体に対する場合[40]、②治療、支払又は保健医療の実施のためであって情報主体の同意がある場合[41]、③同規則の下で認められる利用又は開示に付随する場合[42]、④同規則の下で禁止される利用及び開示に当たる場合を除き、心理療法記録の利用又は開示、マーケティング目的での利用又は開示、及び、販売について有効な許可がある場合[43]、⑤ディレクトリ管理や家族等への通知のための利用又は開示であって個人に選択の機会が付与されている場合[44]、⑥その他同規則の下で許容される場合[45]に、限定する。こうした利用及び開示に関する規制について、HIPAAプライバシー規則は「必要最小限」の原則を掲げ、PHIの利用及び開示等を目的を達成する上で最小限にとどめるための合理的な努力を行うことを、対象組織に求めている[46]。

　また、FCRAも、消費者信用報告機関が消費者報告[47]を提供できる場合を、裁判所の命令に基づく場合、消費者の書面での指示に基づく場合、信用取引、雇用目的、保険の引受け等のために当該情報を用いる者に提供する場合、州又は地方の児童支援執行当局の要求に基づく場合等に限定しており[48]、消費者報告の提供がこれらの法定の目的に限定されるように合理的な手続をとることを消費者信用報告機

関に義務付けている[49]。FCRA は、これらの目的で
の消費者報告の提供についてそれぞれ具体的な要件
を定めているが、例えば雇用目的での消費者報告の
提供については、消費者信用報告機関が雇用目的で
消費者報告を提供し得るのは、当該報告を取得する
者が同法が定める義務等を遵守することを確約し、
かつ、消費者信用報告機関が同法が定める消費者の
権利の要約を消費者報告とともに提供した場合に限
られるとされている[50]。また、雇用目的で消費者報
告を取得する者に対しては、事前に消費者に対して
書面による明確な通知を行い、書面で消費者の承諾
を得ることが求められている[51]。更に、第 4 章で述
べたように、雇用目的で消費者報告を利用し、消費
者に対して不利益な取扱いをなす者には、消費者へ
の事前の通知が義務付けられている[52]。また、消費

者の申込みによらない信用又は保険取引目的での、
所謂事前審査のための消費者報告の提供についても
一定の要件が定められており[53]、消費者に対する通
知[54]や、**2** で後述するオプトアウトに関する規定等
が置かれている。

　「1934 年通信法」[55]も、顧客に関する専属的ネッ
トワーク情報の利用、開示又は当該情報へのアクセ
スを行い得る場合を、法律上要求される場合、顧客
の承認を得た場合、当該情報が得られた電気通信
サービス等の提供のために行う場合に限定してい
る[56]。第 4 章で明らかにしたように、同法ではかか
る顧客の承認を得る前提として通知義務が定められ
ているが、これに関して連邦通信委員会規則[57]は、
電気通信事業者に対し、顧客の権利に関する通知を
事前に顧客に提供し、その記録を少なくとも 1 年間

---

31 King & Raja, *supra* note 30, at 424-425. P. オームも、米国法において、健康情報、金融情報、教育及び子どもに関する情報等は、一般的にセ
　ンシティブと考えられてきたと指摘している。*See* Paul Ohm, *Sensitive Information*, 88 S. Cal. L. Rev. 1125, 1140, 1150-1159 (2015).

32 Equal Credit Opportunity Act Amendments of 1976, Pub. L. No. 94-239, 90 Stat. 251.

33 Genetic Information Nondiscrimination Act of 2008, Pub. L. No. 110-233, 122 Stat. 881.

34 *See* King & Raja, *supra* note 30, at 429; Ohm, *supra* note 31, at 1137, 1152.

35 Ohm, *supra* note 31, at 1157.

36 Federal Trade Commission, *Protecting Consumer Privacy in an Era of Rapid Change: Recommendations for Businesses and Policymakers*, 58-60 (2012),
　https://www.ftc.gov/sites/default/files/documents/reports/federal-trade-commission-report-protecting-consumer-privacy-era-rapid-change-
　recommendations/120326privacyreport.pdf (last visited Mar. 30, 2021) [hereinafter *FTC 2012 report*].

37 参議院内閣委員会「個人情報の保護に関する法律等の一部を改正する法律案に対する附帯決議」（令和 2 年 6 月 4 日）。なお、現在、個人情報
　保護委員会でこの論点を含むガイドライン等の整備に向けた検討が進められている。個人情報保護委員会「改正法に関連するガイドライン等
　の整備に向けた論点について（不適正利用の禁止）」（令和 3 年 2 月 19 日）を参照。

38 CalCPA では、消費者の個人情報を収集する事業者は、消費者に対して通知を行わずに、新たな個人情報の収集や収集した個人情報の新たな
　目的のための利用を行ってはならないとされている。*See* Cal. Civ. Code §1798.100(b).

39 これは分類ではなく、あくまでも個人情報の利用及び開示に関する規制の全体像を把握するための一つの視点であることは付記しておきたい。

40 45 C.F.R. §164.502(a)(1)(ii).

41 45 C.F.R. §164.502(a)(1)(ii).

42 45 C.F.R. §164.502(a)(1)(iii).

43 45 C.F.R. §164.502(a)(1)(iv).

44 45 C.F.R. §164.502(a)(1)(v).

45 45 C.F.R. §164.502(a)(1)(vi).

46 45 C.F.R. §164.502(b).

47 消費者報告とは、FCRA の保護対象である個人に関する信用情報をいう。詳しくは、第 3 章 18 頁を参照。

48 15 U.S.C. §1681b(a).

49 かかる手続としては、情報の利用者に対してその身元を明らかにすることを求めるとともに、当該情報の利用目的と他の目的には利用しない
　ことの保証を求めることが掲げられており、消費者信用報告機関は、消費者報告を提供する前に、利用者の身元とその利用を検証するための
　合理的な努力をなさなければならない。なお、消費者報告が法定の目的のために利用されるのではないと信じるにつき合理的な理由がある場
　合には、消費者信用報告機関は当該報告を提供してはならない。*See* 15 U.S.C. §1681e(a).

50 15 U.S.C. §1681b(b)(1).

51 15 U.S.C. §1681b(b)(2).

52 15 U.S.C. §1681b(b)(3).

53 Consumer Financial Protection Bureau, *Fair Credit Reporting Act (FCRA) examination procedures* (2012), https://files.consumerfinance.gov/f/
　documents/102012_cfpb_fair-credit-reporting-act-fcra_procedures.pdf (last visited Mar. 30, 2021).

54 15 U.S.C. §1681m(d).

55 Communications Act of 1934, Pub. L. No. 73-416, 48 Stat. 1064.

56 47 U.S.C. §222(c)(1). 但し、電気通信サービスの開始、提供、料金徴収等のために行う場合、事業者の権利や財産等の保護のために行う場合、
　顧客の承認の下で、勧誘、照会又は管理サービスの提供のために行う場合、緊急時等に無線通信サービス等の利用者の位置情報を提供するた
　めに行う場合は、この限りではない。*See* 47 U.S.C. §222(d).

57 47 C.F.R. §64.2001 *et seq*.

保存することを義務付けている[58]。

なお、先に指摘したように個人情報・プライバシー保護のための制定法とはその趣旨を異にするものであるが、ECPAにも、個人情報の利用及び開示の制限に関連する規定が置かれている。まず「通信傍受法」では、電子的通信サービスのプロバイダが通信の内容を意図的に漏示（divulge）することが禁じられる[59]ほか、違法な傍受によって取得された通信内容の意図的な利用又は開示も禁じられている[60]。また、所謂SCAでも、電子的通信サービスのプロバイダが電子的に保存されている通信の内容を意図的に漏示することが禁じられている[61]。

2.　第三者提供の際のオプトアウト

また、米国の個人情報・プライバシー保護のための制定法には、日本の個人情報保護法上の第三者提供に係るオプトアウト規定に相当する規定を設けるものも見られ、代表的な例としては、金融情報の保護に関するGLBAが挙げられる。同法は第三者提供の制限に関して、関連会社（affiliate）[62]と、非関連第三者（nonaffiliated third party）[63]、すなわち金融機関の関連会社でない組織とを区分し、このうち、非関連第三者に対する非公開個人情報[64]の提供は、原則として、GLBAの規定に則った通知を行い、オプトアウトの機会を提供した場合に限り、行い得るものとされている[65]。オプトアウトについては、金融機関が消費者に対して、①書面又は電子的方法その他の方法で明確かつ明瞭に、当該情報が非関連第三者に提供される旨を通知し、②当該情報の最初の提供の前に、その提供を行わないように指示する機会を付与し、かつ、③かかる不提供の選択権を行使する方法について説明することが義務付けられている[66]。オプトアウト規定を巡っては日本でもその形骸化が指摘されているが[67]、米国でも、かかるオプトアウト規定について、消費者に積極的な行為を求めるという点で負担を課すものであることや、消費者が実際にプライバシー・ポリシーを読むことが稀な状況下で第三者提供について十分に理解することは難しいこと等から、その実効性に疑義が呈されている[68]。法執行機関がオプトアウトに関する通知についてその雛形を作成するなどの対応を行っているものの、オプトアウトの実行率は高く見積もって

も5%程度であるという指摘もある[69]。他方で、関連会社に対して非公開個人情報を提供する場合には消費者にオプトアウトの機会は付与されておらず、この点は共同利用の場合を第三者提供から除外する日本の個人情報保護法と趣旨を同じくするものと解されるが、規模の大きい金融機関の場合にはその関連会社は膨大な数に上り、それらの間で広く情報共有が認められることには懸念も示されている[70]。

また、FCRAにも二種類のオプトアウト規定が設けられており[71]、一つは、マーケティング目的での消費者の勧誘のために、関連企業間で消費者報告を共有する際の、消費者のオプトアウトである[72]。すなわち、関連企業から消費者報告を構成する情報を受領する者は、消費者に対する勧誘の目的で関連企業間で情報の共有がなされることを消費者に対して明確かつ明瞭に開示し、消費者に当該勧誘を禁止する機会とそのための簡便な方法を提供しない限り、マーケティング目的での消費者の勧誘に当該情報を用いることはできない[73]。かかるオプトアウトについて消費者は、すべての勧誘行為を禁ずることができるのみならず、対象となる企業や情報の種類、勧誘の方法等、禁ずる勧誘行為の範囲を決めることも認められている[74]。なお、消費者が勧誘行為を禁じた場合、関連企業は消費者からその通知を受けてから少なくとも5年間は、マーケティング目的での勧誘行為を行うことができない[75]。いま一つは、先述した事前審査のために消費者報告を提供する際のオプトアウト規定であり[76]、消費者信用報告機関には、消費者がリストから自身の氏名や住所等の個人情報を除外してオプトアウトできるようなシステムを整備することが求められている[77]。

3.　一定の目的での利用及び開示の禁止

更に、米国の個人情報・プライバシー保護のための制定法には、個人情報の一定の目的での利用及び開示を禁ずる規定も見られる。

まず、HIPAAプライバシー規則では、「禁止される利用及び開示」との規定が置かれ、長期介護保険事業者を除くヘルスプラン[78]が、引受けに関する判断を行う目的で遺伝情報の利用及び開示を行うことが禁じられている[79]。また、情報主体の許可を得た場合を除き、対象組織又は事業提携者がPHIの

販売を行うことは禁じられている[80]。

また、GLBAにおける特徴的な規定としては、非公開個人情報の再提供を禁ずる規定、及び、一定の情報のマーケティング目的での提供を禁ずる規定が挙げられよう。前者に関してGLBAは、金融機関から非公開個人情報を受領した非関連第三者は、当該情報を、直接に又はその関連会社を通じて、金融機関及び当該情報を受領した非関連第三者の双方にとって非関連第三者となる他者に開示してはならないと定めている[81]。また、後者については、消費者信用報告機関に対する場合を除き、金融機関が非関連第三者に対し、マーケティングに利用する目的で、消費者の口座番号等の情報を開示することが禁じられている[82]。

また、FCRAでも、消費者報告を再販売する目的で入手することが禁じられているほか[83]、医療情報の保護のための規定として、消費者信用報告機関は、医療情報を含む消費者報告を雇用目的で又は信用若しくは保険取引に関連して提供してはならないとの規定が置かれている[84]。

これらの規定は、個人情報の種類や、個人情報の利用又は開示の目的及び内容に着目して個人情報の処理行為を規制する実体的な規制と位置付けられ、日本の個人情報保護法の令和２年改正で禁じられた不適正な利用の内容を具体化していく際の一つの参考になり得るものと言えよう。

Ⅳ　プロファイリングに関する議論動向

所謂プロファイリングについて、日本では、就職活動サイトの運営事業者が就職活動者の内定辞退率を予測し顧客企業に販売していた事件等を背景に、現在のところ、とりわけ民間事業者によるプロファ

58　47 C.F.R. §64.2008(a).

59　18 U.S.C. §2511(3)(a). 但し、法に基づく場合、通信の発信者又は受信者の適法な同意を得た場合、法執行機関に対して開示される場合等は、この限りではない。*See* 18 U.S.C. §2511(3)(b).

60　18 U.S.C. §§2511(1)(c), (d).

61　18 U.S.C. §2702(a)(1). 但し、通信の受信者又はその代理人に開示される場合、法に基づく場合、通信の発信者又は受信者等の適法な同意を得た場合、サービスの提供又はプロバイダの権利や財産の保護に必要な場合等は、この限りではない。*See* 18 U.S.C. §2702(b).

62　15 U.S.C. §6809(6).

63　15 U.S.C. §6809(5).

64　非公開個人情報とは、GLBAの保護対象である個人を識別し得る金融情報をいう。詳しくは、第３章 20 頁を参照。

65　18 U.S.C. §§6802(a), (b). 但し、消費者が要求又は許可した取引の実行等のために必要な場合、消費者の同意又は指示がある場合、金融機関の記録やサービス等の保護や不正行為の防止等に必要な場合、法に基づく法執行機関等や消費者信用報告機関への提供等の場合は、この限りではない。*See* 18 U.S.C. §6802(e).

66　15 U.S.C. §6802(b)(1). もっとも、非関連第三者が金融機関のためにサービスを提供する又は金融機関の代理として行動する者である場合には、金融機関が情報の提供に関する十分な通知を行い、当該第三者との間で情報の機密保持義務を含む契約を締結している限り、オプトアウトの機会の提供は不要とされる。*See* 15 U.S.C. §6802(b)(2).

67　宇賀克也『個人情報保護法の逐条解説〔第６版〕』（有斐閣、2018）171 頁。

68　Daniel J. Solove & Paul M. Schwartz, Consumer Privacy and Data Protection 127 (3d ed. 2020).

69　Chris J. Hoofnagle, Federal Trade Commission: Privacy Law and Policy 292-293, 296 (2016).

70　*Id*. at 297.

71　*Id*. at 282.

72　15 U.S.C. §1681s-3.

73　15 U.S.C. §1681s-3(a)(1).

74　15 U.S.C. §1681s-3(a)(2)(A).

75　15 U.S.C. §1681s-3(a)(3)(A).

76　15 U.S.C. §1681b(c)(1)(B).

77　15 U.S.C. §§1681b(c)(1)(B)(ii), (e). もっとも、同規定についてもやはりオプトアウトの実行率の低さが指摘されている。*See* Zak Toomey, *Changing the FCRA Opt-Out into the FCRA Opt-In: A Proposal for Protecting Mentally Disabled Consumers from Manipulative Credit Card Marketing*, 12 J. Gender Race & Just. 621, 638 (2009).

78　ヘルスプランとは、健康保険等のみならず、その提供主体をも含む概念として定義されている。*See* 45 C.F.R. §160.103.

79　45 C.F.R. §164.502(a)(5)(i).

80　45 C.F.R. §164.502(a)(5)(ii). PHIの販売とは、PHIと引き換えにPHIの受領者から直接又は間接に報酬を受けて行うPHIの開示と定義されている。

81　15 U.S.C. §6802(c). 但し、かかる開示が金融機関から当該者に直接行われれば適法となる場合はこの限りではない。

82　15 U.S.C. §6802(d).

83　15 U.S.C. §1681e(e).

84　15 U.S.C. §1681b(g)(1). 但し、保険取引に関連して提供される場合であって消費者が明確に同意している場合や、雇用目的で又は信用取引に関連して提供される場合であって、提供される情報が雇用や信用取引の過程や結果に関連し、かつ、消費者が明確な書面での同意を付与した場合等は、この限りではない。

イリングに注目が集まっているが、米国ではこれまで、公的部門については、行政機関によるデータ・マイニング、法執行機関による犯罪捜査のためのプロファイリング等[85]、民間部門に関しては、とりわけ行動ターゲティング広告のための消費者プロファイリングや、学歴・収入・決済サービスの利用実績等により個人の信用度を評価し数値化する信用スコアの問題等[86]、様々な文脈で議論が行われてきており、近時はビッグ・データとの関連や、データ・ブローカーによる個人情報の収集及び利用との関連でも議論がなされている[87]。プロファイリングに関しては、米国でも、膨大な個人情報を基に様々な予測が行われることにより個人に関するセンシティブな情報が明らかになり得るという問題や、雇用や信用付与といった様々な意思決定の場面における差別的取扱いの問題等が懸念されている[88]。

　こうした懸念に対して、米国では上記のような個別の問題ごとに対応が検討されており、例えば行動ターゲティング広告については、FTCが透明性や消費者の選択の確保を中心とした自主規制原則を提示し[89]、消費者がウェブサイトの閲覧行動の追跡を拒否し得るブラウザー機能（Do Not Track）の導入等を推奨している[90]。また、信用スコアの問題に関しては、本稿で見た消費者報告の利用及び開示に関するFCRAの規制が適用される可能性がある[91]。もっとも、EUのGDPR 22条が定める、「プロファイリングを含む自動的なデータ処理のみに基づく意思決定に服さない権利」のような規定は少なくとも連邦レベルの個人情報・プライバシー保護のための制定法には置かれておらず、プロファイリング一般に対する直接の規制が行われているものではない。

　この背景の一つには、米国において伝統的に重視されてきた表現の自由との緊張関係が存する[92]。例えば、Sorrell事件に関する2011年連邦最高裁判決[93]では、第2章で見たように、データ・マイニング事業者による「情報の生成や頒布は第1修正が意味するところの言論である」とされ、製薬会社やデータ・マイニング事業者が薬剤の処方記録に関する「処方者識別情報」をマーケティング目的で販売・利用等することを禁じたヴァーモント州法は、第1修正に違反するものと判断されている[94]。

　また、米国では、プロファイリングに関して、不

法行為法上のプライバシー侵害を否定した裁判例も見られる[95]。例えば、クレジット・カード会社がカード保有者の消費習慣を分析して作成したリストを事業者に貸与していたことが、「私的領域への不当な侵入」及び「氏名又は肖像の盗用」類型のプライバシー権侵害との関係で問題となったDwyer事件[96]において法廷意見は、カード保有者は、「カードを利用することにより、その分析によってカード保有者の消費習慣や購買傾向が明らかになるような情報を自発的に、かつ必然的に提供している」ことを理由に「侵入」類型のプライバシー侵害はないとし[97]、また、カード保有者の氏名の「盗用」についても、氏名は確かにカード会社にとって価値があるが、それは、カード会社のリストと結び付けられて初めて価値を持つものであって、カード会社は、これらの氏名を分類し、集積することによって価値を創造しているため、個々の氏名の盗用はないとしてプライバシー侵害を認めていない[98]。

　こうした中で、米国においてはプロファイリングを直接に規制するというよりもむしろ、それに基づく差別的な取扱いを禁ずるという方向性を看取し得る。例えば、Ⅱ 2 で言及した「平等な信用機会に関する法」や「遺伝子差別禁止法」をはじめとして、米国では、人種、性別、宗教、年齢、民族的出自といった属性による差別を禁ずる法律が複数制定されており、個人情報の利用に際してはこれらの法律の遵守が求められている[99]。

　他方で、学界では近時、個人情報の特定の利用自体を制限する実体的な規制の必要性を主張する見解も見られるようになっており[100]、例えば、一定の消費者プロファイリングの制限の必要性を説く論者も存する[101]。もっとも、適正手続の保障の観点からプロファイリングの方法等に関する透明性や個人が関与する機会の確保が重要であるとする見解もあり[102]、今後の議論動向が注目される。

Ｖ　むすびにかえて

　本章では、米国の個人情報・プライバシー保護法制における個人情報の収集、利用及び開示に関する規制について検討した。米国における規制は幾つかの分野に限定されているとはいえ、個人情報の利用及び開示が認められる場合を一定の場面に限定した

り、個人情報の一定の利用及び開示を禁止したりするなど、個人情報の処理行為の内容に着目した実体的な規制が見られる。これらは日本の個人情報保護法に関する今後の検討への示唆を含んでいるものと言えよう。

次章では、個人情報の保有及び管理段階における規制について、情報の安全管理に関する義務も含めて検討を加える。

＊本章は、「米国における個人情報の収集、利用及び開示に関する規制」NBL 1193 号（2021 年 5 月）61 頁を収録したものである。

85 *See e.g.*, Fred H. Cate, *Government Data Mining: The Need for a Legal Framework*, 43 Harv. C.R.-C.L. L. Rev. 435 (2008); The White House, *Big Data: A Report on Algorithmic Systems, Opportunity, and Civil Rights*, 19-22 (2016), https://obamawhitehouse.archives.gov/sites/default/files/microsites/ostp/2016_0504_data_discrimination.pdf (last visited Mar. 30, 2021).

86 *See e.g.*, Federal Trade Commission, *Online Profiling : A Report to Congress* (2000), https://www.ftc.gov/sites/default/files/documents/reports/online-profiling-federal-trade-commission-report-congress-part-2/onlineprofilingreportjune2000.pdf (last visited Mar. 30, 2021); Federal Trade Commission, *FTC Staff Report: Self-Regulatory Principles For Online Behavioral Advertising* (2009), https://www.ftc.gov/sites/default/files/documents/reports/federal-trade-commission-staff-report-self-regulatory-principles-online-behavioral-advertising/p085400behavadreport.pdf (last visited Mar. 30, 2021) [hereinafter *FTC OBA report*]; Danielle K. Citron & Frank Pasquale, *The Scored Society: Due Process for Automated Predictions*, 89 Wash. L. Rev. 1 (2014). 信用スコアについては、大屋雄裕「個人信用スコアの社会的意義」情報通信政策研究 2 巻 2 号（2019）15 頁も参照。

87 *See e.g.*, McKay Cunningham, *Exposed*, 2019 Mich. St. L. Rev. 375, 402 (2019). なお、プロファイリングの問題について米国の議論も参照しながら検討を加えた論稿として、山本龍彦「ビッグデータ社会とプロファイリング」論究ジュリ 18 号（2016）34 頁を参照。

88 *See e.g.*, Federal Trade Commission, *Big Data: A Tool for Inclusion or Exclusion? Understanding the Issues*, 8-12 (2016), https://www.ftc.gov/reports/big-data-tool-inclusion-or-exclusion-understanding-issues-ftc-report (last visited Mar. 30, 2021) [hereinafter *FTC Big Data Report*]; The White House, *supra* note 85, at 11-16.

89 *FTC OBA report*, *supra* note 86, at 45-47.

90 *FTC 2012 report*, *supra* note 36, at 52-55.

91 Citron & Pasquale, *supra* note 86, at 16-18. なお、FCRAは消費者に関するプロファイルの販売等を行うデータ・ブローカーに対しても適用される可能性があり（*FTC Big Data Report*, *supra* note 88, at 13-17）、これについては、第 6 章で論ずる。

92 *See* Citron & Pasquale, *supra* note 86, at 20-21.

93 Sorrell v. IMS Health, 564 U.S. 552 (2011).

94 *Sorrell*, 564 U.S. 552, at 557. 詳しくは、第 2 章 14〜15 頁を参照。

95 *See* Andrew J. McClurg, *A Thousand Words Are Worth a Picture: A Privacy Tort Response to Consumer Data Profiling*, 98 Nw. U. L. Rev. 63, 137-139 (2003).

96 Dwyer v. American Express Co, 652 N.E.2d 1351 (Ill. App. Ct. 1995).

97 *Id*. at 1354. この点については、個人情報の目的外利用の問題を認識していないという批判がなされている。*See* Daniel J. Solove, Understanding Privacy 132 (2008).

98 *Dwyer*, 652 N.E.2d at 1356. もっとも、A. J. マクラーグは、Dwyer事件は初期のプロファイリング技術に関するものであり、より多くのデータが収集され、より洗練されたプロファイリング技術が用いられる今日においては、消費者プロファイリングについて「盗用」類型のプライバシー侵害を認める余地はあると指摘している。*See* McClurg, *supra* note 95, at 140-141.

99 *FTC Big Data Report*, *supra* note 88, at 17-18.

100 *See e.g.*, Fred H. Cate & Viktor Mayer-Schönberger, *Notice and Consent in a World of Big Data*, 3 Int'l Data Privacy L. 67, 69 (2013); Daniel J. Solove, *Symposium: Privacy and Technology: Introduction: Privacy Self-Management and the Consent Dilemma*, 126 Harv. L. Rev. 1879, 1902-1903 (2013).

101 *See* Cunningham, *supra* note 87, at 425-426.

102 *See e.g.*, Citron & Pasquale, *supra* note 86, at 18-30; Kate Crawford & Jason Schultz, *Big Data and Due Process: Toward a Framework to Redress Predictive Privacy Harms*, 55 B.C. L. Rev. 93, 121-128 (2014).

第6章

米国における個人情報の保有及び
管理に関する規制

Ⅰ　はじめに

第6章では、前章に続き、米国の個人情報・プライバシー保護法制における個人情報の処理行為に関する規制について検討する。前回は個人情報の収集、利用及び開示の段階に注目したが、今回は個人情報の保有及び管理の段階における規制を取り上げる。個人情報の保有及び管理の段階に関する規制の中心にあるのは、個人情報の安全管理、すなわち情報セキュリティの確保に関する規制であり、これは、日本の「個人情報の保護に関する法律」[1]（以下「個人情報保護法」という）を含む各国の個人情報保護法制に共通する重要な要素である。かかる安全管理に関連して、個人情報保護法の令和2年改正[2]では、個人情報の漏洩が起こった場合の通知を義務付ける、所謂データ漏洩通知に関する規定が新設された。米国は、とりわけこのデータ漏洩通知の制度について先駆的な役割を果たしてきており、豊富な議論の蓄積があるとともに、これに関連して個人情報の漏洩により生じ得るID窃盗（identity theft）[3]の問題や、日本では所謂名簿屋規制の問題として議論

されているデータ・ブローカー規制の在り方[4]についても、参考になり得る制度が構築されている。

そこで本稿では、まずⅡにおいて、米国における個人情報の保有及び管理に関する規制として特に個人情報の安全管理等に関する規制を中心に分野横断的な検討を行うとともに、Ⅲでは、個人情報の漏洩や不正利用等への対応として整備されている、所謂データ漏洩通知及びID窃盗に関する法制度について、Ⅳでは、米国におけるデータ・ブローカー規制の現状について検討する。

Ⅱ　個人情報の安全管理等に関する規制

1.　安全管理措置

個人情報の安全管理について、日本の個人情報保護法では、まず個人データの安全管理措置を講ずる一般的な義務が定められ（20条）[5]、安全管理措置の一環として、従業者の監督（21条）及び委託先の監督（22条）も義務付けられている。

一方、米国では、特に医療分野及び金融分野において安全管理措置に関する詳細な規定を置く法律が

制定されており、これらには日本の個人情報保護法に概ね共通する内容が含まれている。まず、医療分野に関しては、「1996 年医療保険の相互運用性と説明責任に関する法律」[6]（HIPAA）に関する HIPAA プライバシー規則[7]及び HIPAA セキュリティ規則[8]に、安全管理措置に関する規定が置かれている。HIPAA プライバシー規則では、対象組織に、「保護対象健康情報」（protected health information：PHI）を保護するための適切な管理的、技術的及び物理的な安全管理措置を講ずることが義務付けられている[9]。一方、HIPAA セキュリティ規則は、電子的な PHI について管理的、物理的及び技術的な安全管理措置等を講ずることを義務付けており[10]、対象組織及び事業提携者は、その規模や能力、その有する技術的な設備、安全管理措置にかかる費用、潜在的なリスクの可能性や重要性といった要素を考慮して、いずれの安全管理措置を用いるかを決めるものとされる[11]。

また、HIPAA プライバシー規則は、日本の個人情報保護法 21 条が定める従業者の監督に関連する規定も含んでおり、対象組織に対し、PHI に関する方針及び手続に関する全従業員の訓練の実施を求め

ている[12]。HIPAA セキュリティ規則でも、先述の管理的な安全管理措置の一つとして、従業員の管理並びに従業員の啓蒙及び訓練が掲げられている[13]。また、HIPAA セキュリティ規則には、個人情報保護法 22 条が定める委託先の監督に関連する規定も置かれており、対象組織は、事業提携者との間で締結された契約に基づき事業提携者が適切に情報の安全を確保するという確証を得た場合に限り、事業提携者に対して電子的な PHI の作成、受領、保管又は転送を対象組織に代わって行うことを認めることができるとされている[14]。

一方、金融分野については、「1999 年金融サービス近代化法」[15]（GLBA）において、金融機関に顧客の非公開個人情報の安全性及び機密性を保護することが義務付けられている[16]。また、GLBA は、その監督権限を有する機関に対し、安全管理措置に関する適切な基準を定めることを求めており[17]、例えば連邦取引委員会（Federal Trade Commission：FTC）は、「顧客情報の安全保護のための基準」[18]を制定し、事業者の規模、その事業活動の性質及び範囲、取り扱う顧客情報のセンシティブ性等に応じた安全管理措置を含む、包括的な情報セキュリティ・プログラ

1　平成 15 年法律第 57 号。なお、個人情報保護法は、令和 3 年 5 月 12 日に成立した「デジタル社会の形成を図るための関係法律の整備に関する法律」（令和 3 年法律第 37 号）により改正され、公的部門と民間部門の個人情報保護法制の一本化や、学術研究に係る適用除外規定の改正等が行われた。米国における個人情報の研究目的での利用に関する議論については第 8 章で、公的部門に関する規制については第 10 章で論ずる。

2　個人情報保護法は、令和 2 年に「個人情報の保護に関する法律等の一部を改正する法律」（令和 2 年法律第 44 号）により改正されており、一部の規定を除き令和 4 年 4 月 1 日から施行される。

3　ID 窃盗とは、不正に入手した他者の個人情報を悪用して、銀行口座やクレジット・カード等の作成や不正利用、医療サービスの不正受給等を行う犯罪行為であり、米国においては最も急速に増加している犯罪の一つであると言われる。See Daniel J. Solove & Paul M. Schwartz, Consumer Privacy and Data Protection 114 (3rd ed. 2020).

4　これは必ずしも個人情報の保有及び管理に関する規制に含まれるものではないが、米国では、個人情報の漏洩や ID 窃盗に関連する問題として論じられているため、あわせて検討を加える。

5　かかる安全管理措置には、具体的には、基本方針の策定、個人データの取扱いに係る規律の整備、組織的安全管理措置、人的安全管理措置、物理的安全管理措置、技術的安全管理措置が含まれるとされる。園部逸夫＝藤原静雄編『個人情報保護法の解説〔第二次改訂版〕』（ぎょうせい、2018）165 頁。

6　Health Insurance Portability and Accountability Act of 1996, Pub. L. No. 104-191, 110 Stat. 1936.

7　Standards for Privacy of Individually Identifiable Health Information, 45 C.F.R. §164.500 et seq.

8　Security Standards for the Protection of Electronic Protected Health Information, 45 C.F.R. §164.302 et seq.

9　45 C.F.R. §164.530(c).

10　See 45 C.F.R. §§164.302, 164.308, 164.310, 164.312.

11　45 C.F.R. §164.306(b).

12　45 C.F.R. §164.530(b).

13　45 C.F.R. §§164.308(a)(3), (5).

14　45 C.F.R. §164.308(b)(1). なお、事業提携者が再委託を行った場合には、対象組織は、再委託先に関してかかる確証を得ることは必要とされない。この場合、事業提携者は、再委託先との間で締結した契約に基づき、再委託先が適切に情報の安全を確保するという確証を得た場合に限り、再委託先に対し、電子化された PHI の作成、受領、保管又は転送を事業提携者に代わって行うことを認めることができるものとされる。See 45 C.F.R. §164.308(b)(2).

15　Financial Services Modernization Act of 1999, Pub. L. 106-102, 113 Stat. 1338.

16　15 U.S.C. §6801(a).

17　15 U.S.C. §6801(b).

18　Standards for Safeguarding Customer Information, 16 C.F.R. §314.1 et seq. なお、この基準については、2019 年 4 月に、顧客情報の暗号化、顧客情報への不正アクセスを防止するためのアクセス制御の実施、顧客情報へのアクセスのための多要素認証の利用といった項目を含む改正案が発表され、意見公募が実施されている。See Standards for Safeguarding Customer Information, 84 Fed. Reg. 13158 (Apr. 4, 2019).

ムを策定し実施することを義務付けている[19]。同規則は、かかるプログラムの策定等のために必要な幾つかの要素を掲げているが、これには、従業員の訓練や管理に関するリスクの評価及びそれへの対処[20]や、サービス提供者の監督[21]等が含まれている。

これらに加え、「1998年子どもオンラインプライバシー保護法」[22]（COPPA）に基づいて制定されたFTC規則[23]でも、子どもから個人情報を収集するウェブサイト又はオンライン・サービスの管理者に、子どもから収集した個人情報の機密性、安全性及び統合性を保護するための合理的な手続を定めることや、子どもの個人情報が、そうした安全な態様で保有されることを保証し得るサービス提供者及び第三者にのみ個人情報が提供されるようにするための、合理的な手順を踏むことも求められている[24]。

なお、こうした安全管理措置には、個人情報の適切な削除等も含まれるものと解されているが[25]、米国では、かかる安全管理の観点からの個人情報の削除等について明確な義務規定を置くものもある。例えば、上記のHIPAAセキュリティ規則には、電子的なPHIやそれが保存されている電子的メディア等の処分等に関する方針や手続を定めることを義務付ける規定が置かれている[26]。また、「1970年公正信用報告法」[27]（FCRA）は消費者報告に含まれる消費者に関する情報の適切な処分について規則制定を求めており[28]、これに基づいて制定された規則では、情報への不正なアクセスや、情報の廃棄に伴う不正な利用から情報を保護するために合理的な措置を講じた上で、情報を適切に廃棄する義務が課されている[29]。

こうした個別の制定法に加え、米国では、FTCにより、FTC法5条の「不公正若しくは欺瞞的な行為又は慣行」に基づく情報セキュリティに関する法執行も行われており[30]、FTCは、求められる安全管理措置に関する幾つかの指針を公表している[31]。また、州レベルでも、情報セキュリティに関する最も厳格な州法であると言われる[32]マサチューセッツ州の「個人情報の保護のための基準」[33]が包括的な情報セキュリティプログラムの策定を求めているほか、2019年に制定されたニューヨーク州の「ハッキングの防止と電子的データの安全性に関する法律」[34]、所謂SHIELD法も、データ漏洩通知に関する義務の拡充とともに、情報セキュリティの確保等

を規定を含んでおり、注目される[35]。

2.　個人情報の正確性及び最新性の確保と不要な情報の消去

ここで、安全管理措置に加えて日本の個人情報保護法が定める個人データに関する義務として、個人データの正確性及び最新性の確保と、当該データを利用する必要がなくなった際の個人データの消去に関する義務（19条）に関連する米国の法制度についても検討を加えておく[36]。

まず、個人情報の正確性及び最新性の確保について、米国では、FCRAに、同法の保護対象である消費者報告の重要性から、その内容の正確性及び最新性を確保するための規定が置かれている。まず、消費者信用報告機関は、消費者報告を作成する場合には、当該報告に関わる個人に関する情報について、可能な限り最大限の正確性を確保するための合理的な手続をとらなければならないとされる[37]。また、情報の最新性に関して、消費者信用報告機関は、一定の期間を経過した消費者にとって不利な情報を消費者報告に含めてはならず[38]、かかる規定の遵守のための合理的な手続をとらなければならない[39]。

また、こうした情報の正確性に関する義務は、消費者信用報告機関に対して情報を提供する者にも課されており、消費者に関する情報が不正確であると知っている又はそう信じるに足る合理的な理由がある場合には、消費者信用報告機関に対して当該情報を提供してはならないとされている[40]。消費者から特定の情報が不正確であるという通知を受け、かつ、実際にその情報が不正確であった場合にも、情報の提供は禁じられる[41]。更に、消費者信用報告機関に対し、日常的にかつ通常の事業の過程で、消費者に関する情報を提供している者は、提供した情報が不完全又は不正確であった場合には、消費者信用報告機関に対して迅速にその旨を通知し、修正した情報又は追加の情報を提供しなければならない[42]。

他方で、個人情報の消去に関しては、米国でも、日本の個人情報保護法のように、前項で検討を加えた安全管理措置の一環として個人情報の適切な消去等を求めるものとは別に、個人情報の利用目的との関係において不必要な個人情報の消去を求める規制も見られる。まず、COPPAに基づいて制定されたFTC規則では、子どもから個人情報を収集する

ウェブサイト又はオンライン・サービスの管理者に対し、子どもから収集した個人情報をそれが収集された目的の達成に合理的に必要な範囲でのみ保持することが義務付けられるとともに、かかる情報を削除する際には、不正なアクセス又は利用から保護するための合理的な方法を用いることが求められている[43]。また、「1984 年ケーブル通信政策法」[44]（CCPA）も、ケーブル事業者に対し、個人識別情報をそれが収集された目的のために必要でなくなった場合には破壊することを求めている[45]。「1988 年ビデオ・プライバシー保護法」[46]（VPPA）では、個人識別情報を、それが収集された目的のために必要でなくなった時から 1 年以内に、可能な限り早く、破壊するこ

とが義務付けられており[47]、期限が明記されている点が特徴的である。

Ⅲ　個人情報の漏洩や不正利用等への法的対応

1.　データ漏洩通知に関する法制度

冒頭で述べたように、日本の個人情報保護法の令和 2 年改正では、所謂データ漏洩通知、すなわち、個人データの漏洩等の事態で個人の権利利益を害するおそれが大きいものが発生した場合における、個人情報保護委員会への報告及び本人への通知を義務付ける規定が新設された（改正後の個人情報保護法 22 条の 2）。報告及び通知の対象となる事態や、そ

19　16 C.F.R. §314.3(a).

20　16 C.F.R. §314.4(b)(1).

21　16 C.F.R. §314.4(d). サービス提供者とは、金融機関に対して直接に行われるサービスの提供を通じて、顧客情報の受領、維持、処理その他のアクセスを許可された個人又は組織と定義される。See 16 C.F.R. §314.2(d).

22　Children's Online Privacy Protection Act of 1998, Pub. L. No. 105-277, 112 Stat. 2681.

23　Children's Online Privacy Protection Rule, 16 C.F.R. §312.1 *et seq.*

24　16 C.F.R. §312.8.

25　個人情報保護委員会「個人情報保護法ガイドライン（通則編）」（平成 28 年 11 月　令和 3 年 1 月一部改正）の「（別添）講ずべき安全管理措置の内容」では、「物理的安全管理措置」（93〜95 頁）の一つとして個人データの適切な削除等が求められている。

26　45 C.F.R. §164.310(d). もっとも、同規則は特定の廃棄方法を定めていないため、対象組織が状況に応じて PHI を保護し得る合理的な方法をとらなければならないとされている。何が合理的な方法かを決する際には、プライバシーへのリスクや、処分される PHI の形式、種類及び量等を考慮するものとされている。U.S. Dep't of Health & Hum. Servs., Office for Civil Rights, *Frequently Asked Questions About the Disposal of Protected Health Information*, https://www.hhs.gov/sites/default/files/disposalfaqs.pdf (last visited Apr. 30, 2021).

27　Fair Credit Reporting Act of 1970, Pub. L. No. 91-508, 84 Stat. 1127.

28　15 U.S.C. §1681w.

29　16 C.F.R. §682.3(a). 同規則はかかる合理的な措置を例示しており、例えば、紙の場合はその焼却、粉砕又は細断、電子的メディアの場合はその破壊や消去を求める方針や手続の実施等が挙げられている。See 16 C.F.R. §682.3(b).

30　FTC の情報セキュリティに関する法執行権限について争われた事案もあるが、裁判所はこれを認めている。See FTC v. Wyndham Worldwide Corporation, 799 F.3d 236 (3d Cir. 2015). FTC 及びその法執行に関しては、第 9 章において論ずる。

31　See Federal Trade Commission, *Start with Security: A Guide for Business* (2015), https://www.ftc.gov/system/files/documents/plain-language/pdf0205-startwithsecurity.pdf (last visited Apr. 30, 2021); Federal Trade Commission, *Protecting Personal Information: A Guide for Business* (2016), https://www.ftc.gov/system/files/documents/plain-language/pdf-0136_proteting-personal-information.pdf (last visited Apr. 30, 2021).

32　Solove & Schwartz, *supra* note 3, at 349.

33　Standards for the Protection of Personal Information of Residents of the Commonwealth, 201 C.M.R. 17.00 (Mass. 2015).

34　Stop Hacks and Improve Electronic Data Security Act, S.5575B.

35　なお、紙幅の都合上、詳細は省くが、情報セキュリティに関してはこれらの制定法のみならず、国立標準技術研究所（National Institute of Standards and Technology）の「サイバーセキュリティ・フレームワーク」や、民間の情報セキュリティに関する標準等も含めて様々な枠組みが構築されてきている。See William McGeveran, *The Duty of Data Security*, 103 Minn. L. Rev. 1135, 1158-1175 (2019).

36　この義務は、所謂 OECD8 原則に言う「データ内容の原則」に相当するものであり、個人情報の収集、利用、開示、保管等の各段階を通じて問題となり得ると言われるが（See Thomas Hoeren, *Big Data and Data Quality, in* Big Data in Context: Legal, Social and Technological Insights 1, 5 (T. Hoeren & B. Kolany-Raiser eds., 2018))、とりわけ個人情報の保有制限や不要な個人情報の消去に関する規制は、個人情報の保有及び管理の段階に密接に関わるものであるため、便宜上、ここであわせて検討する。

37　15 U.S.C. §1681e(b).

38　15 U.S.C. §1681c(a).

39　15 U.S.C. §1681e(a). また、消費者信用報告機関が消費者に不利な影響を及ぼす可能性のある消費者の公的な記録に関する情報を、雇用目的のために提供する場合にも、その公的な記録に関する情報が完全かつ最新のものであることを確保するための厳格な措置を講じることが義務付けられている。See 15 U.S.C. §1681k(a)(2).

40　15 U.S.C. §1681s-2(a)(1)(A).

41　15 U.S.C. §1681s-2(a)(1)(B).

42　15 U.S.C. §1681s-2(a)(2).

43　16 C.F.R. §312.10.

44　Cable Communications Policy Act of 1984, Pub. L. No. 98-549, 98 Stat. 2779.

45　47 U.S.C. §551(e).

46　Video Privacy Protection Act of 1988, Pub. L. No. 100-618, 102 Stat. 3195.

47　18 U.S.C. §2710(e).

の具体的な方法等については、今後、個人情報保護委員会規則において定められることとなっている[48]。

かかるデータ漏洩通知の制度は、米国では、とりわけ州レベルで比較的早い段階から整備されてきており、2003年に当該制度を導入したカリフォルニア州を皮切りに、現在では全ての州においてデータ漏洩通知義務を定める法律が制定されている[49]。また、連邦レベルでも、例えば「経済的及び臨床的健全性のための医療情報技術に関する法律」[50]（HITECH法）に基づいて制定された、医療分野における米国保健福祉省（Department of Health and Human Services：HHS）の漏洩通知規則[51]や、「1934年通信法」[52]に基づく連邦通信委員会（Federal Communications Commission：FCC）規則[53]等、一定の分野においてデータ漏洩通知に関する制度が設けられている[54]。かかる制度の必要性については、個人情報に関する安全管理措置を講じたとしても個人情報の漏洩等を完全に防ぐことは不可能であるため、データ漏洩通知を行うことが重要であることや[55]、事業者がプライバシー保護のための取組みを強化し個人情報の漏洩を防止するためのインセンティブになり得るといった意義[56]が指摘されている。

こうした米国のデータ漏洩通知に関する法律は、通知義務が課される場合、通知の対象者・内容・期限・具体的な方法、通知義務の例外、漏洩の対象となる個人情報の種類、情報セキュリティに関する実質的な要求をも含むかどうか、私的訴権の有無等の点において、それぞれ差異があると言われる[57]。このうち、日本における今後の検討においてとりわけ重要になり得る点について見ると、まず通知の対象者について、医療分野に関するHHSの漏洩規則では、対象組織等に対し、漏洩の影響を受ける個人、HHSの長官、及び、500人以上の個人情報の漏洩の場合にはメディアへの通知が義務付けられている[58]。一方、通信法に関するFCC規則では、電気通信事業者に対し、法執行機関及び顧客への通知が義務付けられている[59]。州レベルでは、全ての州において、個人情報の漏洩により影響を受ける個人への通知が求められており、多くの州では州の司法長官等の機関への通知も義務付けられている[60]。

次に、通知義務が課される場合について、日本では、漏洩した個人データの性質・内容、漏洩等の態様、漏洩等の事態の規模等を考慮して通知及び報告の対象となる事態を定め、漏洩した個人情報に関する個人の数が1,000を超える大規模な漏洩については通知及び報告義務を課すという方向で検討が進められている[61]。他方で、米国の州法では、通知の対象者によって通知義務が課される場合が異なるのが一般的であり、州の司法長官等への通知は影響を受ける個人の数が一定以上である場合に求められる一方で、影響を受ける個人への通知義務は、漏洩によって個人情報が不正に取得され、個人に損害が及ぶおそれがあるといった場合に課されることが多い[62]。また、日本では暗号化された個人データが漏洩した場合は通知義務の対象外とする方向性が示されているが[63]、米国でも、HHSの漏洩規則により通知が義務付けられるのは、暗号化等の安全対策がとられていないPHIの漏洩が生じた場合に限定されており[64]、州法にも同様の規定を置くものが多い[65]。

また、通知の期限について、HHSの漏洩規則では、個人及びメディアへの通知は60日以内に遅滞なく、HHS長官への通知は500人以上の個人情報の漏洩の場合には個人への通知と同時に、それぞれ行うものとされる[66]。通信分野のFCC規則は、情報の漏洩があったと判断してから7営業日以内に、可能な限り早く、まず法執行機関に対して通知することを求めており、顧客への通知はその手続が完了してからとされている点が特徴的である[67]。州法では、明確な期限を設けずに例えば「遅滞なく」通知することを求めるものが多いが、期限を明記する州法もあり、その幅は広いものの45日が最も多い基準であると言われている[68]。他方で、個人への通知の内容について、例えばHHSの漏洩規則では、個人情報の漏洩が起きた日付や漏洩した個人情報の種類、生じ得る損害を防止するために個人がとり得る手段、問い合わせ先等の情報を分かりやすく説明することが求められている[69]。

このように米国では、広くデータ漏洩通知制度が整備されているが、とりわけ州法については上に見たように様々な点で差異があり、全米規模のデータ漏洩の場合等には法令遵守に困難が伴うことが問題視されている[70]。また、個人情報が漏洩した場合には個人はID窃盗等の深刻なリスクに晒されるおそれがあるが[71]、近時の個人情報の漏洩に関する訴訟では、漏洩に起因する将来のID窃盗等の損害のリスクは「現実の損害」（injury in fact）に該当しない

として、そもそも合衆国憲法 3 条の当事者適格が否定される場合もあり[72]、個人の救済の観点から懸念が示されている[73]。

2.　ID 窃盗に関する法制度

では、ID 窃盗に関しては如何なる法制度が整備されているのであろうか。米国では ID 窃盗を犯罪とする「1998 年 ID 窃盗及び濫用防止法」[74]が制定されているが[75]、同法については、生じた ID 窃盗の深刻さに見合った罰則を科すことが主であって ID 窃盗の発生自体を防止するものではないことや、被害者の救済に関する条項がないという問題等が指摘

48　これらの点については、現在、個人情報保護委員会で検討が進められている。個人情報保護委員会「改正法に関連する政令・規則等の整備に向けた論点について（漏えい等報告及び本人通知）」（令和 2 年 10 月 30 日）。

49　第 1 章 4 頁を参照。データ漏洩通知に関する米国の法制度に関する論稿としては、湯淺墾道「アメリカにおける個人情報漏洩通知法制に関する考察」情報ネットワーク・ローレビュー 11 巻（2012）72 頁を参照。

50　同法は「2009 年米国再生及び再投資法」（American Recovery and Reinvestment Act of 2009, Pub. L. No. 111-5, 123 Stat. 115）の A 部第 13 編の下で制定された法律である。

51　Notification in the Case of Breach of Unsecured Protected Health Information, 45 C.F.R §164.400 *et seq.* 同規則は、「経済的及び臨床的健全性のための医療情報技術に関する法律」（HITECH 法）によって制定されたものである。

52　Communications Act of 1934, Pub. L. No. 73-416, 48 Stat. 1064.

53　Customer Proprietary Network Information, 47 C.F.R. §64.2001 *et seq.*

54　また、金融機関に対してもデータ漏洩通知に関する一定の義務が課されている。*See* Interagency Guidance on Response Programs for Unauthorized Access to Customer Information and Customer Notice, 70 Fed. Reg. 15736 (Mar. 29, 2005). これらに加え、FTC も事業者向けに、データ漏洩通知を含むデータ漏洩の際の対応のための指針を示している。*See* Federal Trade Commission, *Data Breach Response: A Guide for Business*, 4-13 (2021), https://www.ftc.gov/system/files/documents/plain-language/560a_data_breach_response_guide_for_business.pdf (last visited Apr. 30, 2021).

55　William McGeveran, Privacy and Data Protection Law 439 (2016).

56　*See* Solove & Schwartz, *supra* note 3, at 350.

57　*See* McGeveran, *supra* note 55, at 440-442; Solove & Schwartz, *supra* note 3, at 346. また、各州のデータ漏洩通知に関する法律を整理したものとして、*See* Perkins Coie, *Security Breach Notification Chart* (2020), https://www.perkinscoie.com/en/news-insights/security-breach-notification-chart.html (last visited Apr. 30, 2021) [hereinafter *Breach Notification Chart*].

58　45 C.F.R. §§164.404, 164.406, 164.408.

59　47 C.F.R. §§64.2011(a)-(c).

60　Carol M. Hayes, *Comparative Analysis of Data Breach Laws: Comprehension, Interpretation, and External Sources of Legislative Text*, 23 Lewis & Clark L. Rev. 1221, 1255-1256 (2020); Solove & Schwartz, *supra* note 3, at 348-349. また、これらに加え、多くの州において、消費者信用報告機関への通知も義務付けられている。

61　個人情報保護委員会・前掲注(48) 7 ～ 8 頁。

62　Hayes, *supra* note 60, at 1252-1253; *Breach Notification Chart*, *supra* note 57; Solove & Schwartz, *supra* note 3, at 347. 他方で、個人情報の不正な取得ではなく不正な利用及びそのおそれがある場合に個人への通知義務を課す州もある。

63　個人情報保護委員会・前掲注(48) 12 頁。

64　安全対策がとられていない PHI とは、一定の技術又は方法により、権限のない者は利用できない又は判読できない状態にされていない PHI と定義されている。*See* 45 C.F.R. §164.402. これについて HHS の指針は、電子的な PHI が暗号化されている場合や、PHI が保存されているメディアが破壊されている場合には、安全対策がとられているものとしている。*See* U.S. Dep't of Health & Hum. Servs., *Guidance to Render Unsecured Protected Health Information Unusable, Unreadable, or Indecipherable to Unauthorized Individuals* (2009), https://www.hhs.gov/guidance/document/guidance-render-unsecured-protected-health-information-unusable-unreadable-or (last visited Apr. 30, 2021).

65　これに関連して、暗号解読の手段も漏洩に含まれており暗号化された個人情報に影響が及ぶ場合には、通知を義務付ける州もある。*See* Hayes, *supra* note 60, at 1250-1251.

66　45 C.F.R. §§164.404(b), 164.406(b), 164.408(b).

67　47 C.F.R. §§64.2011(a)-(c).

68　Hayes, *supra* note 60, at 1260-1261. なお、日本では、個人情報保護委員会への報告は速報と確報の二段階とし、前者は速やかに、後者は事案によって 30 ～ 60 日以内、本人への報告は必ずしも委員会への報告と同じタイミングで行う必要はないとする案が示されている。個人情報保護委員会・前掲注(48) 13 ～ 17 頁。

69　45 C.F.R. §164.404(c). なお、州法にもこうした具体的な内容を定めるものが見られ（*See* Hayes, *supra* note 60, at 1257）、例えばカリフォルニア州法では通知の雛形も示されている。*See* Cal. Civ. Code §1798.82(d).

70　Rachael M. Peters, *Note: So You've Been Notified, Now What? The Problem with Current Data-Breach Notification Laws*, 56 Ariz. L. Rev. 1171, 1184-85 (2014).

71　漏洩した個人情報の 4 分の 1 が ID 窃盗等の不正な目的に利用されるというデータもある。*See* Solove & Schwartz, *supra* note 3, at 344. 2018 年には、16 歳以上の米国の居住者の約 9 ％が、過去 1 年間に ID 窃盗の被害に遭ったと推計されており、様々な経済的損失に加え深刻な精神的損害を被る被害者も多い。*See* Erika Harrell, Bureau of Justice Statistics, U.S. Dep't of Just., *Victims of Identity Theft*, 2018, 1 (2021), https://www.bjs.gov/content/pub/pdf/vit18.pdf (last visited Apr. 30, 2021).

72　Solove & Schwartz, *supra* note 3, at 350-374. この点に関する合衆国控訴裁判所の判断は分かれており、第 1 及び第 3 巡回区控訴裁判所では否定的、第 6、第 7 及び第 9 巡回区控訴裁判所では肯定的に解されている。データ漏洩に関する「損害」概念について検討を加えた論稿として、佐々木秀智「アメリカ不法行為法における個人情報漏えいの『損害』について」法論 91 巻 2-3 合併号（2018）91 頁を参照。

73　Parker Hudson, *Risky Business: The Risk of Identity Theft and Standing to Sue*, 125 Penn St. L. Rev. 533, 558-559 (2021).

74　Identity Theft and Assumption Deterrence Act of 1998, Pub. L. No. 105-318, 112 Stat. 3007.

75　同法に関する論稿として、堀田周吾「個人識別情報の不正取得・不正使用に対する刑事訴追」駿河台 23 巻 1 号（2009）192 頁等を参照。

されていた[76]。

そこで、ID窃盗が発生した後にこれを罰するのみならず、事前に犯罪を防止する必要性から、「公正かつ正確な信用取引に関する法律」[77]（FACTA）が制定され、FCRAにID窃盗に関する規定が新たに盛り込まれるに至っている[78]。まず、ID窃盗の被害が生じた場合等の「詐欺警告」（flaud alarts）、すなわち消費者報告の利用者に対して当該消費者がID窃盗を含む詐欺の被害にあった可能性があることを通知する宣言[79]についての規定が新設され、消費者がID窃盗の被害を主張した場合には、全米規模の消費者信用報告機関は、一定期間、当該消費者に関する消費者ファイルに詐欺警告を掲載し、当該ファイルを利用して作成されたクレジット・スコアとともにその警告を提供するものとされた[80]。また、これらの警告を受けた消費者信用報告機関は、他の全米規模の消費者信用報告機関に対して当該警告に関する情報を提供し、消費者に対しては、消費者ファイルの写しを無料で請求することができることを通知しなければならない[81]。

また、消費者信用報告機関には、消費者がID窃盗に起因すると主張する情報の報告を、消費者の身分証明やID窃盗報告の写し等を受領してから4営業日以内に停止することが義務付けられている[82]。この場合、消費者信用報告機関は、ID窃盗により生じた情報を提供した者に対しても、当該情報がID窃盗により生じたものであること、ID窃盗報告が提出されていること、報告の停止要求があったこと等を通知しなければならない[83]。更に、全米規模の消費者信用報告機関には、消費者の請求があった場合には無料で「安全のための凍結」（security freeze）、すなわち対象となる消費者報告の内容の提供停止を行うことも義務付けられている[84]。

また、ID窃盗の被害者には、ID窃盗を行ったとされる者と取引した事業者から、被害者の名で行われた不正な取引に関する情報の開示を受ける権利も付与されている[85]。消費者の権利に関しては、消費者信用報告機関に対して、詐欺やID窃盗の被害を受けた可能性があると申し出た消費者への消費者の権利の要約の提供も義務付けられている[86]。

更に、FACTAは、FTC等の機関に対し所謂「レッドフラッグ・ルール」、すなわち、金融機関等に対して、ID窃盗の兆候の探知、ID窃盗の防止及

びその被害の軽減のための措置をとることを求める規則の制定も義務付けている[87]。これに基づき、例えばFTCは、ID窃盗の兆候の具体例やID窃盗の防止や被害の軽減のための具体的な方法を含む、「ID窃盗規則」[88]を制定している。

なお、FCRAでは、法律違反により損害を被った者の私的訴権が認められており[89]、実際にID窃盗の被害者がFCRA違反を理由に、米国の三大信用報告機関の一つであるEquifaxに対して損害賠償を求めた事案もある[90]。本件では、EquifaxがID窃盗の被害の報告を受けたにもかかわらず、FCRAに違反して不正確な情報の修正等の合理的な手続をとらなかったこと等により、信用度の低下、ローンの拒否といった経済的損害や、精神的損害等を含む様々な損害が生じたとして、被害者による損害賠償請求が認められている[91]。

ID窃盗に対しては、日本では基本的に不正アクセス禁止法や刑法の詐欺罪によって対応がなされていると言われるが[92]、刑事法とは別にID窃盗の防止や探知、損害の軽減等のための対応を求めるFCRAの規定は、日本においても参考になり得るだろう。

Ⅳ　データ・ブローカー規制の現状

最後に、米国におけるデータ・ブローカーに関する規制について若干の検討を加えておく。データ・ブローカーとは、主に公的記録、公に入手可能な情報及び非公開情報等の情報源から入手した大量の個人情報を、集積、分析又は編集して販売することをその主要な事業とする企業である[93]。こうした個人情報は、政府機関を含む様々な事業者等に販売され、マーケティング、人物探索、身元証明に関するリスクの低減や不正防止といった目的で利用されている[94]。データ・ブローカーの事業に対しては、プロファイリングとそれに付随する問題、個人情報の漏洩等の情報セキュリティに関するリスク、個人情報がID窃盗その他の犯罪に用いられるおそれ等が懸念されている[95]。

現在、データ・ブローカーを直接に規制する連邦レベルの法律は制定されていないが、FCRAを含む幾つかの法律が適用される可能性があり、FCRAに関しては、FTCが、人物探索サイトを運営するデータ・ブローカーであるSpokeoに対して法執行

を行った例がある。FTC は、Spokeo が消費者に関する詳細なプロファイルを雇用の際の経歴調査の手段として人材サービス事業者や採用担当者等に販売していたことについて、こうしたプロファイルは FCRA 上の消費者報告に該当するとともに、Spokeo は消費者信用報告機関に該当するとして、Spokeo の FCRA 上の義務違反等を理由に訴訟提起した[96]。この結果、Spokeo には 80 万ドルの民事制裁金の支払が命じられている[97]。

もっとも、FCRA で保護される消費者報告とは、あくまで、信用、保険又は雇用等の目的で消費者の資格を確立するための要素として利用等される個人の信用情報等であり[98]、一般にマーケティング、人物探索及び身元証明に関する不正防止等の目的で利用される個人情報は FCRA の適用対象外となる[99]。また、データ・ブローカーの違法な行為に起因する損害については、裁判所による救済が困難な面もあることが指摘されている[100]。例えば、先の Spokeo に対して、同社が運営している人物探索サイトに自身に関する誤った情報が掲載されていることを発見した原告が、FCRA 上の正確性確保に関する義務違反で訴訟提起した近時の事案において、合衆国最高裁判所は、制定法の違反がある場合であっても合衆国憲法 3 条上の当事者適格の要件として「現実の損害」を被ったことが必要となるとし、この点について審理を差し戻している[101]。

こうした背景から、米国ではデータ・ブローカー規制立法の必要性が指摘されており、例えば FTC

76　Mignon M. Arrington, *Notes & Comments: Establishing Appropriate Liability under the Fair and Accurate Credit Transactions Act*, 15 N.C. Banking Inst. 357, 365-367 (2011).

77　Fair and Accurate Credit Transaction Act of 2003, Pub. L. No. 108-159, 117 Stat. 1952.

78　*See* Arrington, *supra* note 76, at 365-367. FACTA の ID 窃盗に関する規定については、中川かおり「公正かつ正確な信用取引のための法律――アメリカの『公正信用報告法』の改正」外国の立法 221 号（2004）122 頁、123～126 頁を参照。

79　15 U.S.C. §1681a(q)(2).

80　かかる「詐欺警告」には、「初期警告」（initial alerts）、「拡大警告」（extended alerts）が含まれる。*See* 15 U.S.C. §§1681c-1(a), (b). なお、これに加えて、従軍中の消費者に関する「従軍警告」（active duty alerts）に関する規定も新設されている。*See* 15 U.S.C. §1681c-1(c).

81　15 U.S.C. §§1681c-1(a), (b).

82　15 U.S.C. §1681c-2(a).

83　15 U.S.C. §1681c-2(b).

84　15 U.S.C. §1681c-1(i)(2).

85　15 U.S.C. §1681g(e)(1)(A). かかる開示の請求に際して、被害者は自身の身元証明と ID 窃盗の被害を受けた証拠の提出を行わなければならず、この請求は書面で、事業者が求めた場合には取引の日付等の取引に関する情報を示して行うものとされる。*See* 15 U.S.C. §§1681g(e)(2), (3).

86　15 U.S.C. §1681g(d)(2).

87　15 U.S.C. §1681m(e).

88　Identity Theft Rules, 16 C.F.R. §681.1 *et seq.*

89　*See* 15 U.S.C. §§1681n, 1681o.

90　*See e.g.*, Sloane v. Equifax Information Services, LLC, 510 F.3d 495 (4th Cir. 2007).

91　*Id.* at 500-507.

92　堀田・前掲注(75) 209～213 頁。

93　Federal Trade Commission, *Data Brokers: A Call for Transparency and Accountability*, 3, 11-35 (2014), https://www.ftc.gov/system/files/documents/reports/data-brokers-call-transparency-accountability-report-federal-trade-commission-may-2014/140527databrokerreport.pdf (last visited Apr. 30, 2021) [hereinafter *FTC report*]; U.S. Government Accountability Office, *Information Resellers: Consumer Privacy Framework Needs to Reflect Changes in Technology and the Marketplace*, 2-4 (2013), https://www.gao.gov/assets/gao-13-663.pdf (last visited Apr. 30, 2021).

94　*FTC report*, *supra* note 93, at 23-35, 39-40.

95　*Id.* at 47-49; McKay Cunningham, *Exposed*, 2019 Mich. St. L. Rev. 375, 400-403 (2019). プロファイリングを巡る問題と米国における議論動向については、第 5 章 41～42 頁を参照。また、情報セキュリティに関するリスクについては、例えば、2003 年に代表的なデータ・ブローカーと言われる Axicom から個人情報を含む 16 億もの記録が漏洩した事案がある。*See* Dennis D. Hirsch, *The Glass House Effect: Big Data, The New Oil, and the Power of Analogy*, 66 Me I Rev. 373, 378-379 (2014).

96　具体的には、FCRA について、本稿の II 2 で解説した個人情報の正確性確保に関する義務に加え、第 5 章 38～39 頁で解説した、消費者報告の利用を法定の目的に限定するための合理的な手続をとる義務、消費者報告が法定の目的に限定されない場合の提供禁止義務等の違反が問題とされているほか、FTC 法 5 条違反も問題とされている。*See* Complaint, United States v. Spokeo, No. CV12-05001 (C.D. Cal. June 7, 2012).

97　Consent Decree, United States v. Spokeo, Inc., No. CV12-05001 (C.D. Cal. June 12, 2012).

98　15 U.S.C. §1681a(d)(1). 詳しくは、第 3 章 18 頁を参照。

99　*See FTC report*, *supra* note 93, at 5.

100　Theodore Rostow, *Note: What Happens with and Acquaintance Buys Your Data?: A New Privacy Harm in the Age of Data Brokers*, 34 Yale J. on Reg. 667, 679-680 (2017).

101　Spokeo, Inc. v. Robins, 136 S.Ct. 1540, 1549-1550 (2016). 同判決については、佐々木・前掲注(72) 110～114 頁を参照。米国では、同判決に対して、FCRA が法律違反の場合の私的訴権を認めているにもかかわらず、「現実の損害」に当たらない違反についてはこれを利用できなくなるという問題が指摘されている。*See* Solove & Schwartz, *supra* note 3, at 95. なお、差戻審である合衆国第 9 巡回区控訴裁判所は、本件の不正確な情報の伝達による損害は十分に明確なものであると判断し、当事者適格を認めている。*See* Robins v. Spokeo, Inc., 867 F.3d 1108, 1115-1118 (9th Cir. 2017).

は、データ・ブローカーの中央データベースへの登録と情報開示等を含む立法措置を講ずることを提言している[102]。近時は、データ・ブローカー規制法を制定する州も見られ、とりわけ、2019年に制定されたヴァーモント州の「データ・ブローカー及び消費者の保護に関する法律」[103]は、こうした法律の先駆けとして重要な意義を有する[104]。同法は、規制対象となるデータ・ブローカーを、自身と直接の関係を有しない消費者の個人情報を収集及び販売等する事業者と定義する[105]。その上で、ヴァーモント州の州務長官への年次の登録義務を定め、データ・ブローカーに対し、その連絡先やオプトアウトの方法等をオンライン・フォームで登録することを義務付ける[106]。また、安全管理措置を講ずる義務[107]、不正行為等を行う目的での個人情報の取得や利用の禁止等も規定されている[108]。個人情報の不正な手段による取得については、近時、顔認証技術を用いて個人の特定を行うサービスを提供するClearview AIへの法執行が行われている[109]。

　日本でも、所謂名簿屋については、とりわけ個人データの第三者提供に関する規制強化により対応が図られているが[110]、こうした個人情報保護一般に関する規制とは別に、登録制の導入など、業法等での規制の必要性も指摘されている[111]。こうした中、米国の法制度や議論動向は、とりわけ規制対象となる名簿屋の範囲の画定や、登録義務の内容等の点において重要な手掛かりの一つとなり得るだろう。

V　むすびにかえて

　本章では、米国における個人情報の処理行為に関する規制について、個人情報の保有及び管理の段階を中心に検討を加えた。米国における個人情報の安全管理に関する規制は、幾つかの分野に限定されてはいるものの、その内容は概ね日本に共通するものが多いが、本稿で検討を加えた、所謂データ漏洩通知やID窃盗に関する法制度、そして、データ・ブローカー規制の在り方等は、日本での検討は未だ端緒に就いたばかりであって今後の議論の深化が求められる分野であり、米国の法制度及び関連する議論は、その際に見るべき点を多く含んでいるものと言えよう。

　次章では、米国における個人情報の処理行為に関する規制について、とりわけ、越境データ移転に関する規制に焦点を当てて検討を加える。

＊本章は、「個人情報の保有及び管理に関する規制」NBL 1195号（2021年6月）80頁を収録したものである。

---

102 *FTC report, supra* note 93, at 49-56.

103 An Act Relating to Data Brokers and Consumer Protection, No. 171, 2018 Vt. Acts & Resolves 584.

104 この他に、例えば、データ・ブローカーの登録義務を定めるカリフォルニア州法等もある。*See* Cal. Civ. Code §1798.99.80 *et seq.*

105 *See* Vt. Stat. Ann. tit. 9. §2430(4)(A). 事業者と直接の関係を有する消費者の例としては、事業者の顧客やユーザ、従業員、投資者等が挙げられている。*See* Vt. Stat. Ann. tit. 9. §2430(4)(B).

106 Vt. Stat. Ann. tit. 9. §2446(a). *See also* Office of the Vermont Attorney General, *Guidance on Vermont's Act 171 of 2018 Data Broker Regulation*, 6-9 (2018), https://ago.vermont.gov/wp-content/uploads/2018/12/2018-12-11-VT-Data-Broker-Regulation-Guidance.pdf (last visited Apr. 30, 2021).

107 Vt. Stat. Ann. tit. 9. §2447.

108 Vt. Stat. Ann. tit. 9. §2431(a). 具体的には、不正の手段により取引される個人情報の取得、及び、他人へのつきまといや嫌がらせ、ID窃盗、金銭的不正等の不正行為、雇用等の際の差別を含む不正な差別を行うといった目的での個人情報の取得又は利用が禁じられている。

109 Office of the Vermont Attorney General, *Press Release: Attorney General Donovan Sues Clearview AI for Violations of Consumer Protection Act and Data Broker Law* (Mar. 10, 2020), https://ago.vermont.gov/blog/2020/03/10/attorney-general-donovan-sues-clearview-ai-for-violations-of-consumer-protection-act-and-data-broker-law/ (last visited Apr. 30, 2021). Clearview AIは、30億とも言われる個人の顔写真のデータベースと照合することで個人の特定を可能にするアプリを提供しており、米国の幾つかの州で集団訴訟が提起されている。これを含め、顔認証技術に関するプライバシーの問題については、第11章で論ずる。

110 個人情報保護法の平成27年改正では、第三者提供に係る記録の作成及び確認義務が導入され、令和2年改正では、当該記録の開示の義務化や、個人データの第三者提供に関するオプトアウトの範囲の限定等が行われている。

111 例えば、第189回国会衆議院内閣委員会議録5号（平成27年5月13日）13頁［宇賀克也参考人発言］を参照。

第7章

越境データ移転に関する米国の動向
——Schrems II 判決を踏まえて

I　はじめに

　第7章では、所謂越境データ移転、すなわち、国境を越えた個人情報の移転に関する米国の動向について検討を加える。グローバル化及びデジタル化が進む今日、個人情報を含む情報ないしデータが国境を越えて流通する場面は益々増えており、各国の個人情報・プライバシー保護法制が異なる中で如何にしてこうした越境データを保護するのかは、国際的に重要な課題となっている。日本でも、「個人情報の保護に関する法律」[1] の平成 27 年改正[2] により、外国にある第三者への個人データの移転につき、当該外国が日本と同等の水準の個人情報保護制度を有している場合を除き、原則としてあらかじめ本人の同意取得を義務付ける規定（24 条）が導入された。

　他方で、米国の個人情報・プライバシー保護法制には、越境データ移転を直接に規制する法律は、少なくとも連邦レベルでは存在しない。もっとも、米国でも、「十分なレベル」（adequate level）の保護措置を講じている第三国以外への個人データの移転を原則として禁ずる、欧州連合（European Union：EU）の越境データ移転規制[3] への対応の在り方は問題となる。これについて、多くの国がEUから十分性認定、すなわち当該国の個人情報・プライバシー保護法制が「十分なレベル」の保護を提供するものであるという認定を得るための対応や交渉を行う中、本稿で見てきたように、包括的な個人情報・プライバシー保護法制を持たず固有の法制度を構築している米国は、EUとの間での越境データ移転についても独自の枠組みにより対応している。しかし、こうした枠組みに対しては、近時EU司法裁判所（Court of Justice of European Union：CJEU）により

1　平成 15 年法律第 57 号。なお、同法は、令和 3 年 5 月 12 日に成立した「デジタル社会の形成を図るための関係法律の整備に関する法律」（令和 3 年法律第 37 号）により改正されている。

2　これは、「個人情報の保護に関する法律及び行政手続における特定の個人を識別するための番号の利用等に関する法律の一部を改正する法律」（平成 27 年法律第 65 号）による改正である。

3　「一般データ保護規則」（GDPR）（*See infra* note 52.）の 45 条 1 項を参照。

無効判断がなされている。日本は2019年にEUから十分性認定を得たところであるが[4]、今後の状況を踏まえて十分性認定が取り消される可能性もあることに照らせば[5]、こうした米国の議論動向を把握しておくことは重要である。

そこで本稿では、まず、Ⅱにおいて越境データ移転に関する米国の対応や関連する枠組みを概観した上で、Ⅲ及びⅣでは、EUの越境データ移転規制との関連で構築された枠組みである「セーフ・ハーバー」及び「プライバシー・シールド」に焦点を当て論ずる。「プライバシー・シールド」については、その無効判断を下した2020年のCJEUのSchrems Ⅱ判決と、これを受けた米国の近時の議論動向についても検討を加えておきたい。

Ⅱ　越境データ移転に関する米国の動向の概観

個人情報・プライバシー保護法制は今や世界の多くの国又は地域において整備されており、その価値は一定程度共有されていると言い得るが、具体的な制度の内容やその保護の水準は必ずしも統一されている訳ではない。こうした状況において、越境データの保護を図るための様々な取組みが進められているが、その代表的なものの一つが、冒頭で触れたEUや日本の法制度のような、越境データ移転に関する国内法の規制である。また、例えば、経済協力開発機構（Organisation for Economic Co-operation and Development）やアジア太平洋経済協力（Asia-Pacific Economic Cooperation：APEC）における、個人情報・プライバシー保護のための国際的枠組みも、越境データの保護に資するものと言えよう[6]。とりわけ、APECにおいては、越境プライバシー・ルール（Cross-Border Privacy Rules：CBPR）という越境データ移転のための枠組みが構築されており、これは、2004年に承認された「APECプライバシー・フレームワーク」に基づいた、APEC域内の越境データ保護のための制度である[7]。

こうした中、冒頭で述べた通り、米国の個人情報・プライバシー保護法制には、EUや日本のように越境データ移転を直接に規制する法律は、少なくとも連邦レベルでは存在しない。そのため米国では、越境データ移転の問題は、主に上に見たような国際的な枠組みへの対応の在り方や、越境データ移

転に関する他国の規制との関係で論じられることが多い。このうち、前者の国際的な枠組みについては、米国は例えば上記APECのCBPRに参加しており、米国とアジア太平洋地域の国々との間の越境データ移転については、この枠組みが用いられている。

もっとも、やはり越境データ移転に関する米国の議論の中心にあるのは、重要な貿易相手であるEUの越境データ移転規制への対応の在り方であろう。EUは、米国の個人情報・プライバシー保護法制全体についてその保護の十分性を認めてはいないものの、民間部門における商用データの移転に関しては、EUと米国との間で個別の協定等を締結することにより「部分的な」十分性を認定し、これに基づきEUから米国への個人データの移転が行われているのが現状である[8]。かかる協定として最初に締結されたのが、2000年の「セーフ・ハーバー」協定、そして、同協定の無効判決を受けてその後継として合意されたのが、2016年の「プライバシー・シールド」の枠組みである[9]。もっとも、これらは後述するように任意参加の枠組みであるため、かかる枠組みに参加していない事業者は、十分性が認められた第三国以外への越境データ移転の手段として認められている、拘束的企業準則（Binding Corporate Rules：BCR）[10]や標準契約条項（Standard Contractual Clauses：SCC）[11]等を用いてEUから米国への越境データ移転を行うことも可能である。これらのうち、実際に様々な規模や分野の事業者により最も多く用いられているのはSCCであり、米国への越境データ移転においてもSCCが利用されることが多いと言われている[12]。

他方で、公的機関が関わる越境データ移転の問題もある。米国では9.11事件以降、国家安全保障目的での個人情報の利用が増加してきたが、こうした取組みがEUとの衝突を生む場合もあり、とりわけ、航空機の乗客予約記録（Passenger Name Record）やテロ資金追跡計画（Terrorist Finance Tracking Program）との関係では、EU市民の個人データが米国の公的機関によって収集・利用されることが問題視され、これらに関してはEUと米国との交渉を経て協定が締結されるに至っている[13]。また、2016年には、テロ対策を含む犯罪捜査目的での個人デー

タの共有に関して、所謂「包括的協定」（Umbrella Agreement）、すなわち「刑事犯罪の予防、捜査、探知及び訴追に関する個人情報の保護に係るアメリカ合衆国とEUとの協定」[14]も締結されている[15]。また、米国の法執行機関が通信サービスのプロバイダに対して、米国外にあるデータの提供を命ずることを可能にした「外国における適法なデータ利用の明確化に関する法律」（Clarifying Lawful Overseas Use of Data Act）[16]（CLOUD法）との関係でも、現在EUと米国との間で、犯罪捜査における電子的証拠への国境を越えたアクセスに関する交渉が進められているところであり[17]、今後の動向が注目される。

Ⅲ 「セーフ・ハーバー」から「プライバシー・シールド」へ[18]

1. 「セーフ・ハーバー」協定とSchrems Ⅰ判決による無効判断

本項からは、上に見た越境データ移転に関する米国の動向のうち、とりわけEUの越境データ移転規制との関係で、特に商用データについて構築されてきた枠組みである、「セーフ・ハーバー」及び「プライバシー・シールド」に焦点を当てて検討を加える。そもそも越境データ移転の規制は、1995年の所謂「EU個人データ保護指令」[19]から導入されていたものであり、その25条1項において、域外の第

4 Commission Implementing Decision (EU) 2019/419 of 23 January 2019 pursuant to Regulation (EU) 2016/679 of the European Parliament and of the Council on the adequate protection of personal data by Japan under the Act on the Protection of Personal Information, 2019 O.J. (L76) 1, art. 1(1).

5 *See Id.* art. 3(5).

6 F. カサリーニと、J. L. ゴンザレスは、個人情報・プライバシー保護の目的を含む越境データ流通規制の類型として、①国内法におけるデータ規制の越境的要素、②国際的なデータ保護のための取組み、③貿易協定における関連規定を挙げている。*See* Francesca Casalini & Javier. López González, *Trade and Cross-Border Data Flows*, OECD Trade Policy Papers, No. 220, 14 (2019), https://www.oecd-ilibrary.org/trade/trade-and-cross-border-data-flows_b2023a47-en (last visited May 31, 2021). 貿易協定における個人情報・プライバシー保護関連規定については、本稿では紙幅の都合上立ち入らないが、東條吉純「越境データ移転を巡る法政策上の課題」法時91巻6号（2019）105頁、鈴木將文「情報・データの越境流通」法時91巻10号（2019）70頁等を参照。

7 具体的には、当該制度への参加を認められたAPECの参加国又は地域が、認証機関（Accountability Agent: AA）を登録し、AAが、自国内の事業者等が行っている越境データ保護のための取組みが「APECプライバシーフレームワーク」に適合するかを審査し認証するという仕組みが設けられており、日本も2014年に参加が認められている。個人情報保護委員会「アジア太平洋経済協力（APEC）」（https://www.ppc.go.jp/enforcement/cooperation/international_conference/#apec (last visited May 31, 2021)）を参照。

8 *See* European Commission, *Communication from the Commission to the European Parliament and the Council on Exchanging and Protecting Personal Data in a Globalised World*, at 7, COM (2017) 7 final (Jan. 10, 2017).

9 なお、米国は、EU非加盟国であるスイスとの間でも、2017年に同様の「プライバシー・シールド」の枠組みを構築している。*See* U.S. Dep't of Com., *Privacy Shield Program Overview*, https://www.privacyshield.gov/Program-Overview (last visited May 31, 2021).

10 BCRとは、多国籍企業が同一企業グループ内でEUから十分性認定を受けていない国に越境データ移転を行う場合に用いられる内部規則である。これは、1995年の「EU個人データ保護指令」（*See infra* note 19.）においても規定されており、GDPRでは、46条2項(b)、47条に定められている。

11 SCCとは、欧州委員会が採択又は承認したモデル契約条項であり、EUから第三国への越境データ移転が契約に基づいて行われる場合に用いられるものである。GDPR 46条2項(c), (d)では、標準データ保護条項（Standard Data Protection Clauses: SDPC）とされているが、本稿では混乱を避けるため、便宜上、基本的にSCCの語に統一して論を進める。

12 Nigel Cory et al., *The Role and Value of Standard Contractual Clauses in EU-U.S. Digital Trade* (2020), https://itif.org/publications/2020/12/17/role-and-value-standard-contractual-clauses-eu-us-digital-trade (last visited May 31, 2021).

13 *See e.g.*, Francesca Bignami & Giorgio Resta, *Transatlantic Privacy Regulation: Conflict and Cooperation*, 78 Law & Contemp. Probs. 231, 241-247 (2015).

14 Agreement between the United States of America and the European Union on the protection of personal information relating to the prevention, investigation, detection, and prosecution of criminal offenses, 2016 O.J. (L 336) 3.

15 同協定は、それ自体が何らかの個人情報の移転の根拠となるものではないが、刑事司法分野におけるEU及び米国双方の国民の個人情報を保護するための幾つかの原則が盛り込まれており、刑事司法分野において交換される全ての個人データに適用される。「包括的協定」については、石井夏生利ほか編著『個人情報保護法コンメンタール』（勁草書房、2021）24条【US】（松前恵環）を参照。

16 これは、「2018年統合歳出法」の一部として制定された法律である（*See* Consolidated Appropriations Act of 2018, Pub. L. 115-141, 132 Stat.348, div. V.）。CLOUD法を含む、法執行目的での個人情報の処理に関連する米国の法律については、第10章で論ずる。

17 European Commission, *Criminal justice: Joint statement on the launch of EU-U.S. negotiations to facilitate access to electronic evidence* (Sep. 26, 2019), https://ec.europa.eu/commission/presscorner/detail/en/STATEMENT_19_5890 (last visited May 31 2021).

18 この項の記述は、石井ほか・前掲注[15]24条【US】を基にしたものである。「セーフ・ハーバー」及び「プライバシー・シールド」に関しては、*See e.g.*, Paul M. Schwartz, *Global Data Privacy: The EU Way*, 94 N.Y.U. L. Rev. 771, 793-803 (2019); Christopher Kuner, *Reality and Illusion in EU Data Transfer Regulation Post Schrems*, 18 German L.J. 881 (2017); Martin A. Weiss & Kristin Archick, *U.S.-EU Data Privacy: From Safe Harbor to Privacy Shield* (2016), https://fas.org/sgp/crs/misc/R44257.pdf (last visited May 31, 2021); W. Gregory Voss, *The Future of Transatlantic Data Flows: Privacy Shield or Bust?*, 19 No. 11 J. Internet L. 1 (2016). 主な邦語文献としては、石井夏生利『〔新版〕個人情報保護法の現在と未来——世界的潮流と日本の将来像』（勁草書房、2017）288〜354頁、宮下紘「EU-USプライバシーシールド」慶應36号（2016）145頁、150〜171頁を参照。

19 Directive 95/46/EC of the European Parliament and of the Council of 24 October 1995 on the protection of individuals with regard to the processing of personal data and on the free movement of such data, 1995 O.J. (L 281) 31.

三国への個人データ移転は、一定の場合を除き、当該第三国が「十分なレベル」の保護措置を確保している場合に限って行うことができるものとされていた。個人情報の保護のための包括的な法律を制定せず、あくまで分野ごとの個別の立法と自主規制とを中心に個人情報の保護を図る米国の法制度は、「EU個人データ保護指令」が要求する「十分なレベル」の保護を確保するものと評価することは難しいと考えられていたが[20]、米国では当時のインターネット企業の発展を背景に、包括的な個人情報・プライバシー保護法の制定に対する産業界の強い反発があり、EUの側でも最も重要な貿易相手である米国との間で自由な情報の流通を維持する必要があった[21]。そこで、欧州委員会と米国商務省との交渉の結果締結されたのが「セーフ・ハーバー」協定である。欧州委員会は、「米国商務省により公表されたセーフ・ハーバー原則及び関連のFAQにより提供される保護の十分性に関する欧州議会及び理事会の指令95/46/ECに基づく2000年7月26日の委員会決定」[22]を採択し、関連のFAQに則って実施される「セーフ・ハーバー」原則による保護の十分性を認定している[23]。「セーフ・ハーバー」は任意の参加を前提とした越境データ移転の枠組みであり、参加組織は、7つの「セーフ・ハーバー」原則、すなわち、①通知（Notice）、②選択（Choice）、③データ移転（Onward Transfer）、④安全管理（Security）、⑤データの完全性（Data Integrity）、⑥アクセス（Access）、⑦執行（Enforcement）の各原則[24]を遵守することを自己認証し、商務省は自己認証を行った組織のリストを保管し公表する[25]。自己認証を行った組織は、「セーフ・ハーバー」原則を遵守する義務を負い、当該原則に違反した場合には連邦取引委員会（Federal Trade Commission：FTC）法5条に基づく法執行の対象となり得る[26]とともに、一定の場合には「セーフ・ハーバー」の枠組みを利用した越境データ移転を行い得なくなる[27]。

以降、この「セーフ・ハーバー」の枠組みに基づき、2013年時点では、3,000以上の組織が自己認証し、EUから米国へのデータ移転を行っていた[28]。しかし、同年6月、E. スノーデン（Edward Snowden）の告発により、米国国家安全保障局（National Security Agency：NSA）による大規模な監視活動

が露見し、EUと米国との間のデータ移転の礎となる相互の信頼は大きく揺らぐこととなった[29]。欧州委員会は、米国によるこうした監視活動に対する懸念から、とりわけ、透明性、救済、執行、米国の公的機関による個人データへのアクセスの4点を中心に、「セーフ・ハーバー」の見直しのための勧告を行い[30]、かかる勧告を基に、2014年1月には、EUと米国との間で交渉が開始されるに至った[31]。

こうした中、2015年10月6日に下されたのが「セーフ・ハーバー」協定の無効を断じたCJEUの所謂Schrems Ⅰ判決[32]である。これは、Facebookのユーザであったオーストリア人のM. シュレムス（Maximillian Schrems）が、Facebookアイルランドから米国のFacebook本社への個人データの移転に関して[33]、米国の公的機関による監視活動を理由に、米国に移転された個人データについて米国法は十分な保護を確保していないとして、アイルランドデータ保護コミッショナー（Data Protection Commissioner：DPC）に苦情申立てを行い米国へのデータ移転を禁ずるように求めた事件である[34]。これに対し、アイルランドDPCが、「セーフ・ハーバー」を理由にこの申立てを棄却したため、シュレムスはアイルランド高等法院に提訴し、同法院は先行判決を求めて本件をCJEUに付託した[35]。CJEUは、EU基本権憲章[36]に照らすと、「EU個人データ保護指令」25条1項が求める第三国における「十分なレベル」の保護は、EUにおける保護と同一であることまでは求められないものの、「本質的に同等」であることを要するとした上で[37]、「セーフ・ハーバー」の枠組みはかかる基準を満たさないとして、これについて十分性を認めた欧州委員会決定を無効としている[38]。この理由としては、国家安全保障、公共の利益又は法執行のために必要な場合は「セーフ・ハーバー」原則が適用されず、かかる場合の基本権保護のための仕組みがないこと[39]、EUから移転された個人データに対して米国の公的機関が国家安全保障目的でアクセスすることが可能であり、それが真に必要な範囲に限定されておらず、個人が法的救済を求める仕組みもないこと[40]等が指摘されている。

2. 「プライバシー・シールド」の枠組み

これを受け、米国とEUとの間では、新たな越境

データ移転のための枠組みを巡る交渉が進められた。2016 年 2 月 2 日には、EU と米国との間で政治的合意が形成され、2016 年 7 月 12 日には、欧州委員会が「EU-U.S. プライバシー・シールドにより提供される保護の十分性に関する欧州議会及び理事会の指令 95/46/EC に基づく 2016 年 7 月 12 日の委員会決定」[41] を採択するに至っている。同決定において欧州委員会は、米国は、EU から米国の組織に移転される個人データについて、「プライバシー・シールド」に基づき十分なレベルの保護措置を講じているものと決定しており、以降、米国の組織は、「プライバシー・シールド」の枠組みに基づき、EU からの個人データの移転を行い得ることとなった。

「プライバシー・シールド」は、「セーフ・ハーバー」同様、米国の組織が「プライバシー・シールド」原則の遵守を自己認証することに基づく枠組みであり、「プライバシー・シールド」の中核たる原則として

は、①通知（Notice）、②選択（Choice）、③データ移転に関する説明責任（Accountability for onward transfer）、④安全管理（Security）、⑤データの完全性及び目的制限（Data integrity and Purpose limitation）、⑥アクセス（Access）、⑦救済、執行及び責任（Recourse, enforcement and liability）の 7 原則が掲げられている[42]。当該枠組みへの参加はやはり組織の任意であるが、この枠組みに基づいて EU から個人データの移転を行おうとする組織が、上記の原則の遵守を商務省に対して自己認証するとともに、原則の遵守を公に宣言した場合には、これを遵守することが義務付けられる[43]。商務省は、こうして自己認証を行い原則の遵守を宣言した米国の組織のリストを保管し公表するとともに、組織が自発的に当該枠組みから脱退した場合又は商務省による年度ごとの再認証を受けられなかった場合には、リストから当該組織を除外するものとされている[44]。

20　*See* Art. 29 Working Party, *Opinion 1/99 concerning the level of data protection in the United States and the ongoing discussions between the European Commission and the United States Government*, 2 (1999), https://ec.europa.eu/justice/article-29/documentation/opinion-recommendation/files/1999/wp15_en.pdf (last visited May 31, 2021).

21　*See* Schwartz, *supra* note 18, at 795-799.

22　Commission Decision of 26 July 2000 pursuant to Directive 95/46/EC of the European Parliament and of the Council on the adequacy of the protection provided by the safe harbour privacy principles and related frequently asked questions issued by the U.S. Dep't of Com., 2000 O.J. (L 215) 7.

23　*Id.* art. 1(1).

24　*Id.* ANNEX I.

25　*Id.* ANNEX II: FAQ 6.

26　*Id.* art. 1(2)(b), ANNEX II: FAQ 11, ANNEX VII.

27　*Id.* art. 3(1), ANNEX II: FAQ 11.

28　European Commission, *Communication from the Commission to the European Parliament and the Council on the Functioning of the Safe Harbour from the Perspective of EU Citizens and Companies Established in the EU*, at 4, COM (2013) 847 final (Nov. 27, 2013) [hereinafter *Safe Harbour Communication*].

29　*See* European Commission, *Communication from the Commission to the European Parliament and the Council on Rebuilding Trust in EU-US Data Flows*, at 2, COM (2013) 846 final (Nov. 27, 2013).

30　*Safe Harbour Communication, supra* note 28, at 17-19.

31　European Commission, *Communication from the Commission to the European Parliament and the Council on Transatlantic Data Flows: Restoring Trust through Strong Safeguards*, at 8, COM (2016) 117 final (Feb. 29, 2016) [hereinafter *Transatlantic Data Flows Communication*].

32　Case C-362/14, Schrems v. Data Prot. Comm'r, ECLI:EU:C:2015:650 (Oct. 6, 2015).

33　EU 域内に居住する Facebook のユーザは Facebook の子会社である Facebook アイルランドと契約していることになり、EU 域内に居住する Facebook のユーザの個人データは、米国にある Facebook 本社のサーバに移転され、処理されることとなる。*See Id.* para. 27.

34　*Id.* para. 28.

35　*Id.* paras. 29-36.

36　Charter of Fundamental Rights of the European Union, 2012 O.J. (C 326) 391.

37　*Schrems*, Case C-362/14, para. 73.

38　*Id.* paras. 79-106.

39　*Id.* paras. 84-89.

40　*Id.* paras. 90-95.

41　Commission Implementing Decision (EU) 2016/1250 of 12 July 2016 pursuant to Directive 95/46/EC of the European Parliament and of the Council on the adequacy of the protection provided by the EU-U.S. Privacy Shield, 2016 O.J. (L 207) 1 [hereinafter *Privacy Shield Decision*].

42　*Id.* ANNEX II.

43　U.S. Dep't of Com., *EU-U.S. Privacy Shield Framework Principles Issued by the U.S. Department of Commerce*, https://www.privacyshield.gov/Privacy-Shield-Principles-Full-Text (last visited May 31, 2021).

44　*Id.*

「セーフ・ハーバー」と「プライバシー・シールド」との主要な違いとしては、参加組織に対してより厳しい義務が課されたことが挙げられる[45]。これには、より詳細な通知義務やデータ保持の制限の導入、アクセス権の強化、データ移転の要件の厳格化、セキュリティに関する要求事項の強化等が含まれると言われる[46]。

また、救済や法執行に関しては、「セーフ・ハーバー」決定が無効とされた最大の要因の一つであったこともあり、EU市民が苦情申立てやその権利の実現のために様々な手段を採り得る制度が整備されている。すなわち、「プライバシー・シールド」の下で、EUのデータ主体は、①参加組織に対する直接の苦情申立て、②事業者が指定する独立の紛争処理機関への苦情申立て、③自国の個人データ保護監督機関を通じた米国商務省への苦情申立て、④FTCに対する直接の苦情申立て等を行うことが可能になった[47]。更に、これらの救済がすべて奏功しなかった場合には、最終手段として、「プライバシー・シールド・パネル」という拘束的な仲裁制度を利用することもできる[48]。

更に、米国の公的機関による国家安全保障目的での個人データの利用に関しては、新たに「プライバシー・シールド・オンブズパーソン」の制度が導入された[49]。このオンブズパーソンは、米国国務省内に設置される上級調整官であり、国家安全保障機関から独立して、国家安全保障分野における個人データの利用に関する苦情の調査及び解決を行う。EU市民はこの制度に基づき、自国の個人データ保護監督機関を通じてオンブズパーソンに苦情処理を依頼することができることとなった[50]。

欧州委員会はかかる「プライバシー・シールド」の枠組み全体と遵守状況を継続的に監視し、毎年、米国の協力のもとにこの枠組みの見直しを行うこととされる[51]。「プライバシー・シールド」への参加組織は2018年時点では4,000程度であったが、とりわけ「一般データ保護規則」[52]（GDPR）の制定によりかかる枠組みへの関心が高まったと言われており[53]、2020年時点では、欧州の主要企業も含め5,400以上の組織が参加していた[54]。

Ⅳ　Schrems Ⅱ 判決による「プライバシー・シールド」の無効とSCCへの影響

1.　Schrems Ⅱ 判決の内容

もっとも、「プライバシー・シールド」については当初から批判も多く、欧州議会やEU指令第29条作業部会等による批判を受けて、その見直しも行われていた[55]。こうした中、2020年7月16日、「プライバシー・シールド」の枠組みは、再びCJEUの所謂Schrems Ⅱ 判決[56]により無効とされるに至っている。

本件は、Ⅲ 1 で見たSchrems Ⅰ 判決に連なるものである。Schrems Ⅰ 判決後、アイルランドDPCから申立てを再提起するように求められたシュレムスは、Facebookが保有する個人データがNSA等の米国の公的機関に提供され、EU基本権憲章に反する態様で様々な監視活動に用いられていることを理由に、アイルランドDPCに対し、米国のFacebook本社への個人データの移転を禁ずる又は停止するよう求めた[57]。この申立てに関し、アイルランド高等法院が関連する幾つかの論点についての先行判決を求めてCJEUへの付託を行ったのが本件である[58]。CJEUは、本件手続の開始後に、Ⅲ 2 で言及した「プライバシー・シールド」に関する欧州委員会決定が採択されたこととの関係でその有効性について検討し、米国との間の「プライバシー・シールド」について保護の十分性を認定する欧州委員会決定は、EU基本権憲章に照らしてGDPR 45条1項に違反するものであり、それ故無効であると判断している[59]。特に問題とされたのは、「外国情報監視法」[60]702条[61]及び「大統領令第12333号」[62]に基づく米国の情報機関による監視活動であり、CJEUはこれらが比例原則に照らして真に必要な範囲に限定されていないことから、EU基本権憲章7条及び8条が保障する私生活及び個人データ保護の権利を侵害するものであるとする[63]。また、司法的救済を受ける権利を定めるEU基本権憲章47条との関係では、先に言及したオンブズパーソンの制度について、独立性の保障や、情報機関を拘束する決定の採択権限がなく、EU市民が十分な法的救済を受けられないという問題が指摘されている[64]。

かかる「プライバシー・シールド」無効判断に加え、Schrems II 判決についてとりわけ留意すべき点は、同判決が、SCC[65] に基づく越境データ移転について求められる保護措置についても具体的な要求事項を明らかにしたという点である[66]。CJEUは、「第三国の処理者への個人データの移転のためのSCCに関する欧州議会及び理事会の指令 95/46/EC に基づく 2010 年 2 月 5 日の欧州委員会決定」[67] の附属文書として示されたSCCの各条項を具に検討した上で、結論としてはSCCに関する同決定はEU基本権憲章に違反しないとした[68]。もっとも、CJEUは、SCCに基づくEUからの越境データ移転について要求される保護の水準について、EUにおける保護と「本質的に同等」の保護を確保する必要があるとし、当該越境データ移転がその保護水準を確保しているかどうかは、個人データをEU域内から移転する者と受領する者との間の契約条項のみならず、第三国に移転された個人データへの公的機関によるアクセスに関する当該国の法制度をも考慮して判断しなければならないとする[69]。そして、SCCに依拠してEUから第三国への個人データ移転を行う者は、個別の事案ごとに、移転先の第三国の法が十分な保護を確保するものかどうかを、適宜受領者と協働して確認する責任を有するとした[70]。また、SCCによっ

45　*Transatlantic Data Flows Communication*, *supra* note 31, at 9.

46　Weiss & Archick, *supra* note 18, at 10.

47　*See Privacy Shield Decision*, *supra* note 41, recitals 38-60; European Commission, *Guide to the EU-U.S. Privacy Shield*, 12-13 (2016), https://ec.europa.eu/info/sites/default/files/2016-08-01-ps-citizens-guide_en.pd_.pdf (last visited May 31, 2021).

48　これは、米国商務省及び欧州委員会が選任した少なくとも 20 名の仲裁人から構成されるものであり、当事者がその中から 1 名又は 3 名の仲裁人を選んで仲裁が行われる。「プライバシー・シールド・パネル」は、問題となっている個人データへのアクセス、訂正、削除又は回復といった非金銭的な衡平法上の救済を行う権限を持ち、仲裁判断は当事者を拘束するとともに、米国の裁判所で執行可能である。*Privacy Shield Decision*, *supra* note 41, ANNEX I-Annex 2.

49　*Id.* recitals 116-121, ANNEX III.

50　*Id. See also* European Commission, *supra* note 47, at 19-21.

51　*Privacy Shield Decision*, *supra* note 41, art. 4.

52　Regulation (EU) 2016/679 of the European Parliament and of the Council of 27 April 2016 on the protection of natural persons with regard to the processing of personal data and on the free movement of such data, and repealing Directive 95/46/EC (General Data Protection Regulation), 2016 O.J. (L119) 1.

53　European Data Protection Board, *EU-U.S. Privacy Shield - Second Annual Joint Review*, 22 (2019), https://edpb.europa.eu/sites/default/files/files/file1/20190122edpb_2ndprivacyshieldreviewreport_final_en.pdf (last visited May 31, 2021).

54　Drew Medway & Jeremy Greenberg, *New FPF Study: More Than 250 European Companies Are Participating in Key EU-US Data Transfer Mechanism* (2020), https://fpf.org/blog/new-fpf-study-more-than-250-european-companies-are-participating-in-key-eu-us-data-transfer-mechanism/ (last visited May 31, 2021).

55　宮下・前掲注⒅ 169〜171 頁。

56　Case C-311/18, Data Prot. Comm'r v. Facebook Ire. Ltd. & Schrems, ECLI:EU:C:2020:559 (July. 16, 2020). 同判決及び関連する米国の議論については、*See e.g.*, Recent Case, *National Security Law–Surveillance–Court of Justice of the European Union Invalidates The EU-U.S. Privacy Shield–Case C-311/18, Data Protection Commissioner v. Facebook Ireland Ltd., ECLI:EU:C:2020:559 (July 16, 2020)*, 134 Harv. L. Rev. 1567 (2021)；Briseida Sofía Jiménez-Gómez, *Cross-Border Data Transfers Between the EU and the U.S.: A Transatlantic Dispute*, 19 Santa Clara J. Int'l L. 1 (2021); Andraya Flor, Note, *The Impact of Schrems II: Next Steps for U.S. Data Privacy Law*, 96 Notre Dame L. Rev. 2035 (2021).

57　*Data Prot. Comm'r*, Case C-311/18, para. 55.

58　*Id.* paras. 56-68.

59　*Id.* paras. 198-201.

60　Foreign Intelligence Surveillance Act of 1978, Pub. L. No. 95-511, 92 Stat.1783.

61　50 U.S.C. §1881a. 同条は、米国外にいると合理的に判断できる非米国民の通信の監視を可能にするものである。

62　Exec. Order No. 12333, 46 Fed. Reg. 59941 (1981). これは、米国の情報機関の諜報活動及び防諜活動に関する役割やその制限を定めるものである。こうした国家安全保障目的での個人情報の処理に関連する米国の法律については、第 10 章で論ずる。

63　*Data Prot. Comm'r*, Case C-311/18, paras. 169-185.

64　*Id.* paras. 186-197.

65　Schrems II 判決では、GDPR 46 条 2 項の下でのSDPCと表記されている。前掲注⑾参照。

66　そもそも、シュレムスの申立てを受けて行われたアイルランドDPCによる調査の過程で、Facebookアイルランドがその個人データの多くをSCCに基づいて米国に移転していることが明らかになり、アイルランドDPCがSCCに関する欧州委員会決定（*See infra* note 67.）の有効性に関する先行判決を求めて 2016 年 5 月 31 日にアイルランド高等法院に提訴し、同法院がCJEUへの付託を行ったというのが本件の経緯である。*See Data Prot. Comm'r*, Case C-311/18, paras. 54-68.

67　Commission Decision 2010/87/EU of 5 February 2010 on standard contractual clauses for the transfer of personal data to processors established in third countries under Directive 95/46/EC of the European Parliament and of the Council, 2010 O.J. (L 39) 5.

68　*Data Prot. Comm'r*, Case C-311/18, paras. 137-149.

69　*Id.* para. 105.

70　*Id.* para. 134.

て十分なレベルの保護を確保できない場合には、「補完的措置」（supplementary measures）を講ずることが必要になるとする[71]。更に、CJEUは、個人データの受領者がSCCを遵守できない場合には、データ移転を行った者はこれを停止する必要があり、停止しない場合には個人データ保護監督機関が個人データ移転の停止又は禁止を行うことが求められるとも判示している[72]。

2.　Schrems Ⅱ 判決後の米国の議論動向

「プライバシー・シールド」及び欧米間のデータ流通はバイデン政権下においても最優先事項の一つであるとされており、米国商務省はSchrems Ⅱ 判決を受け、欧州委員会及び欧州データ保護会議（European Data Protection Board：EDPB）との交渉を開始した[73]。2021年3月には、Schrems Ⅱ 判決に則って「プライバシー・シールド」を改善するための交渉を強化することが明らかにされている[74]。

　もっとも、CJEUの無効判決により「プライバシー・シールド」に基づく越境データ移転は適法性を欠くことになるため[75]、交渉により新たな枠組みが構築されるまで、EUから米国への個人情報の移転を如何なる手段に基づいて行うのかは、当面、実際上の重要な問題となる。この点については、越境データ移転のための他の手段である前述のSCCやBCR等に依拠して行うこととなるが、コストのかかるSCCやBCR等の利用には大きな負担が伴うことが懸念されている[76]。また、上述の通りSchrems Ⅱ 判決はSCCについても具体的な要求事項を示しており、SCCが本稿のⅡで述べたように越境データ移転の法的根拠として最も多く用いられている現状に照らせば[77]、今後の越境データ移転について多くの事業者に影響が及ぶことは避けられない。とりわけ、EUから個人データの越境移転を行う事業者が移転先の第三国の法制度が十分な保護を提供しているかどうかを確認する責任を負うとされた点については、第三国の法制度の調査や解釈の困難さから事業者の負担が懸念されている[78]。また、Schrems Ⅱ 判決がSCCに関して求められるとした「補完的措置」の内容については、現在、EDPBが「個人データの保護に関するEUの水準の遵守を確保する

ための移転手段を補完するための勧告（草案）」[79]において、契約的、組織的及び技術的な措置が含まれるとしそれらの具体例等を示しているが[80]、とりわけ、技術的な措置として要求されている個人データの暗号化等の対策については、過度に厳格かつ広範なものになるおそれがあり、事業活動への支障も生じかねないという懸念が示されている[81]。更に、SCCについては、2021年6月4日に「個人データの第三国への移転のためのSCCに関する欧州議会及び理事会の規則2016/679に基づく2021年6月4日の欧州委員会施行決定」[82]が採択され、従来のSCCは廃止されることとなった[83]。事業者は、2021年の決定において新たに示された、GDPRに対応した改訂版のSCCへの対応も迫られることになる。

　米国では、このようにEUの越境データ規制が遵守コストが高く複雑なものになることにより、事業者がGDPR違反による莫大な制裁金を回避するためにEU市民の個人データをEU域内に保存し処理せざるを得ない状況が生じ[84]、かかる「データ・ローカライゼーション」の動きが加速することで情報の自由な流通が阻害され、デジタル貿易に支障が生じることも懸念されている[85]。

　他方で、学界では、Schrems Ⅱ 判決を契機として米国における包括的な個人情報・プライバシー保護のための連邦法の制定の必要性を主張する見解も見られる。例えば、N. M. リチャーズ（Neil M. Richards）は、Schrems Ⅱ 判決は米国に深刻な影響を及ぼすが、これを好機と捉えて、プライバシー保護のための適切な安全管理措置、消費者の権利、有効な救済手段等を盛り込んだ包括的な法律を制定すべきであると主張している[86]。また、P. スワイヤー（Peter Swire）は、短期的にはEUと十分性認定に関する交渉を進めるべきとするが、米国が包括的な個人情報・プライバシー保護法を制定することはこうした交渉にとって有益であると指摘している[87]。

Ⅴ　むすびにかえて

　本章では、越境データ移転に関する米国の動向について明らかにした。米国は、EUの越境データ移転規制に対して「セーフ・ハーバー」や「プライバシー・シールド」といった独自の枠組みを構築することにより対応してきたが、近時のCJEUによる無

効判決はこうした米国の対応の在り方に大きな影を落としている。とりわけ留意すべきは、移転された個人情報への国家安全保障等の目的での公的機関によるアクセスが、商用データに関する枠組みの有効性判断に影響を及ぼすという点であり、日本も米国の動向等を参考に十分な対応を講ずる必要がある。また、情報の自由な流通を重視する米国においては、過度の越境データ移転規制により生じ得る「データ・ローカライゼーション」が孕む問題が指摘されていたが、こうした問題は、日本における今後の越境データ移転規制の在り方を考える際に十分に配慮すべきものであろう。

　次章では、米国における研究や公衆衛生等の目的での個人情報の利用に関する法制度について検討を加える。

＊本章は、「越境データ移転に関する米国の動向――Schrems II 判決を踏まえて」NBL 1197 号（2021年 7 月）73 頁を収録したものである。

---

71 *Id.* para. 133.

72 *Id.* paras. 142, 146.

73 *See* U.S. Dep't of Com., *FAQs – EU-U.S. Privacy Shield Program Update*, https://www.privacyshield.gov/article?id=EU-U-S-Privacy-Shield-Program-Update (last visited May 31, 2021).

74 U.S. Dep't of Com., *Intensifying Negotiations on Trans-Atlantic Data Privacy Flows: A Joint Press Statement by U.S. Secretary of Commerce Gina Raimondo and European Commissioner for Justice Didier Reynders* (Mar. 25, 2021), https://www.commerce.gov/news/press-releases/2021/03/intensifying-negotiations-trans-atlantic-data-privacy-flows-joint-press (last visited May 31, 2021). 米国の産業界からは、「プライバシー・シールド」の重要性に鑑みてその枠組みを維持しつつ改善を図ることが妥当であるという見解が示されている。*See The Invalidation of the EU-US Privacy Shield and the Future of Transatlantic Data Flows: Hearings before the S. Comm. on Commerce, Sci., & Transp.*, 116th Cong. (2020) [hereinafter *Hearings*] (testimony of Victoria A. Espinel, President & CEO of BSA, The Software Alliance). なお、Schrems II 判決を受け、米国とスイスとの間で締結されていた「プライバシー・シールド」についても、2020 年 9 月にスイスの連邦データ保護・情報コミッショナーが、スイスの連邦データ保護法に照らして十分なレベルの保護を提供していないとの意見を出しており、この問題についても米国の商務省がスイスの関係機関との間で協議を行っていくものとされている。*See* U.S. Dep't of Com., *FAQs – Swiss-U.S. Privacy Shield*, https://www.privacyshield.gov/article?id=Swiss-U-S-Privacy-Shield-FAQs (last visited May 31, 2021).

75 European Data Protection Board, *Frequently Asked Questions on the judgment of the Court of Justice of the European Union in Case C-311/18 - Data Protection Commissioner v Facebook Ireland Ltd and Maximillian Schrems*, FAQ 4) (2020), https://edpb.europa.eu/sites/default/files/files/file1/20200724_edpb_faqoncjeuc31118_en.pdf (last visited May 31, 2021). 同判決による「プライバシー・シールド」の無効について、特段の猶予期間は設けられていない。*See Data Prot. Comm'r*, Case C-311/18, para. 202. なお、かかる無効判決は、米国において既に「プライバシー・シールド」の枠組みに参加し自己認証を行っている組織を「プライバシー・シールド」に基づく義務から解放するものではなく、参加組織は引き続きこの義務を遵守することが求められるものとされている。

76 *Hearings, supra* note 74 (2020) (testimony of James M. Sullivan, Deputy Assistant Secretary for Services, Int'l Trade Admin., U.S. Dep't of Com.).

77 実際に、Schrems II 判決以降のEUから米国へのデータ移転については、多くの事業者がSCCの利用を計画していると言われる。*See* Cory et al., *supra* note 12.

78 *Id.*

79 European Data Protection Board, *Recommendations 01/2020 on measures that supplement transfer tools to ensure compliance with the EU level of protection of personal data* (2020), https://edpb.europa.eu/our-work-tools/documents/public-consultations/2020/recommendations-012020-measures-supplement_en (last visited May 31, 2021). 同勧告については、2020 年 12 月を期限として意見公募が行われていた。

80 *Id.* at 15-17, ANNEX 2.

81 *See* Cory et al., *supra* note 12.

82 Commission Implementing Decision (EU) 2021/914 of 4 June 2021 on standard contractual clauses for the transfer of personal data to third countries pursuant to Regulation (EU) 2016/679 of the European Parliament and of the Council, 2021 O.J. (L 199) 31.

83 *Id.* art. 4.

84 Cory et al., *supra* note 12. 実際に、近時、Microsoft、Amazon、Google、Appleの各社に代表されるように、多くの事業者がEU域内にデータ・センターを設置する傾向が見られるとされる。*See* Paul Schwartz & Karl-Nikolaus Peifer, *Data Localization Under the CLOUD Act and the GDPR: A Quest for an Efficient Path to Legal Certainty*, 2019 COMPUTER L. REV. INT'L 1, 4 (2019).

85 *See* Cory et al. *supra* note 12. こうした懸念は、Schrems II 判決を受け、米国の上院商務・科学・運輸委員会で 2020 年 12 月に開催された、「EU-USプライバシー・シールドの無効と欧米のデータ流通の将来」と題する公聴会でも、複数の参考人により示されている。*See Hearings, supra* note 74 (statement of Noah Joshua Phillips, Commissioner, Federal Trade Commission; testimony of James M. Sullivan, Deputy Assistant Secretary for Services, Int'l Trade Admin., U.S. Dep't of Com.; testimony of Peter Swire). なお、「データ・ローカライゼーション」については、データを一つの国又は地域に保存するという技術的な方策と、近時中国やロシア等が採用するデータの国内保存等を義務付ける法規制とを区別して考える必要がある（*See* Schwartz & Peifer, *supra* note 84, at 4）、ここで懸念されている「データ・ローカライゼーション」の問題は、主に前者に関わるものである。

86 *Hearings, supra* note 74 (testimony of Neil M. Richards).

87 *Hearings, supra* note 74 (testimony of Peter Swire).

第8章

米国における個人情報の研究・公衆衛生目的での利用に関する規制

I　はじめに

　第8章では、個人情報の研究・公衆衛生目的での利用に関する規制に焦点を当てる。人工知能（Artificial Intelligence）を用いたビッグデータ解析により、例えば、公衆衛生を含む医療健康分野、教育分野[1]、国家安全保障や法執行分野、民間分野等の様々な分野における個人情報の利活用が、個人的な価値のみならず社会的な価値をも生み出すことが期待されている今日[2]、こうした情報の有用性の確保と、個人情報の処理に係るプライバシーを中心とする個人の権利利益の保護との調整を如何に図るかは喫緊の課題となっている。この点、日本の「個人情報の保護に関する法律」[3]（以下「個人情報保護法」という）では、幾つかの分野に関する適用除外や各義務規定に係る例外規定を置くことで、個人情報の有用性が阻害されないような配慮がなされているが[4]、他方で、米国では、本稿でこれまで見てきたように公的部門及び民間部門を包括的に規制する個人情報・プライバシー保護のための連邦法は制定さ

れていないため、日本の個人情報保護法のように包括的な規制の網をかけた上で一定の分野における個人情報の利用を適用除外とするといったアプローチは採られておらず[5]、個人の権利利益の保護と情報の有用性確保との調整は、個人情報・プライバシー保護のための制定法の各義務規定について、個人の権利利益や公共の利益等の保護のために個人情報の利用が必要な場合等の例外規定を設けるという方法により行われている。こうした例外規定は本稿でこれまで各義務規定について見てきたように、例えば、緊急時に必要な場合、司法手続に必要な場合、個人や公衆の健康や安全確保に必要な場合、不正行為の防止に必要な場合等を含め、多岐にわたり設けられている[6]。

　日本では現在、こうした各義務規定に係る例外規定や適用除外に関連して、とりわけ個人情報の研究目的や公益目的での利用に関する議論が進められているところである[7]。個人情報の公益目的での利用には様々な利用が含まれ得るが、日本では今のところ、とりわけ医学研究や公衆衛生等の目的での利用

を中心に議論が行われているのが現状である[8]。そこで本稿では、米国の個人情報・プライバシー保護法制における研究及び公衆衛生目的での個人情報の利用に関する規制に焦点を当てて、これを概観しておく。Ⅱでは研究目的での、Ⅲでは公衆衛生目的での、個人情報の利用に関する米国の法制度をそれぞれ整理する。公衆衛生目的での個人情報の利用については、今日の社会情勢に鑑み、COVID-19 対策のための個人情報の利用と保護に関する議論についてもごく簡単に触れておくこととしたい。

Ⅱ　個人情報の研究目的での利用に関する規制

1.　概要と検討の際の視点

前述の通り、公的部門及び民間部門を包括的に規制する個人情報・プライバシー保護のための連邦法を持たない米国では、日本の個人情報保護法のような、研究目的での個人情報の利用について一般的な適用除外規定を置くといったアプローチは採られていない。もっとも、研究目的での個人情報の利用については、個人情報保護のための基本原則である「公正な情報取扱慣行に関する原則」（Fair Information Practice Principles）[9] のうちの幾つかの原則、とりわけ個人情報の処理に関する同意又は選択の原則やデータ最小化の原則、及び、データの消去権等と衝突し得る可能性が指摘されており、これらの原則に

従うと研究に必要な十分な情報が得られず研究結果に偏りが出てしまうという問題や、場合によっては研究の遅延や余分なコストの発生等を招き研究に支障が生ずるおそれがあること等が懸念されている[10]。こうした観点から、個人情報・プライバシー保護のための幾つかの法規では、個別の義務規定との関係で、研究目的での個人情報の利用に関する何らかの例外規定を置くものが見られる。

かかる研究目的での例外規定を置く主要な法規としては、連邦レベルでは、医療分野における「1996 年医療保険の相互運用性と説明責任に関する法律」[11]（HIPAA）に関する HIPAA プライバシー規則[12] や、公的基金を受ける教育機関に適用される「1974 年家族の教育の権利とプライバシーに関する法律」[13]（FERPA）が挙げられる。また、人を対象とする研究については、各省庁共通の研究対象者保護規則[14] も制定されている。一方、州レベルでは、本稿でも度々取り上げてきた「2018 年カリフォルニア消費者プライバシー法」[15]（CalCPA）において、研究目的での個人情報の利用に関する規定が置かれている。

これらの研究関連規定を分析するに当たっては、まず、研究には、その目的や性質により学術的、公益的、商業的等、様々な研究が含まれることから、対象となる「研究」の定義や範囲を如何に定めるのか、次に、如何なる義務規定について研究の場合の

1　教育分野における個人情報の利用と保護の問題については、第 11 章で改めて論ずる。

2　*See e.g.*, The White House, *Big Data: Seizing Opportunities, Preserving Values*, 22-47 (2014), https://obamawhitehouse.archives.gov/sites/default/files/docs/big_data_privacy_report_may_1_2014.pdf (last visited July 30, 2021); Jules Polonetsky et al., *Beyond the Common Rule: Ethical Structures for Data Research in Non- Academic Settings*, 13 Colo. Tech. L.J. 333, 335-336 (2015).

3　平成 15 年法律第 57 号。

4　宇賀克也『個人情報保護法の逐条解説〔第 6 版〕』（有斐閣、2018）32 頁。

5　表現の自由や情報の自由な流通に重きを置く米国においては、日本の個人情報保護法において、表現の自由、学問の自由、信教の自由及び政治活動の自由の尊重の観点から適用除外とされている報道、著述、学術研究、宗教活動及び政治活動について個人情報・プライバシー保護を直接的に求めるような制定法は、少なくとも連邦レベルでは存在しないのが現状である。なお、公的部門に関する「1974 年プライバシー法」（Privacy Act of 1974, Pub. L. No. 93-579, 88 Stat. 1896）では、一般的な適用除外規定が設けられている。同法を含む米国の公的部門に関する個人情報・プライバシー保護法制については、第 10 章で論ずる。

6　こうした例外規定については、*See e.g.*, Gabe Maldoff & Omer Tenc, *The Costs of Not Using Data: Balancing Privacy and the Perils of Inaction*, 15 J.l. Econ. & Pol'y 41, 47-48 (2019).

7　個人情報保護委員会「学術研究分野における個人情報保護の規律の考え方（令和 3 年個人情報保護法改正関係）」（令和 3 年 6 月）、個人情報保護委員会「公益目的による個人情報の取扱いに係る例外規定の運用明確化に向けた取組について」（令和 3 年 1 月 26 日）（以下、「公益目的例外」として引用）を参照。

8　前掲注(7)「公益目的例外」4〜5 頁。

9　「公正な情報取扱慣行に関する原則」については、第 1 章 3 頁を参照。

10　Mike Hintze, *Science and Privacy: Data Protection Laws and Their Impact on Research*, 14 Wash. J. L. Tech. & Arts 103, 105-114 (2019).

11　Health Insurance Portability and Accountability Act of 1996, Pub. L. No. 104-191, 110 Stat. 1936.

12　Standards for Privacy of Individually Identifiable Health Information, 45 C.F.R. §164.500 *et seq.*

13　Family Educational Rights and Privacy Act of 1974, Pub. L. No. 93-380, 88 Stat. 571.

14　詳しくは、Ⅱ 2 (3)を参照。

15　California Consumer Privacy Act of 2018, Cal. Civ. Code §1798.100 *et seq.*

例外的取扱いを認めるのか、更に、研究目的での個人情報の利用が認められるための具体的な要件や、利用に付随して求められる保護措置を如何に規定すべきか等の視点が特に重要になるものと考えられる。この点、日本では、従来は学術研究[16]の分野における学術研究目的での個人情報の利用は一律に個人情報保護法の適用除外とされていたところ、個人情報保護法の令和3年改正[17]ではこれを廃止し、利用目的による制限、要配慮個人情報の取得制限、個人データの第三者提供の制限に関する各規定につき、学術研究目的で取り扱う必要があり、個人の権利利益を不当に侵害するおそれがない場合には、これを適用しないとする例外規定を設けている[18]。次項では、とりわけこれらの視点から、研究目的での利用に関する規定を置く、HIPAAプライバシー規則、FERPA、研究対象者保護規則及びCalCPAを見ていくこととしたい。

2.　各法規の関連規定

(1)　HIPAAプライバシー規則における関連規定

まず、研究目的での個人情報の利用について特別の規定を設ける法規の代表例と言い得るのは、HIPAAプライバシー規則であろう。同規則の下では、対象組織（covered entity）[19]による「保護対象健康情報」（protected health information：PHI）の利用又は開示につき、法に別段の定めがない限り原則として個人の有効な「承諾」（authorization）が必要であるとされているが[20]、一定の場合には個人の承諾がなくともPHIを利用又は開示することが認められており[21]、その一つとして研究目的での利用又は開示が掲げられている。まず「研究」の定義について、HIPAAプライバシー規則は、「一般化可能な知識の発展のために又はそれに貢献するように設計された体系的な調査であり、研究開発、試験検査及び評価を含むもの」[22]と、比較的広く定義する。HIPAAプライバシー規則はかかる研究目的でのPHIの利用又は開示が認められる幾つかの場面を規定するが、その第一は、研究対象者保護規則の下で設立された「組織内倫理委員会」（Institutional Review Board：IRB）又は「プライバシー委員会」（Privacy Board）により、個人の承諾取得の免除又は修正が書面で承認された場合である[23]。個人の承諾取得の免除又は修正が認められるための要件として、HIPAAプライバシー規則は三つの基準を定めており、①研究に含まれるPHIの利用又は開示が、個人のプライバシーに対する最小限のリスクしか含まないものであること[24]、②当該研究が個人の承諾取得の免除又は修正なくして実行不可能であること、③当該研究がPHIへのアクセス又はその利用なくして実行不可能であることが必要とされる[25]。かかる例外規定が用いられる場合としては、例えば、研究が非識別化されたPHIの利用によっては実行できず、研究参加者の承諾が必要となると当該研究が実行不可能になるような場合が挙げられている[26]。第二は、研究の準備のためのPHIの調査であり、研究者が、研究の準備のためにPHIの調査が必要であり調査の過程で対象組織からPHIを持ち出さないこと等を表明した場合には、PHIの利用又は開示が認められる[27]。第三は、死者のPHIの研究目的での利用又は開示であり、研究者が、死者のPHIに関する研究のみに当該情報を用いること及び当該情報の利用が研究に必要であることを表明した場合には、PHIの利用又は開示が認められる[28]。第四に、「限定的データ・セット」（limited data set）、すなわち、PHIから氏名、住所、電話番号、ファックス番号、eメールアドレス、社会保障番号等の、個人又は個人の血縁者、雇用者若しくは家族の直接的な識別子を除去したもの[29]については、当該データ・セットの受領者との間でデータ利用契約を締結することにより、対象組織は、これを研究目的で利用することが可能であるとされている[30]。

これらの場合に加え、非識別化されたPHIはもはやPHIに該当しないため自由に利用可能であるが、HIPAAプライバシー規則においては非識別化の基準についても具体的な要件が定められていることには留意が必要である[31]。また、個人の承諾に基づいて研究目的でのPHIの利用又は開示を行うことも可能であり、今日では、ほとんどの臨床試験や一定の記録研究において個人の承諾を求めるのが通常であると言われる[32]。かかる承諾の形式については、一般的に含むべき内容等が厳格に定められていることに加え[33]、研究の場合における個人の承諾に関しては特別の規定や指針が設けられている[34]。

こうしたHIPAAプライバシー規則における研究

関連規定については、研究の定義が医療又は健康に関する研究に限定されていないことに加え、研究目的でのPHIの利用又は開示を比較的柔軟に認めるアプローチを採るものであるため、PHIを医療健康分野以外の研究目的で利用する際にも有益であるとの評価が見られる[35]。

(2)　FERPAにおける関連規定

一方、教育分野におけるFERPAにも研究に関連する規定が置かれている。FERPAは、公的基金を受ける教育機関に適用される法律であり、学生の「教育記録」[36]又はそれに含まれる個人識別情報の開示について、原則として親権者の同意を得ることを

義務付けているが[37]、研究目的での教育記録等の開示については、一定の条件の下で親権者の同意を得ずに行うことを認めている[38]。すなわち、FERPAは先に見たHIPAAプライバシー規則同様、個人情報の処理に関する同意又は選択の原則との関係において、研究目的での利用の場合の適用除外規定を設けるものと言えよう。

FERPAの実施規則[39]によれば、教育機関が親権者等[40]の同意を得ずに教育記録から個人識別情報を開示することが認められるのは、教育機関のために又は教育機関に代わり、試験の開発や管理、学生支援プログラムの管理、指導の改善等の目的で研究を実施す

16　「『学術』とは、人文・社会科学及び自然科学並びにそれらの応用の研究であり、あらゆる学問分野における研究活動及びその所産としての知識・方法の体系をいい、具体的活動としての『学術研究』としては、新しい法則や原理の発見、分析や方法論の確立、新しい知識やその応用法の体系化、先端的な学問領域の開拓などをいう」とされる。個人情報保護委員会「個人情報の保護に関する法律についてのガイドライン（通則編）」（平成 28 年 11 月、令和 3 年 1 月一部改正）83 頁。

17　これは、令和 3 年 5 月 12 日に成立した「デジタル社会の形成を図るための関係法律の整備に関する法律」（令和 3 年法律第 37 号）による改正である。

18　令和 3 年改正後の個人情報保護法 18 条 3 項 5 号・6 号、20 条 2 項 5 号・6 号、27 条 1 項 5 号〜7 号を参照。また、個人情報保護法の令和 3 年改正では、これまで公的部門と民間部門とで異なっていた学術研究分野における個人情報の取扱いに関する規律の一本化も行われている。

19　対象組織とは、ヘルスプラン、保健医療クリアリングハウス、健康情報を電子的方法で送信する保健医療提供者であるとされる。ここでヘルスプランとは、健康保険等のみならず、その提供主体をも含む概念として定義されている。See 45 C.F.R. §160.103.

20　45 C.F.R. §164.508(a)(1).

21　45 C.F.R. §164.512.

22　45 C.F.R. §164.501.

23　45 C.F.R. §164.512(i)(1)(i).

24　HIPAAプライバシー規則では、この判断の際に考慮すべき要素として、個人識別子の不正利用等からの保護のための適切な計画、個人識別子の破壊に関する適切な計画、及び、PHIが他者に再利用等されないための書面による保証が挙げられている。

25　45 C.F.R. §164.512(i)(2)(ii). なお、個人の承諾取得の免除又は修正を承認する書面には、当該免除又は修正がこれらの基準を満たしたものであることの宣言のほか、委員会が個人の承諾取得の免除又は修正を承認した日付、研究に必要であると認められたPHIの説明、委員会による個人の承諾取得の免除又は修正が法定の審査手続に則って行われたことの宣言等を含むものとされている。

26　See U.S. Dep't of Health & Hum. Servs., *Research*, https://www.hhs.gov/hipaa/for-professionals/special-topics/research/index.html (last visited June 30, 2021) [hereinafter *HHS Research*].

27　45 C.F.R. §164.512(i)(1)(ii). 例えば、研究の設計や研究の実行可能性の評価等のためにPHIの調査を行うといった場合がこれに該当し、この場合、対象組織が研究者に対してPHIへのリモート・アクセスを認めることも可能であるとされる。See *HHS Research*, *supra* note 26.

28　45 C.F.R. §§164.512(i)(1)(iii). なお、この場合、対象組織は研究者に対して、当該PHIの情報主体である死者の死亡証明書の提出を要求することもできる。

29　45 C.F.R. §164.514(e)(2).

30　45 C.F.R. §§164.514(e)(1), (3)(i). このデータ利用契約には、(1)当該データ・セットの受領者が行い得る利用又は開示及び(2)当該データ・セットの利用又は受領を許可される者を規定するとともに、(3)当該データ・セットの受領者の義務として、①受領者が、データ利用契約により許容される以外の情報の利用又は追加的な開示を行わないこと、②そのための適切な保護措置を講ずること、③そうした利用又は開示に気付いた場合には対象組織への報告を行うこと、④当該データ・セットを第三者に提供する場合には当該第三者が受領者と同様の義務を負うようにすること、⑤個人の特定や個人への接触を行わないことを規定することが求められている。See 45 C.F.R. §164.514(e)(4)(ii).

31　HIPAAプライバシー規則における「非識別化」の基準については、第 3 章 21〜22 頁を参照。

32　*HHS Research*, *supra* note 26.

33　45 C.F.R. §§164.508(c)(1), (2).

34　*HHS Research*, *supra* note 26. 2018 年には、米国保健福祉省が、とりわけ将来の研究に関する目的の説明や個人の承諾の有効期限、個人の承諾の撤回のための適切な仕組みやその通知等に関する新たな指針を公表している。See U.S. Dep't of Health & Hum. Servs., *Guidance on HIPAA and Individual Authorization of Uses and Disclosures of Protected Health Information for Research*, https://www.hhs.gov/sites/default/files/hipaa-future-research-authorization-guidance-06122018%20v2.pdf (last visited June 30, 2021). なお、同指針は、「21 世紀治療法」（21st Century Cures Act, Pub. L. 114-255, 130 Stat. 1033）に基づいて策定されたものである。

35　Hintze, *supra* note 10, at 122-124.

36　20 U.S.C. §§1232g(a)(4)(A).「教育記録」とは、学生に直接に関連する情報を含み、教育機関又は教育機関のために行動する人により保管される記録、ファイル、文書その他の資料と定義される。

37　20 U.S.C. §1232g(b)(1).

38　20 U.S.C. §1232g(b)(1)(F).

39　Family Education Rights and Privacy, 34 C.F.R. §99.1 *et seq*.

40　FERPA実施規則では、親権者又は「同意適格を有する学生」（eligible student）、すなわち、18 歳以上の又は大学に通う学生が、教育記録からの個人識別情報の開示について同意をなすものとされている。See 34 C.F.R. §99.30(a).

る組織[41]に対して開示を行う場合である[42]。当該研究は、正当な利益を有する当該組織の代表者以外の個人によって親権者及び学生が識別されないような態様でなされなければならず、研究目的の達成のために個人識別情報が不要になった場合には当該情報を破壊しなければならない[43]。また、教育機関には、研究を実施する組織との間で書面による契約を締結することも義務付けられており、かかる契約は、研究の目的や期間の特定等、FERPA実施規則が定める要件を満たすものであることが求められている[44]。

また、教育的研究の目的で、学生に関する非識別化されたデータを、情報を受領した者が同じ情報源から得た他のデータと照合し得るように各記録にコードを付与して開示することも認められており、この場合も親権者等の同意は不要である[45]。この際、教育機関は当該コードの生成や割当に関する情報や、受領者が当該コードに基づいて学生を識別し得るような情報を開示してはならず[46]、当該コードは教育的研究の目的での記録の特定のためにのみ用いられることが許され、学生の個人識別情報を特定するために用いられてはならない[47]。また、当該コードは学生の社会保障番号その他の個人情報を基に生成されたものであってはならないとする定めも置かれている[48]。

なお、かかる研究目的での教育記録の開示に関する例外規定に加え、FERPA実施規則では、記録が非識別化されている場合[49]、及び、開示される情報が住所氏名録に限定されている場合[50]の例外規定も置かれており、これらに該当する場合にも親権者等の同意を得ずに教育記録の開示が認められているため、これらの規定に依拠して研究目的での個人情報の開示を行うことも可能である[51]。無論、親権者等の同意がある場合にはかかる同意に基づいて研究目的で教育記録から個人情報を開示することも可能であり、この場合、親権者等の署名及び日付が明記され、開示される記録を特定し、開示の目的や開示先を明記した書面による同意を開示の前に取得することが必要とされている[52]。

(3)　研究対象者保護規則における関連規定

これらの個人情報・プライバシー保護のための法規における関連規定に加え、連邦レベルでは、人を対象とする研究について、「コモン・ルール」（Common Rule）と呼ばれる研究対象者保護規則も制定されている。これは、「国家研究法」[53]に基づいて制定された米国の省庁間共通の規則であり[54]、連邦政府の助成金を受けた施設における研究について適用されるものである[55]。同規則における「研究」とは、HIPAAプライバシー規則同様、「一般化可能な知識の発展のために又はそれに貢献するように設計された体系的な調査であり、研究開発、試験検査及び評価を含むもの」[56]と定義され、生物医学研究にとどまらず、広く社会学、行動科学研究を含むものとされている[57]。

研究対象者保護規則は、あくまでも研究対象者を保護するために、原則として研究対象となる個人の研究参加に対するインフォームド・コンセントを求める[58]ことを主とする規則であり、直接に個人情報の保護を目的とするものではない。もっとも、研究対象者保護規則における人を対象とする研究の「人」とは、生存する個人であり、研究を行う者が①当該個人の情報・生体試料を収集、利用若しくは分析する者、又は、②当該個人の個人識別可能なプライバシー情報・個人識別可能な生体試料を収集、利用、研究、分析若しくは生成する者と定義されており[59]、個人情報の処理を含む研究が研究対象者保護規則の規制対象に含まれるという意味において、研究目的での個人情報の利用に関連し得る。上述のように、研究対象者保護規則は個人情報の処理を含む研究について研究対象者のインフォームド・コンセントの取得を義務付けているが、個人識別可能なプライバシー情報・個人識別可能な生体試料の二次的な研究利用や、そのための保存については、例外的に「広範囲の同意」（broad consent）によることが認められており[60]、更に一定の場合にはインフォームド・コンセントを得ずに個人識別可能なプライバシー情報・個人識別可能な生体試料の二次的な研究利用を行うことも認められている[61]。

(4)　CalCPAにおける関連規定

他方で、研究目的での個人情報の利用に関する規定を設ける州法としては、CalCPAが挙げられる[62]。同法は、まず「研究」の定義について、「科学的で体系的な調査及び観察」を意味するものと定義し、これには公益のためのかつ適用可能なあらゆる倫理

及びプライバシー法を遵守する、基礎研究若しくは応用研究、又は、公衆衛生の分野における公益のための研究が含まれると定める[63]。CalCPAは、事業者のサービス又はデバイスでの消費者とのやり取りの過程において研究以外の目的で消費者から収集された個人情報を用いた研究は、幾つかの要件を満たすことが必要であると定めており、これらは大別すると、①個人情報の利用目的に関連する要件、②個人情報の非識別化や仮名化等に関する要件、③個人情報の安全管理に関する要件に区分し得る。まず①については、個人情報を用いた研究が、当該情報が収集された事業上の目的に適合的であることが必要とされ、収集された個人情報はそうした研究のため

にのみ利用されなければならないと定められている[64]。②については、まず、収集された個人情報が、特定の消費者を合理的に識別する、関連する、叙述する若しくは関連付けることができないように、又は、特定の消費者と直接的若しくは間接的に結び付けることができないように、仮名化及び非識別化され、又は、非識別化及び集積情報化されることが求められるとともに[65]、個人情報の再識別化や非識別化された情報の流出を防ぐための保護措置をとることが求められる[66]。③については、収集された個人情報へのアクセスを、事業者が研究を実施するために必要な範囲に限定するための安全管理措置をとることが要求されている[67]。

41　かかる組織には、連邦、州又は地方の機関及び独立した組織が含まれるとされる。*See* 34 C.F.R. §99.31(a)(6)(v).

42　34 C.F.R. §99.31(a)(6)(i).

43　34 C.F.R. §§99.31(a)(6)(iii)(A), (B).

44　同規則は、この書面による契約において、(1)研究の目的、範囲及び期間並びに開示される情報を特定するとともに、(2)研究を実施する組織の義務として、①教育記録に含まれる個人識別情報を、契約に明記された研究目的のみに用いること、②正当な利益を有する組織の代表者以外の個人によって親権者及び学生が識別されないような態様で研究を実施すること、③研究目的の達成のために個人識別情報が不要になった場合には全ての個人識別情報を破壊することを規定し、当該破壊の期限を明示することを求めている。*See* 34 C.F.R. §99.31(a)(6)(iii)(C). また、これらの法定事項に加え、米国教育省の指針で合理的に盛り込むべきものとして幾つかの追加事項も挙げられている。*See* U.S. Dep't of Educ., *The Family Educational Rights and Privacy Act: Guidance for Reasonable Methods and Written Agreements*, https://studentprivacy.ed.gov/sites/default/files/resource_document/file/Guidance_for_Reasonable_Methods%20final_0.pdf, 6-8 (2015) (last visited June 30, 2021).

45　34 C.F.R. §99.31(b)(2).

46　34 C.F.R. §99.31(b)(2)(i).

47　34 C.F.R. §99.31(b)(2)(ii).

48　34 C.F.R. §99.31(b)(2)(iii).

49　34 C.F.R. §99.31(b)(1). 非識別化については、全ての個人識別情報を除去し、教育機関が、当該記録の開示により、他の合理的に利用可能な情報を考慮して、学生が識別されないと合理的に判断することが求められている。

50　34 C.F.R. §99.31(a)(11). この場合、教育機関が住所氏名録に含まれる個人識別情報の種類を指定し、その種類と、親権者等が一定の又は全ての個人識別情報を住所氏名録に含めることを拒否する権利があることと権利行使の期間を親権者等に通知することが求められる。*See* 34 C.F.R. §99.37(a).

51　Hintze, *supra* note 10, at 124-125.

52　34 C.F.R. §§99.30(a), (b). なお、かかる書面による同意については、電子的な形式によりなすことも認められている。*See* 34 C.F.R. §99.30(d).

53　National Research Act of 1974, Pub. L. No. 93-348, 88 Stat. 342.

54　現在、同規則は各省庁において採択されているが、ここでは、米国保健福祉省における規則（45 C.F.R. Part 46）について見る。研究対象者保護規則については、*See e.g.*, Samantha L. Groden et al., *Proposed Changes to the Common Rule: A Standoff between Patient Rights and Scientific Advances?*, 9 J. Health & Life Sci. L. 17 (2016). 邦語文献としては、栗原千絵子「米国における臨床試験規制と研究対象者保護規制」臨床評価45巻2号（2017）455頁を参照。

55　45 C.F.R. §46.101(a).

56　45 C.F.R. §46.102(l).

57　栗原・前掲注(54)457頁、468頁。なお、日本では、人を対象とする研究について、「人を対象とする生命科学・医学系研究に関する倫理指針」（令和3年文部科学省・厚生労働省・経済産業省告示第1号）が策定されている。

58　45 C.F.R. §46.116.

59　45 C.F.R. §46.102(e)(1).

60　45 C.F.R. §46.104(d)(7), (8).

61　45 C.F.R. §46.104(d)(4).

62　CalCPAについては、第1章6頁で述べたように、CalCPAを改正する「2020年カリフォルニアプライバシー権法」（CalPRA）に関する提案、「プロポジション24」が2020年11月に住民投票により可決されているが、同法は2023年1月に施行予定であるため、本稿では現行法（連載執筆時）の条文を前提に解説し、適宜改正内容に言及する。

63　Cal. Civ. Code §1798.140(s).

64　Cal. Civ. Code §§1798.140(s)(1), (7).

65　Cal. Civ. Code §1798.140(s)(2).「非識別化」、「仮名化」及び「消費者集積情報」の定義については、第3章24頁を参照。

66　Cal. Civ. Code §§1798.140(s)(3)-(6).

67　Cal. Civ. Code §1798.140(s)(9). なお、2018年に制定された当初のCalCPAでは、これらの要件に加え、個人情報を用いた研究が商業的な目的のために利用されないことも要求されていたが、この点については様々な研究成果が民間事業者によって利用されていることに鑑みれば現実的にほとんどの研究がCalCPA上の研究に該当しなくなってしまうという批判がなされていた（Hintze, *supra* note 10, at 130-133）。かかる要件は、CalCPAを改正するCalPRA（前掲注(62)を参照）において削除されるに至っている。

こうした「研究」についてCalCPAが適用除外を置くのは、消去権についてである。すなわち、CalCPAは、事業者が消費者から収集した個人情報の消去を求める消費者の権利を規定するが[68]、一定の目的のために事業者が個人情報を保有する必要がある場合には事業者は消去の要求に応ずる義務はないとされており、その一つとして研究目的で個人情報を保有する場合が挙げられている[69]。CalCPAは、一定の研究に従事する目的で個人情報を保有する事業者は、当該情報の消去により当該研究の達成が不可能になる又はその達成に多大な支障が生じる場合で、消費者が当該研究に対してインフォームド・コンセントを付与している場合には、消去要求に応ずる義務はないと規定しており[70]、消去義務に関する研究の場合の例外につき幾つかの要件を掲げている点には留意が必要である。

このように、米国では幾つかの法規において研究目的での個人情報の利用に関する規定が設けられているが、これらの適用対象はそれぞれ限定されたものであり、米国ではこれらの規制に服さない個人情報の研究目的での利用は基本的に自由に行い得るという点を問題視する見解もある。例えば、近時発展している健康管理のためのモバイル・アプリ等の提供事業者が、収集したPHIを研究目的で利用する場合、当該事業者がHIPAAプライバシー規則の適用対象である「対象組織」に該当しない場合も多く、また、連邦政府の助成金を受けていない限りは研究対象者保護規則の適用対象ともならないため、こうした場合も何らかの個人情報保護のための規制が必要であるという指摘がある[71]。また、研究対象者保護規則については、民間事業者による消費者の個人情報を用いた消費者研究の多くが適用対象外となってしまうため、こうした消費者研究も何らかの倫理規範に服すべきであるとして、IRBに準じた「消費者倫理委員会」（Consumer Subject Review Boards）による審査の仕組みを提言する見解等も見られる[72]。

日本における今後の検討との関係では、とりわけ、研究目的での個人情報の利用について例外的な取扱いを認める要件や、利用に付随して求められる保護措置に関連して、個人情報の利用が必要な範囲に限定されることやその契約による担保等を求める

規定が見られることが注目されよう。

Ⅲ　個人情報の公衆衛生目的での利用に関する規制

1.　HIPAAプライバシー規則における関連規定

公衆衛生とは、集団を対象として、疾病予防、健康増進及び生活の質の向上を目指す学問と実践のまとまりであるとされ、疫学、保健医療統計、地域保健・母子保健・高齢者保健等、感染症対策、食品衛生等を含む広い概念である[73]。かかる公衆衛生目的での個人情報の利用に関する規定を置く米国の個人情報・プライバシー保護のための法規としては、HIPAAプライバシー規則が挙げられる。先に見たように、同規則では幾つかの場面において個人の承諾を得ずにPHIの利用又は開示を行うことを認めているが、この一つに、対象組織が公衆衛生活動のために一定の目的でPHIを利用又は開示する場合が挙げられている[74]。具体的にはまず、対象組織は、疾病、傷害若しくは障害の予防又は管理の目的でPHIを収集又は受領する法的権限を有する公衆衛生機関[75]に対して、PHIの開示を行うことが認められる[76]。また、対象組織は、公衆衛生機関の指示に基づき、当該機関と協力して対応を行う外国の政府機関に対してPHIの開示を行うことも認められる[77]。更に、対象組織又は公衆衛生機関に対し、伝染病に感染している者又は疾病に罹患若しくは疾病を流布している危険性のある者への通知が法により義務付けられている場合において、かかる者に対してPHIの開示を行うことも認められる[78]。なお、対象組織が公衆衛生機関である場合には、PHIの開示のみならず、公衆衛生目的のためにこれを利用することも認められている[79]。

HIPAAプライバシー規則は、第5章で述べたように「必要最小限」の原則を掲げ、PHIの利用又は開示等を目的を達成する上で最小限にとどめるための合理的な努力を行うことを、対象組織に求めている[80]。かかる必要最小限の原則に関連して、HIPAAプライバシー規則は、対象組織に対してPHIの開示を必要最小限にとどめるための手続や基準等を定めることを義務付けているが[81]、法で認められた上記の公衆衛生機関に対する開示の場合には、対象組織は、公衆衛生機関が求めるPHIの開

示が目的達成のために必要最小限であるという当該機関の判断に依拠することが認められる[82]。

また、HIPAAプライバシー規則では、こうした疾病等の予防又は管理以外の公衆衛生目的でのPHIの利用又は開示も認められており[83]、例えば対象組織は、児童虐待や育児放棄が疑われる場合に、公衆衛生機関その他の適切な政府機関に対して報告するために、個人の承諾を得ずにPHIを開示することができる[84]。また、対象組織は、米国食品医薬局（Food and Drug Administration：FDA）の規制対象である製品若しくは活動の品質、安全性又は有効性に関連する活動を行う目的のために、PHIをFDAの管轄に服する者に開示することも認められる[85]。

ここで留意が必要なのは、HIPAAプライバシー規則の公衆衛生目的関連規定において個人の承諾を得ずに認められているのは、あくまでもこうした公衆衛生活動のためのPHIの利用又は開示であり、公衆衛生に関する研究に対しては、Ⅱ 2⑴で見た研究目的でのPHIの利用又は開示に関する規定が適用されるという点である。公衆衛生活動と公衆衛生に関する研究とは実際には区分が難しい場合もあるものの、米国においてはこのように公衆衛生活動と研究とを明確に区分して規制が設けられているため、これらを区分するための基準についての議論や指針の提示が行われている[86]。また、例えば疾病の発生原因を突き止めるための調査に、当該疾病の新治療薬の有効性を評価するための研究が組み込まれるなど、当初は公衆衛生活動であったものが事後的に研究活動に発展するような場合には、公衆衛生に関する規定のみならず、研究に関する規定も適用されると解されている[87]。日本ではこれらが必ずしも明確には区別されずに論じられる場合もあり、これらの規定の適用関係の明確化を求める見解もあることに鑑みれば[88]、米国のこうした規制の在り方は今後の検討の際の一つの参考になり得るだろう。

2.　COVID-19 対策のための個人情報の利用と保護を巡る議論動向

最後に、COVID-19 対策のための個人情報の利用

68　Cal. Civ. Code §1798.105(a).

69　Cal. Civ. Code §1798.105(d)(6).

70　*Id.*

71　*See e.g.*, Stacey A. Tovino, *Going Rogue: Mobile Research Applications and the Right to Privacy*, 95 Notre Dame L. Rev. 155, 168-182 (2019).

72　*See* Ryan Calo, *Consumer Subject Review Boards: A Thought Experiment*, 66 Stan. L. Rev. Online 97 (2013) *See also* Polonetsky et al., *supra* note 2, at 341-346.

73　上地賢ほか『図解入門 よくわかる公衆衛生学の基本としくみ〔第 2 版〕』（秀和システム、2020）17〜19 頁。

74　45 C.F.R. §164.512(b)(1).

75　公衆衛生機関とは、その公的な権限の一部として公衆衛生に関わる事項に関する責任を有する、合衆国の政府、州、準州、州若しくは準州の行政的小区域等の機関又は当局、及び、これらの機関の権限やこれらの機関との契約に基づいて行動する人又は組織を指すものとされる。*See* 45 C.F.R. §164.501. これには例えば、州又は地方の健康省、食品医薬局、疾病管理予防センター等が含まれる。*See* U.S. Dep't of Health & Hum. Servs., *Public Health*, https://www.hhs.gov/hipaa/for-professionals/special-topics/public-health/index.html (last visited June 30, 2021) [hereinafter *HHS Public Health*].

76　45 C.F.R. §164.512(b)(1)(i). 疾病、傷害若しくは障害の予防又は管理の目的には、例えば、疾病、傷害又は人の生命に関わる事象の報告や、公衆衛生のための監視、調査又は介入の実施が含まれるとされる。

77　*Id.*

78　45 C.F.R. §164.512(b)(1)(iv).

79　45 C.F.R. §164.512(b)(2).

80　45 C.F.R. §164.502(b)(1).

81　45 C.F.R. §§164.514(d)(3)(i), (ii).

82　45 C.F.R. §164.514(d)(3)(iii)(A). *See also HHS Public Health, supra* note 75.

83　*See HHS Public Health, supra* note 75.

84　45 C.F.R. §164.512(b)(1)(ii).

85　45 C.F.R. §164.512(b)(1)(iii). かかる目的には、例えば、有害事象や製品の欠陥等に関する情報収集又は報告、FDAの規制対象製品の追跡や製品販売後の監視の実施等が含まれるとされる。

86　*See e.g.*, Centers for Disease Control and Prevention, *Guidelines for Defining Public Health Research and Public Health Non-Research* (1999), https://www.cdc.gov/os/integrity/docs/defining-public-health-research-non-research-1999.pdf (last visited June 30, 2021); James G. Hodge, Jr. & Lawrence O. Gostin, *Public Health Practice vs. Research: A Report for Public Health Practitioners Including Cases and Guidance for Making Distinctions* (2004), http://www.cste2.org/webpdfs/CSTEPHResRptHodgeFinal.5.24.04.pdf (last visited June 30, 2021).

87　Centers for Disease Control and Prevention, *HIPAA Privacy Rule and Public Health: Guidance from CDC and the U.S. Department of Health and Human Services* (2003), https://www.cdc.gov/mmwr/preview/mmwrhtml/m2e411a1.htm (last visited June 30, 2021).

88　前掲注⑺「公益目的例外」4〜5 頁。また、個人情報保護法 16 条 3 項 3 号等における「公衆衛生の向上」の意義について、「がんの疫学的研究のように、疾病の予防、治療のための研究等を意味する」（宇賀・前掲注⑷139 頁）とする見解もある。

と保護に関する議論についてごく簡単に触れておく。COVID-19との関係では、例えば感染症検査や、接触者追跡調査（contact tracing）のためにPHIが処理される場合等において、HIPAAプライバシー規則が適用される可能性がある[89]。もっとも、HIPAAプライバシー規則については、米国保健福祉省がCOVID-19による緊急事態との関係で、一定期間、一定の規定について、違反の際の罰則を免除するとしていることに加え、上に見た公衆衛生目的でのPHIの利用又は開示に関する例外規定等が適用され得る[90]。

米国では、COVID-19対策のための医学研究、個人の症状追跡、感染者のヒートマップ作成、公衆の行動追跡等の様々な場面において個人情報の利活用が期待されているが[91]、個人情報・プライバシー保護の観点からとりわけ多くの議論が見られるのは、現在日本を含め各国で導入されている所謂接触確認アプリについてであろう[92]。米国では、国全体で共通の接触確認アプリを導入するのではなく州ごとの対応に委ねられているのが現状であるが[93]、位置情報の収集を伴う接触確認アプリの導入に対しては、先般、携帯電話の利用者の位置情報に関してプライバシーの合理的期待を認めた合衆国最高裁判所のCarpenter判決[94]との関係も踏まえて慎重な姿勢を示す論者が少なくない中で[95]、GoogleとAppleが共同開発した、個人の任意の利用を前提とし、位置情報の収集を行わずにブルートゥースを用いて接触確認を行うアプリは、比較的プライバシーへのリスク

が少ないものとして注目されている[96]。もっとも、当該アプリにおいて用いられるとされる非識別化された個人情報が再識別化されるおそれや、パンデミック中に収集された個人情報が将来的に事業者の商業的な利益のために利用されるおそれ等も指摘されている[97]。こうした中、接触確認アプリに関する個人情報・プライバシー保護のための法案も提出されており[98]、今後の動向が注目される。

Ⅳ　むすびにかえて

本章では、とりわけ研究目的、公衆衛生目的での個人情報の利用に関する規制に焦点を当てて米国の法制度の検討を行った。研究、公衆衛生のいずれも様々な内容や多様な利益を含むものであることに照らせば、今後日本において、これらの目的での利用に関して例外的取扱いを認めるための規定の具体化を進めていく際には、プライバシーを中心とする個人の権利利益の保護と衝突し得るのは具体的に如何なる権利利益なのかという点を丁寧に洗い出した上で、個人情報の利用と保護との衡量を行うことが不可欠となろう。

次章では、個人情報・プライバシー保護に関する監督機関について検討を加える。

＊本章は、「米国における個人情報の研究・公衆衛生目的での利用に関する規制」NBL 1199号（2021年8月）114頁を収録したものである。

89　*See* Tiffany C. Li, *Privacy in Pandemic: Law, Technology, and Public Health in the COVID-19 Crisis*, 52 Loy. U. Chi. L.J. 767, 822-824, 838-839 (2021).

90　例えば、対象組織が、COVID-19に感染した又はその疑いがある患者の事例を疾病管理予防センターに継続的に報告するために、患者の承諾を得ずにPHIを開示すること等が認められる。U.S. Dep't of Health & Hum. Servs., *COVID-19 & HIPAA Bulletin: Limited Waiver of HIPAA Sanctions and Penalties During a Nationwide Public Health Emergency*, 1-2 (2020), https://www.hhs.gov/sites/default/files/hipaa-and-covid-19-limited-hipaa-waiver-bulletin-508.pdf (last visited June 30. 2021).

91　*See Enlisting Big Data in the Fight Against Coronavirus: Hearings before the S. Comm. on Commerce, Sci., & Transp.*, 116th Cong. (2020) (statement of Michelle Richardson, Director of Data and Privacy Project, Center for Democracy and Technology).

92　米国における接触確認アプリとプライバシーに関する論稿としては、*See e.g.*, Jennifer D. Oliva, *Public Health Surveillance in the Context of COVID-19*, 18 Ind. Health L. Rev. 107 (2021), Divya Ramjee et al., *COVID-19 and Digital Contact Tracing: Regulating the Future of Public Health Surveillance*, 2021 Cardozo L. Rev. de novo 101 (2021).

93　Congressional Research Service, *Digital Contact Tracing Technology: Overview and Considerations for Implementation*, 1 (2020), https://crsreports.congress.gov/product/pdf/IF/IF11559 (last visited June 30. 2021).

94　Carpenter v. United States, 138 S. Ct. 2206, 2216-2219 (2018).

95　*See e.g.*, Oliva, *supra* note 92, at 120-121, Ramjee et al., *supra* note 92, at 139-143; Alan Z. Rozenshtein, *Disease Surveillance and the Fourth Amendment*, Lawfare (Apr. 7, 2020), https://www.lawfareblog.com/disease-surveillance-and-fourth-amendment (last visited June 30. 2021).

96　Oliva, *supra* note 92, at 115.

97　Allie Gottlieb, *Public Health Versus Privacy*, The Regulatory Review (May 14, 2020), https://www.theregreview.org/2020/05/14/gottlieb-public-health-versus-privacy/ (last visited June 30. 2021).

98　Congressional Research Service, *supra* note 93, at 2.

第9章

米国における個人情報・プライバシー保護監督機関
——FTCを中心に

I　はじめに
II　FTCの組織及び監督権限
III　FTCの法執行例
IV　近時の議論動向
V　むすびにかえて

I　はじめに

　第9章では、米国における個人情報・プライバシー保護監督機関について検討を加える。日本では、「個人情報の保護に関する法律」[1]（以下「個人情報保護法」という）の下で個人情報保護委員会が監督機関としての役割を担っているが、個人情報保護法の令和3年改正[2]により公的部門と民間部門の規律が一本化されたことを受け、個人情報保護委員会が公的部門、民間部門双方を監督することとなった。また、グローバル社会において個人情報・プライバシー保護の分野における国際的な協調の重要性も増す中で、その役割は益々大きくなっている。本稿で見てきたように、米国では分野ごとに個別の法律を制定するアプローチが採られているため、監督機関も各制定法ごとに異なっているのが現状であるが[3]、とりわけ民間部門については、消費者保護の見地から個人情報・プライバシー保護に関する法執行を行う連邦取引委員会（Federal Trade Commission：FTC）が、連邦における個人情報・プライバシー保護のための「事実上の」（de facto）監督機関としての役割を果たしていると言われており[4]、これに関連する法制度や監督機関としての権限及び法執行の現状を把握しておくことは重要な意義を有する[5]。

　そこで本稿では、米国における個人情報・プライバシー保護監督機関について、とりわけFTCに焦点

1　平成15年法律第57号。

2　これは、令和3年5月12日に成立した「デジタル社会の形成を図るための関係法律の整備に関する法律」（令和3年法律第37号）による改正である。

3　例えば、「1996年医療保険の相互運用性と説明責任に関する法律」については米国保健福祉省が、「1934年通信法」については連邦通信委員会が、法執行権限を有している。詳しくは、石井夏生利ほか編著『個人情報保護法コンメンタール』（勁草書房、2021）40条【US】（松前恵環）を参照。

4　Daniel J. Solove & Woodrow Hartzog, *The FTC and the New Common Law of Privacy*, 114 COLUM. L. REV. 583, 600 (2014).

5　なお、公的部門については、米国行政管理予算局が「1974年プライバシー法」に関する指針の策定やその実施の監督を行っている。*See* 5 U.S.C. 552a(v).

を当てて検討を加える。まずⅡでFTCの組織及び監督権限について整理した上で、Ⅲでは具体的な法執行例に関して検討を加える。最後にⅣでは、米国における個人情報・プライバシー保護監督機関を巡る近時の議論動向について触れておくこととしたい。

Ⅱ　FTCの組織及び監督権限[6]

1.　FTCの組織

　FTCは「1914年連邦取引委員会法」[7]（FTC法）に基づいて設置された独立行政委員会である[8]。FTCは、大統領の指名を受け、上院の助言及び同意を得た5名の委員で構成され、このうち、同じ政党のメンバーが3名を超えることは認められていない[9]。これは、組織の構成について委員の政治的背景の多様性を要求することで、政治的な影響からの独立性を保障しようとするものであると言われる[10]。FTCの委員の任期は7年であり、委員に不適格、任務懈怠又は職務上の不法行為があった場合には、大統領がこれを解任し得る[11]。FTCの委員長は、大統領により委員の中から選任され、委員会の各部署の長を含む職員の指名及び監督、委員会業務の各部署への分配並びに資金の運用支出等を含む広範な権限を有している[12]。

　委員会は、秘書官を選任することができるほか、その職務の適切な遂行に必要と考える場合には、都度、議会の予算承認を得て、専門家を含む職員を雇い、その報酬を定める権限を有する[13]。FTCの職員には、弁護士、エコノミスト、調査員、パラリーガル等の専門家が含まれるが[14]、近時の情報技術の進展等に伴い、技術専門家の増員の必要性も指摘されている[15]。

　FTCには、その任務を遂行するために、競争局、消費者保護局及び経済局の三つの局が置かれている[16]。このうち、個人情報・プライバシーの保護に関する業務を取り扱うのは消費者保護局であり、消費者保護に関する各法律の執行等を行っている[17]。2021年7月現在、同局には以下の八つの部、すなわち、プライバシー・アイデンティティ保護部、広告慣行部、マーケティング慣行部、金融慣行部、法執行部、訴訟技術分析部、消費者・事業者啓発部、消費者対応・運営部が置かれている[18]。このうち、

訴訟技術分析部については、FTCは2015年に科学技術職員を擁する技術研究調査室を設置し[19]、上述の技術専門家の必要性に対応している。

　なお、FTC法には、秘密保持に関連する規定として、FTCがその強制手続に基づく調査[20]によって得た資料の管理に関する定めや、機密情報の取扱いに関する定め[21]に加え、委員会の職員又は従業者が、委員会が得た情報を権限なく公開した場合の罰則規定[22]等も置かれている。

2.　FTCの監督権限

　FTCは、競争の促進と消費者保護という二つの任務を帯びる機関であり[23]、個人情報・プライバシーの保護に関する監督は、このうち消費者保護の見地から行われているものである。FTCは元々、競争法の分野の監督機関であったが、消費者保護運動の高まりとともに消費者保護に関する取組みも行うようになり、特に1990年代からはプライバシー保護に積極的に取り組んできたと言われる[24]。かかる消費者保護のために、FTCは、調査の実施、違法行為を行った者の訴追、規則の制定、消費者や事業者の啓発等を行っているが[25]、こうしたFTCの権限の主要な法的根拠となるのはFTC法5条である。すなわち、同法同条は、「商取引における又は商取引に影響を及ぼす、不公正（unfair）若しくは欺瞞的な（deceptive）行為又は慣行は違法であることを、ここに宣言する」[26]と規定し、これらの行為又は慣行を防ぐ権限をFTCに付与している[27]。FTC法は広く営利団体に適用され得るが、学校等の非営利団体は適用対象外であると解されており[28]、金融機関、電気通信事業者、航空事業者等はFTCの管轄外である[29]。また、FTCは、消費者保護に関する個別の法律の執行権限をも有しており、これには、本稿で取り上げてきた「1970年公正信用報告法」[30]（FCRA）、「1999年金融サービス近代化法」[31]（GLBA）、「1998年子どもオンラインプライバシー保護法」[32]（COPPA）等が含まれる[33]。

　FTCの監督権限のうち主要なものとしては、調査、法執行及び規則制定の各権限が挙げられる[34]。以下、それぞれ検討を加える。

(1)　調　査
　まず、一般的な調査権限として、FTCは合衆国

内においてその義務の履行に必要な調査を行う権限を有するほか[35]、関連する情報を収集し、商取引に従事する又はその事業が商取引に影響を及ぼす者の組織、事業、行為、慣行及び経営について調査する権限を有する[36]。かかる調査は通常は非公開で行われ[37]、何らかの違法行為の兆候がない場合において

も広範な事業分野に対して行い得る[38]。FTCによる調査は、大統領、議会、政府機関若しくは司法長官の要求、裁判所からの事件の送致、市民からの苦情又は自身のイニシアチブに基づいて、開始し得るが[39]、FTCの限られた人員及び予算のため、実際には消費者やメディアからの非公式の苦情が調査の発

6　この項の記述は、石井ほか編著・前掲注(3) 40〜46 条, 59〜74 条【US】（松前恵環）を基にしたものである。FTCに関しては、See e.g., CHRIS J. HOOFNAGLE, FEDERAL TRADE COMMISSION: PRIVACY LAW AND POLICY (2016); William E. Kovacic & Marc Winerman, *The Federal Trade Commission as an Independent Agency: Autonomy, Legitimacy, and Effectiveness*, 100 IOWA L. REV. 2085 (2015); Woodrow Hartzog & Daniel J. Solove, *The Scope and Potential of FTC Data Protection*, 83 GEO. WASH. L. REV. 2230 (2015); Solove & Hartzog, *supra* note 4. 主要な邦語文献としては、石井夏生利『新版 個人情報保護法の現在と未来：世界的潮流と日本の将来像』（勁草書房、2017）408〜421 頁；小向太郎「米国FTCにおける消費者プライバシー政策の動向」情報通信政策レビュー8 巻（2014）100 頁等を参照。

7　Federal Trade Commission Act of 1914, Pub. L. No. 63-203, 38 Stat. 717.

8　16 C.F.R. §0.1.

9　15 U.S.C. §41.

10　Kovacic & Winerman, *supra* note 6, at 2098.

11　15 U.S.C. §41.

12　委員長の権限について、詳しくは、石井ほか編著・前掲注(3) 67 条【US】を参照。

13　15 U.S.C. §42.

14　*See* Federal Trade Commission, *Work at the FTC*, https://www.ftc.gov/about-ftc/careers-ftc/work-ftc (last visited July 31, 2021). *See also* Federal Trade Commission, *Fiscal Year 2016 Performance Report and Annual Performance Plan for Fiscal Years 2017 and 2018*, 44 (2017), https://www.ftc.gov/system/files/documents/reports/fy-2017-18-performance-plan-fy-2016-performance-report/fy18_cbj_apr-app.pdf (last visited July 31, 2021).

15　Priscilla M. Regan, *Pathways to Information Privacy Policy: Pluralist vs Expert?*, 35 BERKELEY TECH. L.J. 717, 732-733, 738-739.

16　これらの局の業務を補佐する役割を担う部署として、「議会関係室」、「広報室」、「個人情報保護管理責任者室」、「政策企画室」、「国際室」、「秘書官室」、「法律顧問室」、「地方事務所」、「事務局長室」、「行政法審判官室」、「監査官室」、「雇用機会均等室」も設置されている。*See* Federal Trade Commission, *Bureaus & Offices*, https://www.ftc.gov/about-ftc/bureaus-offices (last visited July 31, 2021).

17　*Id.*

18　Federal Trade Commission, *Bureau of Consumer Protection: Our Divisions*, https://www.ftc.gov/about-ftc/bureaus-offices/bureau-consumer-protection/our-divisions (last visited July 31, 2021).

19　Jessica Rich, *BCP's Office of Technology Research and Investigation: The next generation in consumer protection* (Mar. 23, 2015), https://www.ftc.gov/news-events/blogs/business-blog/2015/03/bcps-office-technology-research-investigation-next (last visited July 31, 2021). 同室では、独立した調査の実施、新しい技術に関する消費者保護問題の検討、技術専門家の見地からの助言や職員の訓練等を行っている。*See* Federal Trade Commission, *Office of Technology Research and Investigation*, https://www.ftc.gov/about-ftc/bureaus-offices/bureau-consumer-protection/office-technology-research-investigation (last visited July 31, 2021).

20　FTCが行う調査については、以下のⅡ 2 (1)を参照。

21　15 U.S.C. §57b-2.

22　15 U.S.C. §50. 秘密保持に関連する規定について、詳しくは、石井ほか編著・前掲注(3) 72 条【US】を参照。

23　Federal Trade Commission, *About the FTC: What We Do*, https://www.ftc.gov/about-ftc/what-we-do (last visited July 31, 2021).

24　HOOFNAGLE, *supra* note 6, at 31-53, 73-81.

25　Federal Trade Commission, *supra* note 23.

26　15 U.S.C. §45(a)(1).

27　15 U.S.C. §45(a)(2). 不公正若しくは欺瞞的な行為又は慣行には、合衆国内において合理的に予見可能な損害を引き起こす若しくは引き起こす可能性がある又は合衆国内で起こった実質的な行為を含む、外国の商取引も含まれる。*See* 15 U.S.C. §45(a)(4)(A).

28　DANIEL J. SOLOVE & PAUL M. SCHWARTZ, INFORMATION PRIVACY LAW 869 (7th ed. 2021).

29　15 U.S.C. §45(a)(2).

30　Fair Credit Reporting Act of 1970, Pub. L. No. 91-508, 84 Stat. 1127.

31　Financial Services Modernization Act of 1999, Pub. L. 106-102, 113 Stat. 1338.

32　Children's Online Privacy Protection Act of 1998, Pub. L. No. 105-277, 112 Stat. 2681.

33　これらの法律については、FTCに加え、FTC以外の監督機関も法執行権限を有している場合がある。詳しくは、石井ほか編著・前掲注(3) 40 条【US】を参照。なお、2021 年 7 月 31 日現在、FTCが法執行又は監督権限を有する法律は 70 本以上であるとされる。*See* Federal Trade Commission, *Statutes Enforced or Administered by the Commission*, https://www.ftc.gov/enforcement/statutes (last visited July 31, 2021).

34　Federal Trade Commission, *A Brief Overview of the Federal Trade Commission's Investigative, Law Enforcement, and Rulemaking Authority*, https://www.ftc.gov/about-ftc/what-we-do/enforcement-authority (2021) (last visited July 31, 2021) [hereinafter *FTC Law Enforcement Overview*]. FTCに付与されるその他の権限としては、情報の公開や報告、外国の法執行機関に対する調査支援、刑事事件に関する証拠の送致等が定められている。*See* 15 U.S.C. §46.

35　15 U.S.C. §43.

36　15 U.S.C. §46(a).

37　*FTC Law Enforcement Overview*, *supra* note 34.

38　HOOFNAGLE, *supra* note 6, at 102.

39　16 C.F.R. §2.1.

端となっていると言われる[40]。

　かかる調査の手続には、任意手続及び強制手続がある[41]。任意手続は主に、FTCの職員である弁護士が任意のアクセス・レターを送付し、情報提供を求めるという形で進められる。他方で、強制手続に基づく調査には、召喚状、民事調査請求（civil investigative demand）、書類へのアクセス命令、報告書の提出命令等に基づく調査が含まれるが[42]、そのうち、FTC法5条の不公正若しくは欺瞞的な行為又は慣行に関する調査において専ら用いられるのは、民事調査請求であり[43]、FTCは、ある者が、不公正若しくは欺瞞的な行為又は慣行に関連する文書若しくは物を所有、保管又は管理している、又は、情報を保持している、と信ずるに足る理由がある場合には、かかる者に対して書面で民事調査請求を発出することができる[44]。民事調査請求では、調査及び複写のための文書の提示、物の提出、質問に対する書面での報告又は回答の提出、文書その他の情報に関する口頭での証言を要求することができるとともに、これらの資料の提出、回答又は証言をあわせて要求することも可能である[45]。対象者が民事調査請求に従わない場合には、FTCは、合衆国地方裁判所に執行命令を求める申立てを行うことができる[46]。

(2)　行政的又は司法的執行

　かかる調査に続き、FTCは、違法行為が行われていると信ずるに足る合理的な理由がある場合には、行政的又は司法的な執行手続を開始する[47]。まず、行政的執行について見ると、FTCは、不公正若しくは欺瞞的な行為又は慣行が行われており、手続を開始することが公共の利益に資すると信ずるに足る理由がある場合には、対象者に対して、その嫌疑の内容と聴聞の日付及び場所の通知を含む申立書を発出し送達する[48]。申立てを受けた者には「同意命令」（consent order）を通じた和解により事案の解決を図ることも認められており[49]、和解内容についてFTCと合意に至った場合、FTCは、30日間の意見公募を含む所定の手続を経て同意命令を発出する[50]。プライバシーに関する事案のほとんどはかかる和解の手続によって解決されると言われており[51]、この理由としては、事業者には時間やリソースの観点から争うインセンティブが少ないことや、和解によれば不正行為を認める必要がないために社

会からの否定的な評価を避けられること等が指摘されている[52]。同意命令には、一般的に、一定の行為の禁止や是正、制裁金の支払い、FTCへの報告やFTCによる監査といった要素が含まれる[53]。

　他方で、申立てを受けた者が争う場合には行政審判手続が開始されることとなり、行政法審判官は、聴聞を行った後、排除措置命令（cease and desist order）の発出又は申立ての取下げを勧告する第一次決定を下す[54]。当事者は第一次決定に対してFTCに不服申立てを行うことができ、この場合FTCは、不服申立人に申立理由書を提出させ、口頭弁論を開いた上で、最終審決を行い[55]、違法行為が認定された場合には排除措置命令を発出することができる[56]。かかる命令を受けた者は、当該命令の送達の日から60日以内に合衆国控訴裁判所に対して不服申立てを行うことができ[57]、当該期間内に適法な申立てがなされない場合には、排除措置命令は確定する[58]。更に、当事者は合衆国控訴裁判所の判断に対して合衆国最高裁判所に再審査を求めることも可能である[59]。

　FTCの命令に違反した者は、各違反につき1万ドル以下の民事制裁金を支払わなければならない[60]。また、FTCは、ある行為又は慣行について、それが不公正又は欺瞞的であるとして最終的な排除措置命令を発出した場合には、当該命令の確定後にかかる行為又は慣行を行った者に対し、当該者が当該命令の対象者以外の者であったとしても、民事制裁金を徴収するための民事訴訟を合衆国地方裁判所に提起し得る[61]。更に、FTCは、排除措置命令の対象となった違法行為を行った者に対し、消費者等が被った被害を回復するための救済措置を求めて、合衆国地方裁判所に民事訴訟を提起することもできる[62]。

　かかる行政的執行とは別に、FTC法13条(b)では、FTCがFTC法5条違反の行為について、直接裁判所に訴訟提起し得る司法的執行の権限も認められている。すなわち、FTCは、違法行為が行われており、差止を行うことが公共の利益に資すると信ずるに足る理由がある場合には、合衆国地方裁判所に対しかかる行為の差止を求める訴訟を提起し、暫定的差止命令、又は、適切な場合には終局的差止命令を求めることができる[63]。かかる司法的執行について

は、比較的迅速に差止命令等の救済を得ることができるとともに、FTC自身が判断を下す行政審判とは異なり、裁判所により正当性が付与されるという利点が指摘されており、プライバシーの領域では、FTCの法執行の対象となる事案の半数以上は裁判所に持ち込まれていると言われる[64]。

これまでFTCは、FTC法13条(b)の終局的差止命令を求める場合に、あわせて衡平法上の金銭的救済として、被害者への被害額の返還を求める原状回復請求や、違法行為を行った者に対する不当利得の吐き出し（disgorgement）の請求を行ってきており、裁判所もこれを認めてきた[65]。しかし、近時、こうした衡平法上の請求に対して消極的な判例が見られるようになっており、2021年4月には、合衆国最高裁判所が、FTC法13条(b)の文言及び趣旨並びにFTC法の解釈からは、FTCがFTC法13条(b)に基づいて裁判所から金銭的な救済を得る権限は導かれないという判断を下している[66]。

(3)　規則制定

こうした法執行権限に加え、FTCには規則制定権も付与されている。すなわち、FTCは、①不公正若しくは欺瞞的な行為又は慣行に関する、解釈的規則及び政策に関する一般的な声明、及び、②不公正若しくは欺瞞的な行為又は慣行に該当する行為又は慣行を定義する規則を、制定することができる[67]。①の解釈的規則の制定に関しては、FTCが、提案する規則案の主題となる不公正若しくは欺瞞的な行為又は慣行が広く行われているものであると信ずるに足る理由を有している場合に限り、規則制定手続を開始し得る[68]。またこの場合、FTCは、提案する規則案に関する通知の公表に先立ち、連邦官報に、その概要や目的等を含む事前通知を掲載し、利害関係者の意見を求めなければならない[69]。一方、②の定義規則の制定に関しては、(ⅰ)提案する規則案に関する通知を公表した上で、(ⅱ)利害関係者が基礎資料、見解及び主張を書面で提出することを認めるとともにそれらの書類を公表し、(ⅲ)非公式の聴聞を

40　Solove & Hartzog, *supra* note 4, at 609.

41　Hoofnagle, *supra* note 6, at 105-109; *FTC Law Enforcement Overview, supra* note 34.

42　16 C.F.R. §2.7(a)(3).

43　16 C.F.R. §2.7(b). *See FTC Law Enforcement Overview, supra* note 34.

44　15 U.S.C. §57b-1(c)(1).

45　*Id.*

46　15 U.S.C. §57b-1(e).

47　*FTC Law Enforcement Overview, supra* note 34.

48　15 U.S.C. §45(b).

49　16 C.F.R. §2.31.

50　16 C.F.R. §2.34. この場合、当事者は、法的な再審査を求める又は当該命令の有効性を争う権利を放棄することとなる。*See* 16 C.F.R. §2.32.

51　Hoofnagle, *supra* note 6, at 111; Solove & Hartzog, *supra* note 4, at 610-611.

52　Solove & Hartzog, *supra* note 4, at 611-613.

53　*Id.* at 613-614.

54　*FTC Law Enforcement Overview, supra* note 34.

55　16 C.F.R. §3.52.

56　15 U.S.C. §45(b).

57　15 U.S.C. §45(c).

58　15 U.S.C. §45(g).

59　15 U.S.C. §45(c).

60　15 U.S.C. §45(l). この民事制裁金は、合衆国司法長官が提起する民事訴訟によって回収され、合衆国に帰属する。

61　15 U.S.C. §45(m)(1)(B). この場合、当事者が、当該行為又は慣行が違法であると認識しながらこれを行っていたことが必要とされる。

62　15 U.S.C. §§57b(a)(2), (b). かかる救済措置が認められるためには、FTCは、当該行為が、合理的な人間ならばその状況下でこれを行うことが不誠実又は詐欺的であると認識していたと認められるものであったことを証明しなければならない。

63　15 U.S.C. §53(b).

64　Hoofnagle, *supra* note 6, at 110.

65　Federal Trade Commission, *Prepared Statement of the Federal Trade Commission: Oversight of the Federal Trade Commission, before the S. Comm. on Commerce, Sci., & Transp.*, 3-4 (2020), https://www.ftc.gov/system/files/documents/public_statements/1578963/p180101testimonyftcoversight20200805.pdf (last visited July 31, 2021)[hereinafter *FTC Prepared Statement*].

66　AMG Capital Mgmt., LLC v. FTC, 141 S. Ct. 1341, 1344, 1347-1349 (2021).

67　15 U.S.C. §57a(a)(1).

68　15 U.S.C. §57a(b)(3).

69　15 U.S.C. §57a(b)(2).

行う機会を提供し、(iv)適切な場合には、基本的な考え方や目的の宣言とともに最終的な規則を公布する、といった手続をとることが必要とされている[70]。

また、FTCはその執行権限を有する他の法律に基づく規則制定権も有しており、この法律には、先述のFCRA、GLBAやCOPPA等が含まれる[71]。かかる権限に基づき、FTCは、これまで本稿でも見てきたように幾つかの規則を制定しており、例えばGLBAについては、個人情報の安全管理に関する「顧客情報の安全保護のための基準」[72]を制定しているほか、COPPAについては、「子どもオンラインプライバシー保護規則」[73]が制定されている。

Ⅲ　FTCの法執行例

こうした監督権限に基づき、FTCはこれまで多数の法執行を行ってきている。FTCの法執行はその対象者以外を拘束するものではなく、FTCの判断にも厳密な一貫性が求められる訳ではないが、実際には、FTCの法執行は法的に安定した態様で行われており、実務において、FTCの法執行例は先例として重視されていると言われる[74]。こうした点に鑑み、D. J. ソロブとW. ハーツォグは、FTCの法執行例は、米国の個人情報・プライバシー保護法制における一種のコモン・ローとしての機能を担っていると評価している[75]。以下、FTCの法執行例について概観する。

1.　プライバシー保護一般に関する法執行例

ここまで見てきたように、FTCの法執行権限の主要な根拠となるのは、不公正若しくは欺瞞的な行為又は慣行を禁ずるFTC法5条であり、ここでは「不公正」又は「欺瞞的」という二つの法理[76]が重要になる。FTCがとりわけ初期に中心的に用いていたと言われるのが「欺瞞的」法理であり、FTCの政策声明によれば、ある行為又は慣行が欺瞞的であるためには、①消費者を誤解させる可能性のある虚偽、不作為その他の慣行であること、②ある行為又は慣行の解釈は、合理的な消費者の見地からなされること、③当該虚偽、不作為その他の慣行が、重要なものであることが必要であるとされる[77]。前出ソロブとハーツォグによれば、かかる「欺瞞的」法

理による法執行例の中心はプライバシー・ポリシー違反であり、これまで、個人情報の機密保持や安全管理、第三者への開示、匿名性の維持等の点における誓約違反が問題とされてきた[78]。近時、FTCは「欺瞞的」法理による法執行の範囲を拡大しており、こうしたプライバシー・ポリシー違反の事案に加え、詐欺的な手段による個人情報の取得や、プライバシーを侵害し得る行為に関する不十分な通知等の事案にも、同法理を適用していると言われる[79]。不十分な通知については、米国の自主規制において情報主体への通知及び情報主体の選択の確保が重視されていることから、消費者に対する「不意打ち」となるような不十分な通知については取り締まりの対象となると言われており[80]、総合小売大手のSearsが対象となった事案のように、個人情報の収集について消費者への通知を行っていたものの、長い利用規約の一部に極めて分かりにくい態様で表示していたことが欺瞞的と判断された例も見られる[81]。

一方、不公正な行為又は慣行とは、FTC法において、当該行為又は慣行が消費者に実質的な損害をもたらす又はもたらす可能性があるものであり、かかる損害が消費者自身によっては合理的に回避できず、かつ、当該行為又は慣行に伴う消費者の又は競争上の対抗利益が損害を上回らないものを意味すると定義されており[82]、今日、FTCは、ある行為又は慣行が不公正であるための要件として、①消費者への実質的な損害があること、②対抗利益が当該損害を上回らないこと、②当該損害が消費者により合理的に回避できないこと、の三つの要件に基づき判断を行っているとされる[83]。実際の判断の際には、FTCは①の要件に重点を置いていると言われ、一般的に、金銭的な又は健康や安全に関するリスクは実質的な損害と評価されるのに対し、個人の感情等に関する主観的な損害は実質的な損害と評価されないことが多い[84]。また、FTC法では、ある行為又は慣行が不公正であるかどうかを決する際に、制定法、コモン・ロー、産業界の慣行等により確立された公序良俗を考慮することも求められており[85]、通常、①の要件の有無を判断する際に検討されると言われる[86]。

かかる「不公正」法理に基づくFTCの法執行例は2000年代頃から増加し、プライバシー・ポリ

シーの遡及的変更、データの不適切な利用、不公正な設計、不公正な情報セキュリティ慣行といったものが含まれると言われる[87]。プライバシー・ポリシーの遡及的変更に関する代表例はGateway事件[88]であり、消費者の明示の同意なくして第三者への個人情報の販売を行わないとしていたプライバシー・ポリシーを、消費者に第三者への販売からのオプトアウトを求めるように変更した点が、不公正と判断されている。また、不公正な設計に関する代表的な事案は、Frostwire事件であり、本件では、初期設定で様々なファイルがインターネット上で共有されるように設定されていたアプリケーションの設計が不公正であるとされた[89]。情報セキュリティに関しては、情報セキュリティに関するプライバシー・ポリシー違反が問題となった初期の事案において「欺瞞的」法理により処理された例もあるが[90]、同法理の適用はプライバシー・ポリシー等における明確な誓約が前提であるところ、その内容が広範にわたる

ため明確な誓約をなすことが容易ではない情報セキュリティの事案については、同法理では適切に対処しにくいと言われており[91]、近時は、「不公正」法理による対応がなされるようになっている[92]。代表例はWyndham事件であり、FTCは、ホテル企業であるWyndhamが、合理的かつ適切な安全措置を講じずに消費者の個人情報を漏洩させるに至ったことを、不公正と判断した[93]。なお、本件においてWyndhamは、FTCには「不公正」法理による情報セキュリティに関する法執行権限がないとして争ったが、裁判所はFTCの法執行権限を認めている[94]。

　近時の事案としては、Facebookが、個人情報の公開の可否やその範囲について、実際にはユーザがコントロールできないにもかかわらずコントロールし得るように偽ったとして、50億ドルの民事制裁金の支払いを命じられた2019年の事案があり、消費者のプライバシーを侵害した事業者に対する制裁金

70　15 U.S.C. §57a(b)(1).

71　石井ほか編著・前掲注⑶74条【US】を参照。

72　Standard for Safeguarding Customer Information, 16 C.F.R. §314.1 *et seq.*

73　Children's Online Privacy Protection Rule, 16 C.F.R. §312.1 *et seq.*

74　Solove & Hartzog, *supra* note 4, at 619-625.

75　*Id.* at 619-620. なお、ソロブとハーツォグは、FTCの法執行例に加え、FTCが公表する各種の指針、報道発表、ワークショップ及びホワイト・ペーパーといったものも、米国の個人情報・プライバシー保護に関する「ソフト・ロー」として重要な役割を担っていると指摘している。*See Id.* at 625-627.

76　これらは、FTC法5条が禁ずる行為又は慣行の要素であるものの、FTCによる法執行例の蓄積を経て、とりわけ「不公正」に関しては 'doctrine' として位置付けられる場合も見られるようになっているため、ここでは、「法理」の語を用いて論を進めることとしたい。*See e.g.,* J. Howard Beales, *The FTC's Use of Unfairness Authority: Its Rise, Fall, and Resurrection* (2003), https://www.ftc.gov/public-statements/2003/05/ftcs-use-unfairness-authority-its-rise-fall-and-resurrection (last visited July 31, 2021); Solove & Hartzog, *supra* note 4, at 627-643; Stuart L. Pardau & Blake Edwards, *The FTC, the Unfairness Doctrine, and Privacy by Design: New Legal Frontiers in Cybersecurity*, 12 J. Bus. & Tech. L. 227 (2017).

77　Federal Trade Commission, *FTC Policy Statement on Deception* (1983), https://www.ftc.gov/system/files/documents/public_statements/410531/831014deceptionstmt.pdf (last visited July 31, 2021).

78　Solove & Hartzog, *supra* note 4, at 628-630.

79　*Id.* at 628-638; Hoofnagle, *supra* note 6, at 163-166.

80　*See* Hoofnagle, *supra* note 6, at 164.

81　Complaint at 1-5, *In re* Sears Holdings Mgmt. Corp., File No. 082 3099, No. C-4264 (F.T.C. Aug. 31, 2009).

82　15 U.S.C. §45(n).

83　Hoofnagle, *supra* note 6, at 132-133.

84　Solove & Hartzog, *supra* note 4, at 639.

85　15 U.S.C. §45(n). *See also* Federal Trade Commission, *FTC Policy Statement on Unfairness* (1980), https://www.ftc.gov/public-statements/1980/12/ftc-policy-statement-unfairness (last visited July 31, 2021).

86　Solove & Hartzog, *supra* note 4, at 639-640.

87　*Id.* at 640-643; Hoofnagle, *supra* note 6, at 160-163.

88　Complaint at 5, *In re* Gateway Learning Corp., File No. 042 3047, No. C-4120 (F.T.C. Sep. 10, 2004).

89　Complaint for Permanent Injunction and Other Equitable Relief at 19-20, FTC v. Frostwire, LLC, No. 1:11-cv-23643 (S.D. Fla. Oct. 7, 2011).

90　*See e.g.,* Complaint for Permanent Injunction and Other Equitable Relief paras. 43-44, FTC v. Rennert, No. CV-S-00-0861-JBR (D. Nev. July 12, 2000).

91　Hoofnagle, *supra* note 6, at 225.

92　*See* Solove & Hartzog, *supra* note 4, at 636-638.

93　First Amended Complaint for Injunctive and Other Equitable Relief at 19, FTC v. Wyndham Worldwide Corp., No. 2:12-cv-01365-PGR (D. Ariz. Aug. 9, 2012). もっとも、本件では、「不公正」な行為のみならず、「欺瞞的」な行為も問題とされている。

94　FTC v. Wyndham Worldwide Corp., 799 F.3d 236, 247-249 (2015). 本件は、FTCの法執行例の多くが先に述べたように和解に帰着する中で、数少ない係争例の一つである。

としては最も高額なものとして注目されている[95]。

2.　個別の制定法等に関する法執行例

　こうしたFTC法5条の執行権限に加え、FTCは、先述のように幾つかの個人情報・プライバシー保護のための制定法の執行権限をも有している。また、第7章で取り上げた、米国と欧州連合（European Union：EU）間の「プライバシー・シールド」に代表されるような、所謂越境データ移転に関する国際的な枠組み[96]についても執行権限を付与されており、これらに関しても複数の執行例が見られる[97]。

　まず、FCRAに関しては、FTCは、第6章でも言及した2012年のSpokeo事件[98]を含め、これまでに100件以上の法執行を行ってきているとされる[99]。2021年4月には、スマート・ホーム企業であるVivintがFCRAに違反して消費者報告を不正に入手したとして、FCRA違反としては最大の2,000万ドルの制裁金の支払いが命じられている[100]。一方、GLBAに関しては、2005年から35件程度の法執行が行われており[101]、2019年には、1億4,700万人の個人情報が漏洩しID窃盗の被害も生じたEquifaxの2017年の個人情報漏洩事件に関して、Ⅱ2(3)で言及した「顧客情報の安全保護のための基準」違反で法執行が行われており、Equifaxは和解により少なくとも5億7,500万ドルの制裁金を支払うことに合意している[102]。

　COPPAについては2000年から34件の法執行が行われているが[103]、近時、世間の耳目を集めた事案としては、2019年のGoogleとYouTubeに対する法執行例が挙げられる。本件は、YouTubeが親権者等の同意を得ずに13歳未満の子どもの個人情報を収集していたことにつきCOPPA違反の申立てがなされたものであり、最終的には和解によりGoogleとYouTubeに1億7,000万ドルの制裁金の支払いが義務付けられている[104]。COPPAに関する和解事案の特徴としては、制裁金が比較的高額になる傾向があることや、同意命令において、不正に収集された子どもの個人情報の消去が要求される場合が多いことが指摘されている[105]。

　また、個人情報・プライバシー保護のための国際的な枠組みに関しては、FTCはこれまでに66件の法執行を行っており、これには、米国とEUとの間の「セーフ・ハーバー」協定に関するもの、「プライバシー・シールド」の枠組みに基づくもの、アジア太平洋経済協力（Asia-Pacific Economic Cooperation）における越境プライバシー・ルール（Cross-Border Privacy Rules）に基づくものが含まれる[106]。こうした執行例の多くにおいては、当該国際的な枠組みに参加していると消費者に誤解させるような虚偽の記載を行ったことが問題とされている[107]。

Ⅳ　近時の議論動向

　このように、米国では、FTCが民間部門における「事実上の」個人情報・プライバシー保護監督機関としての役割を担ってきているが、FTCによる監督については様々な課題も指摘されている。まず、しばしば指摘されるのはFTCのリソースの限定性の問題であり、FTCの予算は他の監督機関に比して比較的少ないことに加え、その半分程度は競争法に関する事柄に用いられ、更に、消費者保護局においてプライバシーに関する問題を扱っている職員は極めて少ないと言われている[108]。また、Ⅱ2(2)で明らかにしたように、FTCはFTC法5条違反の行為に対して直接に民事制裁金の支払いを命ずる権限を有しておらず、消費者の救済についても、FTC法13条(b)に基づく衡平法上の金銭的救済の請求が、先般、合衆国最高裁判所により否定されるなど、法執行権限の限界も指摘されている[109]。更に、冒頭で述べたように、米国では個人情報・プライバシーの問題について複数の監督機関が法執行を行っているが、こうした他の監督機関とFTCの権限が重なり合う場合の調整も問題となる。とりわけ、連邦通信委員会との関係では、近時、ブロードバンド・サービス提供事業者のプライバシー保護のあり方に関する監督権限を巡る攻防が注目を集めた[110]。これらの課題に鑑み、FTCは、自身が執行権限を有する個人情報・プライバシー保護のための包括的な連邦法の制定を議会に求めており、かかる連邦法において、非営利団体や電気通信事業者をも規制対象とし、FTCが民事制裁金の支払いを命ずる権限や、上述のFTC法13条(b)に基づき金銭的な救済を求める権限を明確に定めることを要求している[111]。

　こうした現状を踏まえ、米国では個人情報・プライバシー保護監督機関の在り方に関する議論が高

まっており、第117議会では、例えば、FTCにプライバシー関連業務に従事する職員の雇用のための追加予算を付与することを提案する法案[112]や、FTCの監督権限が及ぶ事業者の範囲の拡大や法執行権限の強化を図る法案[113]等が提出されている。学界では、現代社会におけるプライバシーの問題の多様性及びその規模に鑑みれば、FTCの権限の強化や他の監督機関との協働の必要性は高いものの、FTCは個人情報・プライバシー保護のための監督機関として適切に機能し得るとする見解がある一方で[114]、新たな監督機関の必要性を指摘する見解もあり[115]、今後の動向が注目される。

V　むすびにかえて

本章では、米国における個人情報・プライバシー保護監督機関について、FTCを中心に検討を加えた。冒頭でも述べたように、日本においては個人情報保護委員会の役割が今後益々増大していくことが予想される中で、FTCの組織構成や監督権限、また、日本でも今後重要性を増してくるであろう法執行例といった点において、FTCの経験からは多くの示唆を得ることができるだろう。

次章では、公的部門における個人情報・プライバシー保護法制について検討する。

＊本章は、「米国における個人情報・プライバシー保護監督機関──FTCを中心に」NBL 1201号（2021年9月）85頁を収録したものである。

---

95 *See* Federal Trade Commission, *Press Release: FTC Imposes $5 Billion Penalty and Sweeping New Privacy Restrictions on Facebook* (July 24, 2019), https://www.ftc.gov/news-events/press-releases/2019/07/ftc-imposes-5-billion-penalty-sweeping-new-privacy-restrictions (last visited July 31, 2021). 本件は、Facebookの2012年の同意命令違反が問題とされた事案である。

96 「プライバシー・シールド」及びこれを無効としたEU司法裁判所による近時の所謂Schrems II判決や、その他の米国における個人情報・プライバシー保護のための国際的な枠組みについては、第7章を参照。

97 こうした個別の制定法や個人情報・プライバシー保護のための国際的な枠組みへの違反は、同時にFTC法5条違反とされる場合が多いと言われる。*See* Solove & Hartzog, *supra* note 4, at 643-644.

98 本件は、人物探索サイトを運営するデータ・ブローカーであるSpokeoに対する法執行例である。詳しくは、第6章50〜51頁を参照。

99 Federal Trade Commission, *2020 Privacy and Data Security Update*, 5 (2021), https://www.ftc.gov/system/files/documents/reports/federal-trade-commission-2020-privacy-data-security-update/20210524_privacy_and_data_security_annual_update.pdf (last visited July 31, 2021) [hereinafter *2020 FTC Update*].

100 Federal Trade Commission, *Press Release: Smart Home Monitoring Company Vivint Will Pay $20 Million to Settle FTC Charges That It Misused Consumer Credit Reports* (Apr. 29, 2021), https://www.ftc.gov/news-events/press-releases/2021/04/smart-home-monitoring-company-vivint-will-pay-20-million-settle (last visited July 31, 2021).

101 *2020 FTC Update, supra* note 99, at 5.

102 Federal Trade Commission, *Press Release: Equifax to Pay $575 Million as Part of Settlement with FTC, CFPB, and States Related to 2017 Data Breach* (July 22, 2019), https://www.ftc.gov/news-events/press-releases/2019/07/equifax-pay-575-million-part-settlement-ftc-cfpb-states-related (last visited July 31, 2021).

103 *2020 FTC Update, supra* note 99, at 11.

104 Federal Trade Commission, *Press Release: Google and YouTube Will Pay Record $170 Million for Alleged Violations of Children's Privacy Law* (Sep. 4. 2019), https://www.ftc.gov/news-events/press-releases/2019/09/google-youtube-will-pay-record-170-million-alleged-violations (last visited July 31, 2021).

105 Solove & Hartzog, *supra* note 4, at 616, 647.

106 *2020 FTC Update, supra* note 99, at 9-11.

107 *See e.g., Id.* at 10-11.

108 *See* Hoofnagle, *supra* note 6, at 335. なお、2020年度のFTCの歳出予算額は3億3,100万ドル、2020年度末時点でFTCにおいて業務に従事する職員は1,160人であるとされている。*See* Federal Trade Commission, *Annual Performance Report for Fiscal Year 2020 and Annual Performance Plan for Fiscal Years 2021 and 2022*, 6 (2021), https://www.ftc.gov/system/files/documents/reports/fy-2021-22-performance-plan-fy-2020-performance-report/fy22-app-apr.pdf (last visited July 31, 2021).

109 *See e.g.,* Solove & Hartzog, *supra* note 4, at 605.

110 *See e.g.,* Sean Howell, *Broadband Privacy*, 58 Santa Clara L. Rev. 59 (2018).

111 *FTC Prepared Statement, supra* note 65, at 3-5, 10.

112 Information Transparency & Personal Data Control Act, H.R. 1816, 117th Cong. (2021).

113 Setting an American Framework to Ensure Data Access, Transparency, and Accountability Act, S. 2499, 117th Cong. (2021).

114 *See e.g.,* Hoofnagle, *supra* note 6, at 335-337, 363-365.

115 *See e.g.,* Priscilla M. Regan, *A Design for Public Trustee and Privacy Protection Regulation*, 44 Seton Hall Legis. J. 487, 504-505 (2020).

第 10 章

米国の公的部門における個人情報・プライバシー保護法制

I　はじめに

第 10 章では、公的部門における個人情報・プライバシー保護法制について検討する。本稿で明らかにしてきたように、分野ごとに個人情報・プライバシー保護のための法律を制定している米国では、公的部門についても個別の法律が制定されている。日本では、「個人情報の保護に関する法律」[1]（以下「個人情報保護法」という）の令和 3 年改正[2]により公的部門と民間部門の規律が一本化されたが、公的部門の特殊性への配慮はなお必要であることに鑑みれば、米国の公的部門における法制度を理解しておくことは有益であろう。また、日本の民間部門における個人情報保護法制は欧州連合（European Union：EU）の所謂「十分性認定」を受けるに至っているが、EU 域内から日本に移転された個人情報への行政機関による法執行・国家安全保障目的でのアクセスの在り方が今後も重要な論点であり続けることに照らせば[3]、とりわけ法執行・国家安全保障分野における個人情報・プライバシー保護を巡って合衆国憲法第 4 修正[4]との関係で豊富な議論の蓄積がある米国の議論からは有用な示唆を得ることができるものと思われる。

そこで本稿では、まず II で、米国における公的部門の個人情報・プライバシー保護のための主要な制定法である「1974 年プライバシー法」[5]についてその内容を概観した上で、III では、法執行・国家安全保障目的での個人情報の利用に関する規制として、合衆国憲法第 4 修正及び電子的監視に関する制定法についても見ておくこととしたい。最後に IV では、公的部門における個人情報の処理との関係において米国で長く議論されてきた、政府機関によるデータ・マイニングに関する規制についても簡単に検討を加えておく[6]。

II　「1974 年プライバシー法」[7]

1.　目的及び適用範囲

「1974 年プライバシー法」は、米国の個人情報・プライバシー保護のための制定法の中でも初期に制定された法律であり、個人情報・プライバシー保護法制の基本原則たる「公正な情報取扱慣行に関する原則」（Fair Information Practice Principles：FIPPs)[8]の起源と言われる、米国保健教育福祉省が 1973 年に公表した「記録、コンピュータ及び市民の権利」と題する報告書を受けて制定されたもので

あった[9]。同法はその「議会の認識及び目的の宣言」において、「プライバシーの権利は、合衆国憲法により保障される個人の基本的権利である」と明記した。同法の目的の一つとして、「個人に対し、自己に関するどのような記録を行政機関が収集、保有、利用又は頒布するのかを決定することを認めること」を掲げている[10]。

本法の適用対象となるのは「行政機関」であり、この行政機関には、すべての行政省、軍事省、連邦政府関連法人、連邦政府が管理する法人若しくは連邦政府の行政機関におけるその他の機関（大統領府を含む）又はすべての独立行政委員会が含まれる[11]。従って、ここで言う行政機関には州及び地方政府の機関は含まれず、また、民間の組織も本法の適用対象外である[12]。また、「1974 年プライバシー法」では広範な適用除外が認められている点が特徴的である。まず「一般除外」として、行政機関の長は、当該行政機関の記録システムが、①中央情報局の保有するもの、又は、②その主要な業務として警察活動を含む刑事法の執行及び検察、司法、矯正等に関する業務を行う行政機関又はその内部機関の保有するもので、犯罪捜査や刑事法の執行のために集積された個人を識別可能な情報を含むものである場合には、当該システムに対して同法の規定の適用を除外する規則を公布することができるとされる[13]。ま

た、「特定除外」としては、当該行政機関の記録システムが、大統領令により国防又は外交政策上の機密とされた事項に関するものである場合、法執行目的で集積された捜査資料であって、上記の「一般除外」規定の対象範囲外のものである場合、大統領その他の個人の警護の実施に関して保有されているものである場合、法令によって専ら統計記録として保有及び利用されるように要求されているものである場合等には、行政機関の長は、当該記録システムに対して同法の幾つかの規定の適用を除外する規則を公布することが認められている[14]。

一方、本法の保護対象となるのは、行政機関が保有するあらゆる個人情報ではなく、「記録システム」（system of records）に含まれる「記録」であって、これは、米国における個人情報・プライバシー保護のための制定法の多くが個人識別情報を対象としているのとは対照的である[15]。「記録システム」とは、行政機関の管理下に置かれる記録の集合であって、そこから、個人の氏名又は何らかの識別番号、記号その他の個人に付された識別項目によって、情報が検索されるものをいうとされる[16]。個人に付された識別項目によって「情報が検索される」という基準については、単に、識別子を用いることにより検索することができるという可能性の存在では足りず、行政機関が識別子を用いることにより実際に個人に

1　平成 15 年法律第 57 号。
2　これは、令和 3 年 5 月 12 日に成立した「デジタル社会の形成を図るための関係法律の整備に関する法律」（令和 3 年法律第 37 号）による改正である。
3　石井夏生利ほか編著『個人情報保護法コンメンタール』（勁草書房、2021）【24 条】（松前恵環）参照。
4　U.S. Const. amend. IV.
5　Privacy Act of 1974, Pub. L. No. 93-579, 88 Stat. 1896.
6　本稿では、公的部門の個人情報・プライバシー保護法制について、ある程度網羅的にこれを概観することに重点を置き、日本の令和 3 年改正との関係において重要なデジタルガバメントとの関連や、とりわけ法執行分野における新たな情報技術の利用とプライバシーの問題等の個別の論点については、第 11 章において改めて検討を加える。なお、米国の公的部門における個人情報・プライバシー保護法制については、石井ほか編著・前掲注(3)『行政機関個人情報保護法』【US】（1093 頁）（松前恵環）を参照。
7　本項の記述は、石井ほか編著・前掲注(3)『行政機関個人情報保護法』【US】（1093 頁）を基にしたものである。「1974 年プライバシー法」については、阪本昌成『プライヴァシー権論』（日本評論社、1986）249〜260 頁；石井夏生利『個人情報保護法の理念と現代的課題：プライバシー権の歴史と国際的視点』（勁草書房、2008）等を参照。なお、同法の訳については、総務庁行政管理局行政情報システム参事官室監修・行政情報システム研究所編『世界の個人情報保護法：データ・プライバシー保護をめぐる諸外国の動向』（ぎょうせい、1989）を参考に一部改訳した。
8　「公正な情報取扱慣行に関する原則」については、第 1 章 3 頁を参照。
9　U.S. Dep't of Just., *Overview of the Privacy Act of 1974, 2020 edition*, 1, https://www.justice.gov/opcl/overview-privacy-act-1974-2020-edition (last visited Aug. 31, 2021) [hereinafter *DOJ Overview*].
10　5 U.S.C. §552a note.
11　5 U.S.C. §552a(a)(1), §552(f).
12　*DOJ Overview*, *supra* note 9, at 17-20.
13　5 U.S.C. §552a(j). 但し、記録の提供の制限、提供に関する記録の作成、システムに関する告示、記録の正確性や安全性等に関する幾つかの規定については、この限りではない。
14　5 U.S.C. §552a(k). 適用を除外し得る規定としては、記録提供の記載の本人への提供、個人のアクセス権及び訂正権、記録システムに含まれる情報に関する制限、記録へのアクセスに関する本人への通知等、規則の公布が挙げられている。
15　米国の個人情報・プライバシー保護のための制定法の保護対象となる情報については、第 3 章 18〜20 頁を参照。
16　5 U.S.C. §552a(a)(5).

関する記録を検索することが必要であると解されている[17]。また、「記録」とは、行政機関が保有する、教育、金融取引、医療記録、犯歴又は職歴を含む（但しこれらに限られない）、個人に関する情報のあらゆる項目、集積又は分類であり、当該個人の氏名、又は、識別番号、記号その他の個人に付された識別項目（指紋、声紋、若しくは写真等）を含むものをいう[18]。なお、「個人」とは、「合衆国国民又は法により永住を認められた外国人」であると定義されており[19]、日本の個人情報保護法制と同様に死者はこれに含まれないものと解されている[20]。また、「1974年プライバシー法」上の権利を有するのは自然人に限られ、法人は同法上の権利を有しないと解されている[21]。

2. 行政機関の義務の内容

「1974 年プライバシー法」により行政機関に課される義務は、大別すると、①記録システムに含まれる記録の内容及び収集に関する制限、②記録システムに含まれる記録の提供に関する制限、及び、③記録システムの公示に関する義務の三つに区分し得る[22]。

まず、①記録システムに含まれる記録の内容及び収集に関する制限について見ると、前者の記録の内容に関する制限としては、当該行政機関の目的の達成に関連がありかつ必要な情報のみを、記録に含めることができるという規定が置かれている[23]。また、個人に関する決定を行う際に用いるすべての記録について、決定の際の公平性を保障するために合理的に必要な正確性、関連性、適時性及び完全性をもって記録を保持することや[24]、記録の安全性及び機密性を保護し、その安全性又は完全性に対する脅威又は危険を防ぐために、適切な管理的、技術的及び物理的な安全管理措置を講ずることも求められている[25]。更に、合衆国憲法第 1 修正により保障された個人の権利の行使の態様を記述する記録を保有してはならないとの定めも置かれている[26]。

他方で、後者の記録の収集に関しては、ある情報に基づき、個人の権利等に関する不利益な決定が行われる可能性がある場合には、可能な限りこれを本人から直接収集しなければならないとの規定が置かれている[27]。また、個人に対して情報の提供を要求する場合の通知義務も定められており、情報の収集に用いる様式に、情報の提供要請の法的根拠及び当該提供が強制か任意かの別、情報の主要な利用目的、情報について行われる「定型的利用」（routine use）[28]、並びに、要請された情報の全部又は一部を提供しないことにより個人の利害に何らかの影響がある場合はその内容を記載し、個人に通知しなければならないとの規定が置かれている[29]。

次に、②記録システムに含まれる記録の提供に関する制限については、行政機関は、記録の対象たる個人の書面による請求又は書面による事前の同意がない限り、記録システムに含まれる記録を、人又は行政機関に対し、いかなる通信手段によっても提供してはならないとの定めが置かれている[30]。かかる書面による同意の定義は「1974 年プライバシー法」には置かれていないが、黙示の同意では不十分であるものと解されている[31]。また、この同意に関しては、当該行政機関が無制限に記録を提供することを許容するような包括的な同意書を認めるものではなく、同意書には、少なくとも記録の提供の一般的な目的又は記録の提供を受ける者の種類を明らかにすべきであるとされている[32]。

もっとも、これについては幾つかの例外が定められており、例えば、当該記録を保有する行政機関の職員であってその職務の遂行上当該記録を必要とする者に提供する場合[33]、情報の公開に関する規定により提供が義務付けられている場合[34]、前出の定型的利用に該当する場合[35]等には、本人の請求や同意なくして記録の提供を行い得る。かかる広範な例外については様々な批判がなされており、とりわけ定型的利用に関しては、実際には行政機関はほとんどあらゆる情報の利用をこの定型的利用に当たるものとして正当化していると言われている[36]。

③記録システムの公示に関する行政機関の義務としては、記録システムの設置又は変更について、その存在及び特徴の通知を連邦公示録に公示することが求められている。かかる通知には、当該システムの名称及び所在地、当該システムに記録が保存されている個人の種類、当該システムに保存されている記録の種類、記録の定型的利用、記録の保管・検索可能性・アクセスコントロール・保持・廃棄に関する当該行政機関のポリシー及び慣行、記録システムの責任者たる職員の職名及び連絡先、個人が通知を受けることができる手続等を含めなければならない[37]。

3.　個人の権利と救済

「1974 年プライバシー法」は、個人のアクセス権等についても定めている。すなわち、行政機関は、システムに含まれる自己の記録又は自己に関する情報について、個人からアクセス請求があった場合は、本人に対して記録の閲覧を許可するとともに、その全部又は一部につき本人が理解可能な形式でその写しを作成しなければならない[38]。また、記録の訂正に関する規定も設けられており、行政機関は、個人が自己に関する記録の訂正を請求することを認め、請求を受理した日から 10 日以内に受理の事実を書面により通知するとともに、速やかに、①個人が、正確性、関連性、適時性若しくは完全性を欠くと信ずる部分を訂正するか、又は、②記録の訂正を行うことを拒絶する場合には、その理由、拒絶処分に対する当該行政機関の長若しくはその指定する職員による再審査請求を行うための手続及び当該職員の氏名又は連絡先を通知することが、義務付けられ

ている[39]。個人は、記録の訂正請求に対する行政機関の拒絶処分に対して再審査請求を行うことができ、行政機関は、請求の日から 30 日以内に審査を完了し、最終決定を行わなければならない。再審査の結果、審査を行った職員が再度、請求に従った記録の訂正を拒絶する場合には、当該個人に対し、拒絶処分に不服である理由を記載した簡潔な陳述書を提出することを認めるとともに、再審査を行った職員の決定に対する司法審査の規定について通知しなければならない[40]。なお、日本の個人情報保護法制とは異なり、行政機関に対する利用停止等請求に関する規定は置かれていない。

こうした個人の権利の行使に関して、行政機関は、自己に関する記録が記録システムに含まれているかについて本人が通知を受ける手続、アクセス請求に先立つ本人の身元確認、本人の要求に基づき情報を提供する手続等について、規則制定を行うこととされている[41]。

また、「1974 年プライバシー法」においては、救

17　U.S. Office of Management and Budget, Privacy Act Implementation: Guidelines and Responsibilities, 40 Fed. Reg. 28948, 28952 (1975) [hereinafter *OMB Guideline*].

18　5 U.S.C. §552a(a)(4). これに関して、ビデオテープが「記録」に含まれるかが争点となった事案があるが、ビデオテープが、映像又は声により個人を識別する手段を含んでいる場合には、プライバシー法の下での「記録」に該当するものとされている。*See* Albright v. United States, 631 F.2d. 915 (D.C. Cir. 1980).

19　5 U.S.C. §552a(a)(2).

20　*OMB Guideline, supra* note 17, at 28,951.

21　*DOJ Overview, supra* note 9, at 25.

22　この他に、行政機関には、記録システムの設計、開発、運用若しくは保有又は記録の保有に関わる者の行動規範を策定し、当該行動規範や「1974 年プライバシー法」の要求事項等について関連人員を指導することも義務付けられている。*See* 5 U.S.C. §552a(e)(9).

23　5 U.S.C. §552a(e)(1).

24　5 U.S.C. §552a(e)(5).

25　5 U.S.C. §552a(e)(10).

26　5 U.S.C. §552a(e)(7). 但し、法律又は記録の対象たる個人により明示的に認められている場合や、正当な法執行活動に関連してかつその権限の範囲内で行われる場合には、この限りではない。

27　5 U.S.C. §552a(e)(2).

28　「定型的利用」とは、収集目的と矛盾しない目的での記録の利用と定義されている。*See* 5 U.S.C. §552a(a)(7). 収集目的と「矛盾しない」と言い得るためには、収集目的と機能的に同等の利用であり、かつ、必要かつ適切なその他の利用であることが求められるとされている。*See DOJ Overview, supra* note 9, at 99.

29　5 U.S.C. §552a(e)(3).

30　5 U.S.C. §552a(b).

31　*DOJ Overview, supra* note 9, at 77.

32　*OMB Guideline, supra* note 17, at 28,954.

33　5 U.S.C. §552a(b)(1).

34　5 U.S.C. §552a(b)(2).

35　5 U.S.C. §552a(b)(3).

36　Paul M. Schwartz, *Privacy and Participation*, 80 Iowa L. Rev. 553, 586 (1995). なお、記録の提供に関しては、行政機関に対し、記録の提供の日付、提供の性質及び提供の目的、並びに、提供を受けた人又は行政機関の氏名・名称及び住所を記載し、提供後 5 年間又は記録が効力を有する期間のいずれか長い期間、これを保存することが義務付けられている。*See* 5 U.S.C. §552a(c).

37　5 U.S.C. §552a(e)(4).

38　5 U.S.C. §552a(d)(1).

39　5 U.S.C. §552a(d)(2).

40　5 U.S.C. §552a(d)(3). なお、かかる陳述書が提出された後に、陳述書で不服が申し立てられている情報を提供する場合には、争いのある部分を明確にするとともに、陳述書の写しを添付しなければならない。また、当該行政機関が適当と認める場合には、争いのある記録を提供する人又は他の行政機関に対して、訂正請求を拒絶した理由の簡潔な説明の写しを提供するものとされている。*See* 5 U.S.C. §552a(d)(4).

41　5 U.S.C. §552a(f). なお、これらの請求は、個人が未成年者又は無能力者である場合にはその法定代理人が行うことも認められているが（5 U.S.C. §552a(h))、今般日本の個人情報保護法の令和 3 年改正により導入された任意代理人による請求は法文上認められていない。

済措置として、行政機関が以下の行為を行った場合には、個人は当該行政機関に対して民事訴訟を提起することができるものと規定されている点が特徴的である[42]。すなわち、①行政機関が、個人の請求に従った記録の訂正を行わない旨の決定を下した場合[43]、又は、同項の規定に従った再審査を行わなかった場合[43]、②行政機関が個人のアクセス請求を拒絶した場合[44]、③行政機関が、個人に関する記録について、その記録に基づいて行われる個人の資格、性格、権利、機会又は利益に関する決定の公正を保証するために必要な正確性、関連性、適時性及び完全性をもってこれを保有することを怠り、その結果、個人に対して不利な決定が行われた場合[45]、④行政機関が、本法の規定又は本法に基づいて公布された規則に違反し、個人に対して不利益を及ぼした場合[46]である。①の記録の訂正に関する訴訟に関しては、裁判所は、行政機関に対し、当該個人の記録を、個人の請求に従って又は裁判所の指示する方法によって訂正するように命ずることができる[47]。また、②のアクセス請求に関する訴訟に関しては、裁判所は、行政機関に対し、記録の提供拒否を禁止し、不当に提供を拒否した記録を原告に提供するように命ずることができる[48]。③又は④の訴訟に関しては、行政機関の行為が「故意」(intentional or willful) によるものと判断された場合は、合衆国は、拒絶又は不履行により個人が被った「現実の損害」(actual damages) と、合衆国地方裁判所の定める訴訟費用及び弁護士費用の総計に等しい額の損害賠償責任を負うものとされる[49]。この点につき合衆国最高裁判所は、損害賠償責任が認められるためには、単に行政機関の故意による違法行為によって不利益を被ったことを証明するのみならず、「現実の損害」を証明しなければならないと判断している[50]。また、「現実の損害」の意義ないし範囲についても議論があり、2012 年のCooper事件に関する合衆国最高裁判所判決[51]では、「現実の損害」には「精神的な苦痛」(mental or emotional distress) は含まれないという解釈が示されている[52]。

Ⅲ　法執行・国家安全保障分野における個人情報・プライバシー保護

1.　合衆国憲法第 4 修正

上に見たように、法執行・国家安全保障目的での個人情報の処理については、広く「1974 年プライ

バシー法」の適用除外とすることが認められている。もっとも、これらの言わば公共の安全確保のための個人情報の処理を含む国家による監視活動は、合衆国憲法が保障する個人のプライバシーの権利を侵害するおそれもある。とりわけ、「不合理な捜索・押収」(unreasonable search and seizure) を禁じ、「相当な理由」(probable cause) に基づく令状を要求する合衆国憲法第 4 修正[53]は、米国におけるプライバシー権の保障の主要な根拠として重要な役割を担ってきており[54]、法執行機関のみならずあらゆる政府機関による個人情報の収集等との関係で問題となり得る[55]。

第 4 修正の適用については、まず、政府機関の行為が第 4 修正上の捜索・押収に該当するか否かが問題となり、該当する場合は、かかる捜索・押収が合理的であること、すなわち「相当な理由」に基づき、捜索される場所及び押収される人又は物を特定的に記述」した令状に基づく捜索・押収であることが必要と解されている[56]。かかる第 4 修正の枠組みの下で、法執行機関による個人情報の収集等は、それが「捜索・押収」に該当する場合には、原則として相当な理由に基づく令状が求められる[57]。他方で、国家安全保障目的での個人情報の収集等については、第 4 修正の枠組みを法執行の場合と同様に適用すべきかという点について議論があるものの[58]、合衆国最高裁判所は、①犯罪捜査、②国内における国家安全保障目的での調査、③外国諜報活動における調査の三つを区分し、②については①と同様に裁判所の令状が必要であると判示している[59]。

ここで問題となるのは、政府機関の如何なる行為が第 4 修正上の捜索・押収に該当するのか、ひいては第 4 修正が保障するプライバシーの権利の範囲如何である。当初、政府機関の行為が第 4 修正上の捜索・押収に該当するためには、「憲法上保護された領域」への「物理的な侵入」を要するとする、所謂「不法侵害法理」(trespass doctrine) が採用されていた[60]。こうした考え方が示された代表的な例は、禁酒法違反の捜査の過程で当局が数ヶ月に亘り無令状で行っていた電話盗聴の合憲性が問題となったOlmstead判決であり、同判決は、家への不法な侵入を伴わない電話盗聴は合憲であるという判断を下した[61]。しかし、こうした財産権と結び付いたプライバシーの法的保護の基準は、とりわけ 20 世紀中葉以降の盗聴技術の進展を受けて、その終焉を迎え

ることとなる。合衆国最高裁判所は 1967 年のKatz
判決において、法執行機関が、被告人が電話をして
いる公衆電話の外側に電子盗聴器及び録音機を取り
付けて会話を盗聴したことが、第 4 修正上の「捜
索・押収」に該当するかが争われた事案について、
「第 4 修正は、人を保護しているのであって、場所
を保護しているのではない」[62]と述べて「不法侵害
法理」を放擲し、当該電話盗聴は第 4 修正上の捜
索・押収に該当すると判断した。同判決では、その
補足意見において、ハーラン判事が所謂「プライバ
シーの合理的な期待」の基準を提唱しており[63]、現
在では、当該基準が第 4 修正上のプライバシー権の
保護範囲を決する主要な基準として多くの裁判例で
採用されるようになっている。

　もっとも、政府機関が民間事業者から個人情報を
収集することについては、基本的に第 4 修正の保護
は及ばないと解されてきている。これは、Katz 判
決の法廷意見が示した、「本人が自ら公衆に公開し
ている」（knowingly exposes to the public）事柄は

第 4 修正の保護の対象にはならないという基準[64]か
ら生成されてきた「第三者法理」と呼ばれる考え方
であり[65]、法執行機関が電話会社から、個人がダイ
アルした電話番号を無令状で取得したことが問題と
なったSmith事件では、個人はダイアルした電話番
号を自発的に電話会社に公開しているため、プライ
バシーの期待は認められないと判断されている[66]。
同法理に対してはつとに批判がなされてきてお
り[67]、近時は携帯基地局情報について同法理の適用
を否定した裁判例も見られる[68]。

2.　電子的監視に関する制定法

　かかる合衆国憲法第 4 修正とともに、法執行・国
家安全保障目的での個人情報の処理を一定程度規制
する役割を担っているのが、とりわけ通信傍受を中
心とする電子的な監視を規律する制定法であり、こ
れらは主に通信に関するプライバシーを保護する役
割を果たしていると言い得る。

　まず、法執行機関による電子的監視に関する制定

42　5 U.S.C. §552a(g)(1). この場合、合衆国地方裁判所がこれを管轄する。

43　5 U.S.C. §552a(g)(1)(A).

44　5 U.S.C. §552a(g)(1)(B).

45　5 U.S.C. §552a(g)(1)(C).

46　5 U.S.C. §552a(g)(1)(D).

47　5 U.S.C. §552a(g)(2)(A).

48　5 U.S.C. §552a(g)(3)(A).

49　5 U.S.C. §552a(g)(4). 但し、賠償額は、総額 1,000 ドルを下回ってはならないとされる。

50　Doe v. Chao, 540 U.S. 614 (2004).

51　F.A.A. v. Cooper, 566 U.S. 284 (2012).

52　詳しくは、石井ほか編著・前掲注⑶「行政機関個人情報保護法」【US】（1093 頁）参照。

53　同条は、「不合理な捜索及び押収に対してその身体、住居、書類及び所有物が保障されるという人民の権利は侵されてはならない。また令状は、
　　宣誓又は確約によって裏づけられた、相当な理由に基づいていて、かつ、捜索される場所及び押収される人又は物を特定的に記述していない
　　限り、発せられてはならない」と規定する。

54　合衆国憲法上のプライバシーの権利については、第 2 章 12 頁を参照。第 4 修正上のプライバシーの権利に関する邦語文献としては、新保史生
　　『プライバシーの権利の生成と展開』（成文堂、2000）187〜222 頁等を参照。

55　Daniel J. Solove & Paul M. Schwartz, Information Privacy Law 270, 272 (7th ed. 2021).

56　第 4 修正の枠組みについて、詳しくは、See e.g., John M. Junker, Criminal Law: The Structure of the Fourth Amendment: The Scope of the
　　Protection, 79 J. Crim. L. & Criminology 1105, 1105–1111 (1989).

57　但し、同意に基づく捜索・押収、緊急の場合等の一定の場合は、かかる令状主義の例外として、令状によらない捜索・押収が認められるもの
　　とされている。See Anthony G. Amsterdam, Perspectives on the Fourth Amendment, 58 Minn. L. Rev. 349, 358 (1974).

58　Solove & Schwartz, supra note 55, at 439-447.

59　United States v. United States District Court, 407 U.S. 297 (1972). なお、本判決は③については判断しなかったが、これに関しては次項で見
　　るように「外国情報監視法」が制定され、その基準や手続等が定められている。

60　同法理については、例えば新保・前掲注⑸195〜205 頁を参照。

61　Olmstead v. United States, 277 U.S. 438 (1928).

62　Katz v. United States, 389 U.S. 347, 351 (1967).

63　Id. at 361. ハーラン判事は、「プライバシーの合理的な期待」が憲法上保護されるためには、「第一に、個人が現実的な（主観的な）プライバ
　　シーの期待を表明していること、第二に、社会がその期待が合理的であると認める用意があること」という二つの要件を満たすことが必要と
　　なると述べている。

64　Id. at 351-352.

65　所謂「第三者法理」については、See e.g., Solove & Schwartz, supra note 55, at 375.

66　Smith v. Maryland, 442 U.S. 735 (1979).

67　See e.g., Daniel J. Solove, Digital Dossiers and the Dissipation of Fourth Amendment Privacy, 75 S. Cal. L. Rev. 1083, 1084-1086 (2002).

68　See Carpenter v. United States, 138 S. Ct. 2206 (2018). もっとも、如何なる場合に同法理の適用が否定されるのかは必ずしも明確ではない。
　　See Solove & Schwartz, supra note 55, at 358-361.

法としてとりわけ重要な意義を有するのが、「1986年電子通信プライバシー法」[69]（ECPA）である。そもそも米国における電子的監視に関する制定法は、前項で見た第4修正上の捜索・押収の意義ひいてはプライバシーの保護の範囲との連関の中で発展してきたものである[70]。先述のように、Olmstead判決では家への不法侵入を伴わない電話盗聴は「捜索・押収」に該当せず合憲とされたが、これに対する批判を受けて制定されたのが、無権限での通信傍受を禁ずる「1934年通信法」第605条の規定であった[71]。もっとも、同規定は通信回線以外の場所に盗聴装置を仕掛ける場合には適用されず、その実効性には限界があったため、不法侵害法理を放擲した前出Katz判決等を受けて、「1968年総合的犯罪防止及び街路の安全に関する法律」[72]が制定され、同法の第三篇に通信傍受に関する規定が置かれるに至った[73]。これは、政府機関のみならず私人による通信傍受も禁じるなど「1934年通信法」第605条よりも規制対象を拡大するものであったが、その対象は音声の伝達に限定されていたため、情報技術の進展に鑑み、電子的な通信をも保護対象に含めた法律として制定されたのがECPAである[74]。

同法は、第5章で述べたように、①有線通信、口頭の会話又は電子的通信の傍受を禁ずる「通信傍受法」（Wiretap Act）[75]、②電子的通信サービスを提供するための設備に許可なくアクセスし、保存された有線通信又は電子的通信を取得することを禁ずる「保存された通信に関する法」（Stored Communications Act）[76]、③「ペンレジスター装置」又は「トラップ・トレース装置」の利用を禁ずる「ペンレジスター法」（Pen Register Act）[77]の三つの部分から構成されており[78]、政府機関による通信傍受や装置の利用等は、それぞれ規定される裁判所命令や令状に基づいて行うことが義務付けられている[79]。

ECPAはその制定後、社会の進展に伴って複数回改正されており、まず、「1994年法執行のための通信援助法」[80]（CALEA）では、電気通信事業者の協力義務として、法執行機関の適法な通信傍受を可能にするような機器や設備等の整備が規定されている[81]。また、2001年の9.11事件後には、所謂「米国愛国者法」[82]が制定され、例えば上記「ペンレジスター装置」及び「トラップ・トレース装置」の定義の改正により、インターネット等の電子的通信に関

する情報を収集する装置や手続が広く含まれるようになった[83]。なお、2018年には、「外国における適法なデータ利用の明確化に関する法律」[84]（CLOUD法）が制定され、同法によるECPAの改正により、米国の法執行機関が通信サービスのプロバイダに対して、米国外にあるデータの提供を命ずることも可能となっている[85]。

他方で、国家安全保障目的での電子的監視に関する制定法としては、1978年「外国情報監視法」[86]（FISA）が重要である。同法は、米国内における外国諜報活動に関する電子的監視について裁判所命令を要求するものであり[87]、監視対象となる者が外国勢力又はその代理人であると信ずるに足る相当の理由があり、監視を必要最小限にするための手続の実施等の要件が充足される場合には、外国諜報監視裁判所（FISC）による裁判所命令が発布される[88]。FISAについても、9.11事件以降、上記「米国愛国者法」等をはじめとする法律による改正が相次いでおり、例えば2008年に制定された所謂「FISA改正法」[89]では、米国外に所在すると合理的に判断できる非米国民の通信の監視を裁判所命令に基づかずに実施することが可能とされている[90]。所謂スノーデン事件により米国国家安全保障局の大規模な監視活動が露見して以降、2015年の所謂「米国自由法」[91]において人権に配慮した規定が置かれるなどの対応もなされているものの、外国諜報に関する電子的監視については、依然として政府機関の広い裁量が認められている。

Ⅳ　データ・マイニングに関する規制

第5章において明らかにしたように、米国では、集積した個人情報を分析し個人の人物像や行動等を予測する所謂プロファイリングの問題について、個別の領域や問題ごとに対応が検討されてきていたが、公的部門に関しても、とりわけ政府機関によるデータ・マイニング[92]が議論の対象となってきた。こうした政府機関によるデータ・マイニングは、例えば、行政サービスの向上、不正行為の防止、税務遵守等の様々な目的のために行われているが[93]、とりわけプライバシーの観点から問題視されてきたのは、やはり法執行機関による犯罪捜査のためのプロファイリングや、国家安全保障目的での様々なデータ・マイニングプログラムであろう。前者については、例えば、指紋照合システムであるIAFISや、

DNAデータベースであるCODIS等の合憲性が長く議論されてきた[94]。後者については、航空機の乗客のスクリーニング・システムであるCAPPSやSecure Flight、テロリストを特定するための米国国防総省のプロファイリング・プログラムであるTIA等が著名である[95]。

かかる政府機関によるデータ・マイニングの規制に関連する制定法としては、「1988 年コンピュータ・マッチング及びプライバシー保護に関する法律」[96]（CMPPA）及び「2002 年電子政府法」[97]が挙げられる[98]。後者においては、行政機関が、個人を識別可能な態様で情報を収集、保持又は頒布する情報技術を開発又は調達する場合や、情報技術を用いて新たな情報の収集を開始する場合等には、事前に「プライバシー影響評価」（Privacy Impact Assessment）を実施することが義務付けられている[99]。一方、CMPPAは「1974 年プライバシー法」を改正し、行政機関が実施するマッチング・プログラム[100]に関する規律を定める法律である。CMPPAの制定以前、政府機関によるデータ・マイニングは、本稿のⅡで解説した「1974 年プライバシー法」の定型的利用に含まれるという解釈の下に実施され

69　Electronic Communications Privacy Act of 1986, Pub. L. No. 99-508, 100 Stat. 1848.

70　米国における電子的監視の規制に関する法制度の発展については、*See e.g.*, Solove & Schwartz, *supra* note 55, at 374-376.

71　*Id.* at 374.

72　Omnibus Crime Control and Safe Streets Act of 1968.

73　Solove & Schwartz, *supra* note 55, at 375.

74　*Id.* at 375-376.

75　18 U.S.C. §§2510-2522.

76　18 U.S.C. §§2701-2711.

77　18 U.S.C. §§3121-3127.「ペンレジスター装置」及び「トラップ・トレース装置」については、*See infra* note 83.

78　第 5 章 36 頁を参照。

79　Solove & Schwartz, *supra* note 55, at 377-382.

80　Communications Assistance for Law Enforcement Act of 1994, Pub. L. No. 103-414, 108 Stat. 4279.

81　47 U.S.C. §1002(a).

82　Uniting and Strengthening America by Providing Appropriate Tools Required to Intercept and Obstruct Terrorism, Pub. L. No. 107-56, 115 Stat. 272.

83　Solove & Schwartz, *supra* note 55, at 385.「ペンレジスター装置」とは、「有線通信又は電子的通信の送信元となる機器又は設備により送信される局番、経路、宛先又は信号の情報（但し、通信の内容は含まない）を記録又は解読する装置又は手続」（18 U.S.C. §3127(3)）、「トラップ・トレース装置」とは、「有線通信又は電子的通信の源を合理的に特定するような発信者番号又は他の局番、経路、宛先若しくは信号の情報（但し、通信の内容は含まない）を特定する、入来する電子的その他の信号を捕捉する装置又は手続」（18 U.S.C. §3127(4)）と規定されている。

84　Clarifying Lawful Overseas Use of Data Act. 同法は、「2018 年統合歳出法」の一部として制定された法律である。*See* Consolidated Appropriations Act of 2018, Pub. L. 115-141, 132 Stat.348, div. V.

85　18 U.S.C. §2713.

86　Foreign Intelligence Surveillance Act of 1978, Pub. L. No. 95-511, 92 Stat.1783.

87　他方で、米国外における諜報活動については、「大統領令第 12333 号」（Exec. Order No. 12333, 46 Fed. Reg. 59941 (1981)）において規定されている。こうした米国における国家安全保障目的での個人情報の処理については、第 7 章で見たように、米国とEU間の越境データ流通の議論において大きな問題となっている。

88　50 U.S.C. §1805.

89　Foreign Intelligence Surveillance Act Amendments Act of 2008, Pub. L. No. 110-261, 122 Stat. 2463.

90　50 U.S.C. §1881a.

91　Uniting and Strengthening America by Fulfilling Rights and Ensuring Effective Discipline Over Monitoring Act of 2015, Pub. L. No. 114-23, 129 Stat.

92　データ・マイニングとは、データの隠れたパターンや相関関係を明らかにし、予測を行うための法則を導き出すデータベース技術の応用であり、プロファイリングとも関連するものであるが（U.S. General Accounting Office, *Data Mining: Federal Efforts Cover a Wide Range of Uses*, 4 (2004), https://www.gao.gov/products/gao-04-548 (last visited Aug. 31, 2021)）、米国では、特に政府機関についてはデータ・マイニングの語が用いられることが多いため（*See e.g.*, Fred H. Cate, *Government Data Mining: The Need for a Legal Framework*, 43 Harv. C.R.-C.L. L. Rev. 435 (2008); Solove & Schwartz, *supra* note 55, at 709）、ここでは、基本的にデータ・マイニングの語を用いて論を進める。

93　U.S. General Accounting Office, *supra* note 92, at 2-3.

94　Cate, *supra* note 92, at 442-444.

95　*See e.g.*, Solove & Schwartz, *supra* note 55, at 706-710.

96　Computer Matching and Privacy Protection Act of 1988, Pub. L. No. 100-503.

97　E-Government Act of 2002, Pub. L. No. 107-347, 116 Stat. 2899.

98　U.S. Government Accountability Office, *Computer Matching Act: OMB and Selected Agencies Need to Ensure Consistent Implementation*, 5 (2014), https://www.gao.gov/assets/gao-14-44.pdf (last visited Aug. 31, 2021); Solove & Schwartz, *supra* note 55, at 709-715; Cate, *supra* note 92, at 464-467.

99　44 U.S.C. §3501 note. プライバシー影響評価について詳しくは、石井ほか編著・前掲注⑶「行政機関個人情報保護法」【US】（1093 頁）を参照。

100　「マッチング・プログラム」とは、連邦給付事業による金銭等の受領者等の資格を確認する目的での照合や、連邦政府職員の人事記録システム又は給与支払記録システムに関する照合である。*See* 5 U.S.C. §552a(a)(8)(A).

ており、また、これが上記Ⅲ 1 で見た第 4 修正上の捜索・押収に該当すれば令状が必要となるものの、裁判所はこうしたプログラムによるプライバシー侵害の主張を一般的に認めていなかった[101]。

こうした背景から制定されたのがCMPPAであり、同法はまず、記録システムに含まれる記録をマッチング・プログラムにおける利用のために受領機関又は連邦外機関[102]に対して提供する場合には、マッチング・プログラムを行う目的及び法的根拠、プログラムを正当とする理由及び予想される結果、マッチングされる記録の種類等を明記した書面による協定を締結することを義務付ける[103]。また、同法は、マッチング・プログラムを実施する又はそれに参加するすべての行政機関に対し、上記協定の審査及び承認を行うデータ完全性委員会（Data Integrity Boards）を設置することを求めており[104]、当該委員会には、その審査にあたり、費用対効果分析を行うことが求められている[105]。更に、CMPPAでは、マッチング・プログラムにおいてその記録が利用される個人の保護のために、マッチング・プログラムによって作成された情報を当該機関が独立の立場で確認する義務[106]や、行政機関がマッチング・プログラムの構築や変更を行う際の、行政管理予算局等への通知義務も定められている[107]。

もっとも、そもそもCMPPAは行政機関が行うすべてのマッチング・プログラムに適用されるものではないことに加え[108]、法執行や外国諜報活動目的でのマッチング等は除外されており[109]、その保護は限定的であることが指摘されている[110]。

Ⅴ　むすびにかえて

本章では、米国の公的部門における個人情報・プライバシー保護法制を概観した。「1974 年プライバシー法」では、とりわけ法執行・国家安全保障目的での個人情報の利用について広範な適用除外が認められていることに加え、電子的監視に関する制定法においてもこれらの目的での利用権限が拡大される傾向を看取し得る。こうした法制度の在り方は、9.11 事件以降、公共の安全確保の要請が高まる米国の現状を如実に反映しているものと言えよう。

次章では、米国の個人情報・プライバシー保護法制について、特別の考慮が必要な分野及び近時注目を集めている論点等を取り上げて検討を加える。

＊本章は、「米国の公的部門における個人情報・プライバシー保護法制」NBL 1203 号（2021 年 10 月）104 頁を収録したものである。

---

101 Priscilla M. Regan, Legislating Privacy 89-90 (1995).
102 「受領機関」とは、マッチング・プログラムに利用するために、提供機関から記録システムに含まれる記録を受領する行政機関又はその受託者であり（5 U.S.C. §552a(a)(9)）、「連邦外機関」とは、マッチング・プログラムに利用するために、提供機関から記録システムに含まれる記録を受領する州若しくは地方政府又はその機関である（5 U.S.C. §552a(a)(10)）。
103 5 U.S.C. §552a(o)(1). 当該協定の写しは、上院政府関係委員会及び下院政府活動委員会に送付されるとともに、一般国民からの要求に応じて閲覧に供されるものとされている。See 5 U.S.C. §552a(o)(2).
104 5 U.S.C. §552a(u)(1).
105 5 U.S.C. §552a(u)(3).
106 5 U.S.C. §§552a(p)(1), (2).
107 5 U.S.C. §552a(r).
108 前掲注(100)を参照。
109 5 U.S.C. §552a(a)(8)(B).
110 Cate, *supra* note 92, at 467.

第 11 章

AIと個人情報・プライバシーに関する米国の議論動向

I　はじめに

　第 11 章では、本稿で明らかにしてきた米国の個人情報・プライバシー保護法制の内容を踏まえ、先端的な情報技術がもたらす個人情報・プライバシー保護法制上の論点について検討を加える。そもそも、個人情報の処理の在り方と密接に関連する情報技術の進展は、個人情報・プライバシー保護の在り方に少なからぬ影響を及ぼすものであり、これまでも様々な情報技術が個人情報・プライバシー保護法制との関係で議論の対象となってきた。今日、こうした観点から特に注目を集めているのは人工知能（Artificial Intelligence：AI）であり、日本でも、現実空間と仮想空間の融合により実現される所謂「Society 5.0」との関係においてその発展が期待されていることに照らせば[1]、米国における先進的な議論動向を検討しておく意義は大きい。

　そこで本章では、AIの利用に伴って生じる個人情報・プライバシー保護の問題のうち、とりわけ米国において議論が高まっている幾つかの問題を取り上げて検討を加える。まずIIにおいて、米国における近時のAIに関する法政策の動向を概観した上で、IIIでは、政府機関におけるAIの利用と個人情報・プライバシー保護の問題を取り上げる。次にIVでは、近時国際的にその利用規制が進みつつある、AI顔認証技術の利用を巡る個人情報・プライバシー保護の問題に焦点を当てる。最後にVでは、今日、COVID-19の影響により教育分野におけるオンライン化が進む中で議論が高まりつつある、子どもや学生の個人情報・プライバシーの問題について検討を加えることとしたい。

II　AIに関する米国の法政策の動向

　AIの定義は多様であるが、本稿ではさしあたり、「特定の目的を達成するために、環境を分析し作用することにより知的活動を行うシステム」との定義を用いることとし[2]、従って、AI関連技術とは、機械学習等に加え、本稿で注目する顔認証技術や「モ

1　内閣府「第 5 期科学技術基本計画」（平成 28 年 1 月 22 日）10〜15 頁。

2　High-Level Expert Group on Artificial Intelligence, *A Definition of AI: Main Capabilities and Scientific Disciplines*, 1 (2019), https://www.aepd.es/sites/default/files/2019-12/ai-definition.pdf (last visited Sep. 30, 2021).

ノのインターネット」(Internet of Things) 等、様々な技術を含み得るものである[3]との理解に立って論を進める。

　近時、AIに関しては欧州連合 (European Union：EU) が規則案を公表する等[4]、国際的に議論が高まっているが、米国においても、AIに関する法政策の急速な進展が見られる。米国では、これまでトランプ政権下において、「アメリカンAIイニシアチブ」[5]を中心とした積極的なAI推進政策が進められてきたが、バイデン政権下でもこうした取組みを基盤にしつつ、様々な法政策が進められている。こうした政策の根拠となる基本的な法律が、「2021年度国防権限法」の一部として制定された「2020年国家AIイニチアチブ法」[6] (NAIIA) である。同法は、AIの研究開発における米国の指導的地位を確立し、公的・民間部門における信頼性の高いAIシステムの開発及び利用において世界をリードし続けること等を目的として、「国家AIイニシアチブ」を設立するものであり[7]、同法に基づき、米国大統領行政府の科学技術政策局の下に「国家AIイニシアチブ局」が設置され、同イニシアチブの調整及び支援を行っている[8]。

　連邦政府機関におけるAIの利用に関しては、バイデン政権下で発出された「連邦政府における信頼性の高いAIの利用の促進」と題する「大統領令第13960号」[9]において、連邦政府機関におけるAIの利用に関する原則が提示されている。また、個別の分野におけるAIの利用についても関連機関がそれぞれ指針の提示や報告書の公表等を行っており、例えば国家安全保障分野におけるAIの利用に関しては、先般、「AIに関する国家安全保障委員会」が報告書を公表している[10]。

　他方で、民間部門におけるAIの利用については、行政管理予算局が規制の在り方についてのメモランダムを公表しているほか[11]、連邦取引委員会 (Federal Trade Commission：FTC) も近時、AIの利用に関する指針を公表しており、透明性の確保、差別的取扱いを行わないこと等を含む公平性の確保、データの正確性の確保、消費者への説明責任等を、重要な要素として掲げている[12]。

Ⅲ　政府機関におけるAIの利用と個人情報・プライバシー

　公的部門におけるAIの利用は、近時、デジタルガバメントの推進との関連もあり国際的に進みつつ

ある[13]。そもそも米国における電子政府に関する取組みは1990年代から始まったが[14]、2000年代の「2002年電子政府法」[15]の制定やオバマ政権下におけるオープンガバメント政策の推進等の取組みに基づき、近時、所謂「オープンガバメントデータ法」を含む「2018年証拠に基づく政策基本法」[16]が制定されるなど、デジタルガバメント政策が推進されている。こうした取組みにより、米国は、2020年の国際連合のeガバメントのランキング世界第9位に位置付けられているが[17]、公的部門におけるAIの導入は民間部門に比して遅れており、また、人間の意思決定を完全に代替するようなAIは導入されていないと言われている[18]。もっとも、公的部門におけるAIの利用には、自動化による業務の効率化、公共サービスの向上、「証拠に基づく政策立案」(Evidence Based Policy Making) の促進、政府と市民とのコミュニケーションの改善等の利点があると言われており[19]、重要な行政機能を支援するためのAIの導入が進みつつある。

　連邦政府機関におけるAIの利用例に関する2020年の調査によれば、調査対象とされた機関の半数近くが何らかのAI技術を利用しており、法執行、健康、金融規制、社会福祉、商業、環境といった政策分野において、監督や執行、公共サービスの提供、内部管理、裁定等の業務のためにAIが利用されていると言われる[20]。とりわけ利用例が多い分野は法執行分野であって、限られた人員を効率的に配置するために違法行為の可能性が高い場合や人物を予測し監視するためのAIの利用が行われており、例えば、内国歳入庁や証券取引委員会等によるAIの利用例がこれに該当し得る[21]。また、連邦捜査局等の連邦機関や州又は地方警察による、犯罪が発生しやすい場所や犯罪を犯す可能性のある人物を予測する「予測的ポリシング」のためのAIの利用や、次項で改めて検討を加えるが、顔認証技術の利用も進んでいる[22]。更に、裁判所においては、仮釈放等の際のリスク評価や、犯罪の常習性判断等を行うためのAIの利用も行われている[23]。

　こうした公的部門におけるAIの利用を巡る課題としては、大量の個人情報の処理によるプライバシー侵害の可能性の他に、AIの利用による判断の正確性への疑義、データに含まれるバイアスの反映により差別的な取扱いがなされる危険性、所謂AIの「ブラック・ボックス」問題、すなわち、AIが

導き出す判断の根拠や過程が人間には分かりにくいという問題、そしてこれに対応するための透明性確保や説明責任の在り方等の問題が指摘されており、合衆国憲法第 5 修正及び第 14 修正上の適正手続の確保や、平等保護との関係も問題となり得る[24]。

こうした課題を踏まえ、政府機関における AI の利用の在り方については上記のように積極的な政策的対応が進められており、とりわけ、上記の「大統領令第 13960 号」が掲げる、連邦政府機関における AI の設計、開発、取得及び利用の際の九つの原則、すなわち、「適法性及び国家的な価値の尊重」、「合目的性」、「正確性、信頼性及び効率性」、「安全性及び復元性」、「理解可能性」、「責任及び追跡可能性」、「定期的な監視」、「透明性」並びに「説明責任」は重要な意義を有する[25]。また、先般、会計検査院が公表した、AI システムを利用する連邦機関その

他の組織を対象とした「アカウンタビリティ・フレームワーク」では、責任ある AI システムの利用のための具体的な方策として、「ガバナンス」、「データ」、「実施」及び「監視」の四つの原則を軸とするフレームワークが提示されている[26]。

Ⅳ　AI顔認証技術とその利用規制

1.　顔認証技術と個人情報・プライバシー保護法制

上に見たように、近時政府機関においてもその利用が増大している AI 関連技術の一つと言い得るのが、AI 顔認証技術である。顔認証技術とは、人の生体的な特徴・特性を用いて行う本人認証方式である生体認証技術の一つであり[27]、生体的な特徴・特性を総称して生体情報と呼ぶ。生体情報には、一般的に、指紋、掌形、虹彩、網膜、顔、血管等の身体

3 Anneke Zuiderwijk et al., *Implications of the Use of Artificial Intelligence in Public Governance: A Systematic Literature Review and a Research Agenda*, 38（3）Government Information Quarterly 101577, 2（2021）, https://www.sciencedirect.com/science/article/pii/S0740624X21000137（last visited Sep. 30, 2021）.

4 European Commission, Proposal for a Regulation of the European Parliament and of the Council Laying Down Harmonised Rules on Artificial Intelligence (Artificial Intelligence Act) and Amending Certain Union Legislative Acts, COM（2021）206 final（Apr. 21, 2021）.

5 Exec. Order No. 13859, 84 Fed. Reg. 3967 (2019).

6 National Defense Authorization Act for Fiscal Year 2021, Pub. L. No. 116-283, 134 Stat. 3388, div. E.

7 15 U.S.C. §9411(a).

8 National Artificial Intelligence Initiative Office, *About the NAIIO*, https://www.ai.gov/naiio/#ABOUT-NAIIO (last visited Sep. 30, 2021).

9 Exec. Order No. 13960, 85 Fed. Reg. 78939 (2020).

10 National Security Commission on Artificial Intelligence, *Final Report* (2021), https://www.nscai.gov/wp-content/uploads/2021/03/Full-Report-Digital-1.pdf (last visited Sep. 30, 2021).

11 U.S. Office of Mgmt. & Budget, *Memorandum for the Heads of Executive Departments and Agencies: Guidance for Regulation of Artificial Intelligence Applications* (2020), https://www.whitehouse.gov/wp-content/uploads/2020/11/M-21-06.pdf (last visited Sep. 30, 2021).

12 Andrew Smith, *Using Artificial Intelligence and Algorithms* (2020), https://www.ftc.gov/news-events/blogs/business-blog/2020/04/using-artificial-intelligence-algorithms (last visited Sep. 30, 2021).

13 *See* United Nations, *E-Government Survey 2020 : Digital Government in the Decade of Action for Sustainable Development with addendum on COVID-19 Response*, 222-224 (2020), https://publicadministration.un.org/egovkb/Portals/egovkb/Documents/un/2020-Survey/2020%20UN%20E-Government%20Survey%20(Full%20Report).pdf (last visited Sep. 30, 2021).

14 *See e.g.*, Cary Coglianese & Lavi M. Ben Dor, *AI in Adjudication and Administration*, Faculty Scholarship at Penn Law. 2118, 20-21 (2021), https://scholarship.law.upenn.edu/faculty_scholarship/2118/ (last visited Sep. 30, 2021).

15 E-Government Act of 2002, Pub. L. No. 107-347, 116 Stat. 2899.

16 Foundations for Evidence-Based Policymaking Act of 2018, Pub. L. No. 115-435, 132 Stat. 5529.

17 *See* United Nations, *supra* note 13, at 12.

18 Coglianese & Ben Dor, *supra* note 14, at 22.

19 Zuiderwijk et al., *supra* note 3, at 8-10; William Eggers et al., *Government Trends 2021: Global Transformative Trends in the Public Sector, A Report from the Deloitte Center for Government Insights* 9, 63 (2021), https://www2.deloitte.com/content/dam/insights/articles/7070_Government-trends-2021/DI_Government-trends-2021.pdf (last visited Sep. 30, 2021).

20 David F. Engstrom et al., *Government by Algorithm: Artificial Intelligence in Federal Administrative Agencies, Report Submitted to the Administrative Conference of the United States*, 16-17 (2020), https://www-cdn.law.stanford.edu/wp-content/uploads/2020/02/ACUS-AI-Report.pdf (last visited Sep. 30, 2021).

21 *Id.* at 22-29; Coglianese & Ben Dor, *supra* note 14, at 24-25.

22 Coglianese & Ben Dor, *supra* note 14, at 25-27.「予測的ポリシング」については、山本龍彦「予測的ポリシングと憲法：警察によるビッグデータ利用とデータマイニング」慶應法学 31 号（2015）321 頁を参照。

23 Coglianese & Ben Dor, *supra* note 14, at 6-20.

24 U.S. Const. amend. V, XIV. *See Id.* at 31-37. 近時は、これらの憲法上の問題のみならず、行政法との関係での問題も指摘されている。*See e.g.*, Engstrom et al., *supra* note 20, at 76.

25 Exec. Order No. 13960, 85 Fed. Reg. 78939, 78940-78941 (2020).

26 U.S. Government Accountability Office, *Artificial Intelligence: An Accountability Framework for Federal Agencies and Other Entities* (2021), https://www.gao.gov/products/gao-21-519sp (last visited Sep. 30, 2021).

的外観に基づくもの（身体的特徴）と、音声や署名等の行動特性に基づくもの（行動的特徴）が含まれる[28]。生体認証技術の中でも顔認証はその「非接触性・非拘束性」が最大の特徴であって、距離が離れていても認識可能であるため心理的抵抗が少ない等の長所があると言われており[29]、近時、特にその利用が活発化するとともに、AIを用いたより高精度な認証が行われるようになっている。

　かかる顔認証技術は、米国では9.11事件以降、特に国家安全保障目的での空港や出入国管理の場面等からその利用が拡大してきており、今日では、まず民間部門においては、例えば病院や空港等における本人確認のための利用、小売業者等によるセキュリティ目的での顔認証監視カメラシステムの利用、更に、カジノ、コンサート会場、ホテル、スポーツアリーナ等の場所における、顧客サービスの改善や購買客の識別目的での利用等が見られる[30]。他方で、公的部門においては、例えばデトロイトのように、犯罪防止の目的で広範な顔認証監視カメラの利用が行われている都市があり、また、連邦の政府機関でも、例えば移民・関税執行局において、移民の強制送還のために州の運転免許データベースを用いて顔認証を行うといった例が見られる[31]。こうした利用に加え、次項で見るように法執行機関における顔認証技術の利用も急速に拡大している。

　顔情報を含む生体情報の保護に関しては、まず、日本の「個人情報の保護に関する法律」[32]（以下「個人情報保護法」という）やEUの「一般データ保護規則」[33]（GDPR）のように、生体情報を、個人情報・プライバシー保護のための一般的な法律の保護対象である個人情報の定義の中に含めるという形でその保護を図る方法があり得る[34]。しかし、米国では、保護対象となる個人情報の中に明示的に生体情報を含める個人情報・プライバシー保護のための制定法は少ない。例えば、第3章において明らかにしたように、前出COPPAに関する「子どもオンラインプライバシー保護規則」[35]において、個人情報の例として「子どもの映像若しくは音声を含む写真、ビデオ又は音声ファイル」が挙げられていることや、「2018年カリフォルニア消費者プライバシー法」[36]（CalCPA）が個人情報の例として生体情報を掲げるに止まる[37]。

　こうした中、米国においては顔情報を含む生体情報の保護について個別の法政策が講じられてきてお

り、まず連邦レベルでは、FTCがその2012年の報告書において、顔認証技術を利用する民間事業者に向けた指針を公表しているほか[38]、近時、写真や動画のバックアップアプリを提供するEveralbumが顔認証技術の利用に関して「欺瞞的」な行為を行ったとして、FTC法5条に基づく法執行を行っている[39]。

　一方、州レベルでは、顔認証技術の民間部門における利用について、その特別の保護を図る法律も見られるようになっている。こうした例としてとりわけ著名なのは、2008年にイリノイ州において制定された「生体情報プライバシー法」[40]（BIPA）であろう。非営利団体を含む民間組織に適用される同法は、「生体情報」を「個人を識別するために用いられる個人の生体識別子に基づくあらゆる情報」と定義し、生体識別子とは、網膜、虹彩、指紋、声紋、掌形又は顔の形状であるとされている[41]。BIPAは、生体情報を利用する民間組織に対し、生体識別子の保管予定やその永久的な破壊に関する指針を定めた書面によるポリシーを策定し公表することを求めるとともに[42]、生体情報を収集する場合には、その収集、保管又は利用の目的や期間を書面で情報主体に通知し、情報主体から書面による同意を得ることを義務付けている[43]。また、民間組織は、個人の生体情報の販売等を行うことを禁じられ[44]、生体情報を第三者に提供する場合には原則として情報主体の承認を得なければならない[45]。BIPAに関する特徴的な点としては、BIPA違反により「権利を侵害された者」に私的訴権が認められているという点が挙げられよう[46]。BIPAのかかる権利に基づき、近時複数の訴訟が提起されており、例えば、Facebookの顔認証技術を用いた自動タグ付け機能が、情報主体の同意を得ずに顔情報を収集し利用しておりBIPAに違反するとして訴訟提起された事案においては、最終的には和解で終結したものの[47]、合衆国第9巡回区控訴裁判所は、同意なくして顔認証技術を利用することは個人の私的な事柄に対する侵害に当たると判断している[48]。

2.　政府機関による顔認証技術の利用規制を巡る議論動向

　更に最近では、政府機関による顔認証技術の一定の利用を規制する動きも見られるようになっている。そもそも個人識別には、「その人は、本人がその人であると言っているその人、当人であるのか」を確認する「本人確認」（verification）と、「その人

は誰なのか」を明らかにする「識別」(identification)とがあり[49]、顔認証にも、本人の顔画像と保存されている顔画像との1対1照合を行う「本人確認」のための顔認証と、ある一人の顔画像と、データベースに保存された複数の個人の顔画像との1対N照合を行う「識別」のための顔認証とがある[50]。前者の例としては、例えば、スマートフォンのロックを解除する際のユーザ認証等が挙げられ[51]、通常、本人の申告により行うものであって基本的には本人の同意に基づくものである。これに対し、後者の「識別」は、犯罪捜査等の場面で用いられるものであ

り[52]、必ずしも本人の認識を必要とせず、本人が気付かないうちに行われる可能性もあるため、問題が生じやすい。

近時、多くの懸念を呼んでいるのも後者の犯罪捜査の場面における個人の「識別」に関する顔認証技術の利用である。特に物議を醸しているのは、第6章でも言及したClearview AIであり、同社は、SNS等で公開された情報を用いて、30億とも言われる個人の顔画像のデータベースと照合することで個人の識別を可能にする顔認証アプリを開発し、これを法執行機関を含む政府機関等に提供してい

27　U.S. Government Accountability Office, *Facial Recognition Technology: Current and Planned Uses by Federal Agencies*, 3 (2021), https://www.gao.gov/assets/gao-21-526.pdf (last visited Sep. 30, 2021) [hereinafter *GAO FR Report*].　生体認証技術とプライバシーを巡る法的課題については、松前恵環「バイオメトリクス技術とプライバシー──その法的側面についての一考察」東京大学大学院情報学環紀要　情報学研究73号（2008）51頁を参照。

28　独立行政法人情報処理推進機構「各国バイオメトリクスセキュリティ動向の調査」（2004年）6頁（http://www.ipa.go.jp/security/fy15/reports/biometrics/documents/biometrics2003.pdf (last visited Sep. 30, 2021)）。

29　社団法人日本自動認識システム協会編『よくわかるバイオメトリクスの基礎』（オーム社、2005）31〜32頁。

30　Lindsey Barrett, *Ban Facial Recognition Technologies for Children － and for Everyone Else*, 26 B.U. J. Sci. & Tech. L. 223, 233-236 (2020).

31　*Id.* at 236-237.

32　平成15年法律第57号。

33　Regulation (EU) 2016/679 of the European Parliament and of the Council of 27 April 2016 on the protection of natural persons with regard to the processing of personal data and on the free movement of such data, and repealing Directive 95/46/EC (General Data Protection Regulation), 2016 O.J. (L119) 1.

34　日本の個人情報保護法上の「個人情報」に該当するものとされる「個人識別符号」には、「特定の個人の身体の一部の特徴を電子計算機の用に供するために変換した文字、番号、記号その他の符号であって、当該特定の個人を識別することができるもの」（2条2項1号）のうち「政令で定めるもの」が含まれ、これを受け、「個人情報の保護に関する法律施行令」（平成15年政令第507号）1条1号では、顔情報、すなわち、「顔の骨格及び皮膚の色並びに目、鼻、口その他の顔の部位の位置及び形状によって定まる容貌」を含む生体情報が規定されている。また、EUのGDPRでは、生体データは「個人データ」に含まれることに加え（GDPR 4条(14)）、所謂センシティブデータとして、その処理は特別の規制に服するものとされている（同9条1項）。

35　Children's Online Privacy Protection Rule, 16 C.F.R. §312.1 *et seq.*

36　California Consumer Privacy Act of 2018, Cal. Civ. Code §1798.100 *et seq.*

37　詳しくは、第3章20頁、24頁を参照。

38　Federal Trade Commission, *Facing Facts: Best Practices for Common Uses of Facial Recognition Technologies*, 11-20 (2012), https://www.ftc.gov/sites/default/files/documents/reports/facing-facts-best-practices-common-uses-facial-recognition-technologies/121022facialtechrpt.pdf (last visited Sep. 30, 2021).

39　*See* Federal Trade Commission, *Press Release: FTC Finalizes Settlement with Photo App Developer Related to Misuse of Facial Recognition Technology* (May 7, 2021), https://www.ftc.gov/news-events/press-releases/2021/05/ftc-finalizes-settlement-photo-app-developer-related-misuse (last visited Sep. 30, 2021). FTC法5条に基づくFTCの法執行の具体については、第9章72〜75頁を参照。

40　Biometric Information Protection Act, 740 Ill. Comp. Stat. Ann. 14/1 *et seq.*

41　740 Ill. Comp. Stat. Ann. 14/10.

42　740 Ill. Comp. Stat. Ann. 14/15(a).

43　740 Ill. Comp. Stat. Ann. 14/15(b).

44　740 Ill. Comp. Stat. Ann. 14/15(c).

45　740 Ill. Comp. Stat. Ann. 14/15(d).

46　740 Ill. Comp. Stat. Ann. 14/20.「権利を侵害された」の意義については、「現実の損害」の証明は必ずしも必要ないものと判示されている。*See* Rosenbach v. Six Flags Ent. Corp., 129 N.E.3d 1197, 1205 (Ill. 2019)。なお、BIPAと同様に生体情報の保護を図る州法は、2009年にテキサス州において（*See* Tex. Bus. & Com. Code Ann. §503.001）、2017年にはワシントン州においても制定されているが（*See* H.B. 1493, 65th Leg., Reg. Sess. (Wash. 2017)）、これらはBIPAとは私的訴権を認めていないといった点で異なっている。*See* Daniel J. Solove & Paul M. Schwartz, Information Privacy Law 975 (7th ed. 2021).

47　本件につきFacebookは　原告に対し、5億5,000万ドルを支払うことで和解している。*See e.g.*, Jasmine Vyas, *What Facebook's $550M settlement teaches us about the future of facial recognition* (Feb. 25, 2020), https://iapp.org/news/a/what-facebooks-550-million-settlement-teaches-us-about-the-future-of-facial-recognition/ (last visited Sep. 30, 2021).

48　Patel v. Facebook Inc., 932 F.3d. 1264, 1273 (9th Cir. 2019).

49　松前恵環「社会保障・税番号制度とプライバシーに関する一考察：個人番号の利用範囲の拡大を巡る課題に注目して」Journal of Global Media Studies 17・18合併号（2016）191頁、193〜194頁。

50　*GAO FR Report*, *supra* note 27, at 4-5.

51　*Id.*

52　*Id.*

る[53]。Clearview AIに対しては、個人情報・プライバシー保護の観点から多くの批判がなされており、2020年には、アメリカ自由人権協会が、Clearview AIは前出BIPAに違反する行為を行っているとして訴訟を提起するに至っている[54]。

　そもそも、政府機関による顔認証技術の利用については、不合理な捜索・押収を禁ずる合衆国憲法第4修正との関係が問題となり得るが[55]、顔認証技術の利用が捜索・押収に該当するかどうかは、その利用形態によって異なると言われており、一般に、犯罪現場において捕捉された被疑者の顔画像を、個人識別のためにデータベースと照合するといった利用は、第4修正上の問題を生ぜしめないと言われる[56]。これに対し、対象を特定せずに行われる公共の場における広範な顔認証技術の利用は、携帯基地局情報を通じて得られる個人の位置情報についてプライバシーの合理的期待を認めた近時のCarpenter判決[57]等を踏まえると、第4修正上の捜索・押収に該当する可能性もあると言われる[58]。もっとも、AI顔認証技術の利用についても、Ⅲで指摘したような差別的取扱いが生じる危険性や、正確性の問題が指摘されており[59]、こうした問題は、顔認証技術の利用につき第4修正上の令状を取得したとしても、なお残り得る[60]。

　こうした中、近時、とりわけ政府機関による顔認証技術の利用については、これを禁止ないし制限しようとする動きが見られるようになっており、例えば、サンフランシスコ、サマービル、ボストン、オークランド、バークレーといった都市において、法執行機関を含む市の政府機関による顔認証技術の利用を禁ずる条例が制定されている[61]。また、州レベルでも、2020年にワシントン州において、法執行機関による顔認証技術の利用を規制する法律が制定されている[62]。

　もっとも、連邦レベルではこうした法律による利用規制は行われておらず、顔認証技術が広く利用されている現状が見られる。例えば、米国会計検査院の報告書によれば、多くの連邦政府機関が、法執行目的を含む様々な目的で顔認証技術を利用しており、幾つかの機関では、今後、同技術の利用を拡大する計画があるとされている[63]。

Ⅴ　AIと子ども・学生の個人情報・プライバシー

1.　スマート・トイやEd Techによる個人情報の収集及び利用

　最後に、教育のデジタル化が進む米国において近時とりわけ注目が集まっている、子どもや学生の個人情報・プライバシー保護の問題について検討を加える。今日、様々な情報技術やサービスの進展に伴って、大量かつ多様な個人情報が収集、利用されるようになっているが、こうした個人情報に含まれる子どもや学生の個人情報は、スマートフォンやタブレットといったデバイスや、SNSの普及に伴い、益々増大しつつある[64]。とりわけ、子どもに関してその危険性が指摘されているのは、会話が可能な人形やぬいぐるみなどの、AIが搭載された所謂スマート・トイであり、家庭における会話の記録、過去及び現在の位置といった、場合によってはセンシティブとなり得る子どもの個人情報が気付かないうちに収集され、子どものプライバシーや安全への脅威となることが懸念されている[65]。また、こうして収集された個人情報及びそれを基に作成されたプロファイルを用いた子どもへのターゲティング広告の問題や、子どもの個人情報がID窃盗を含む犯罪に利用されるおそれも指摘されている[66]。

　また、学校等の教育機関においても、学生に関する様々な個人情報が収集、利用されている。学校内における子どもの安全確保のための監視による個人情報の収集はその一例であり、こうした監視には、監視カメラによる監視に加え、スマートフォンによる学生の健康状態の監視等も含まれ得る[67]。更に、教育機関における様々な情報技術の利用により学生の行動が追跡される懸念も指摘されている[68]。

　これに加え、近時、COVID-19の影響によりリモート授業の実施が日常的になり、教育のオンライン化がこれまでにないスピードで進む中で、よりその深刻さや重要性を増していると言われているのが[69]、教育の過程において得られる様々な学生の個人情報の収集及び利用の問題であり、とりわけ、近時の教育分野における個人情報・プライバシー保護の観点から看過し得ないのは、所謂Ed Tech、すなわち、AIを含む技術を活用した教育関連サービスを提供する民間事業者と教育機関との情報共有や、これに伴う学生の個人情報の分析等により生ずる問題であろう[70]。例えばGoogleの教育関連アプリ

ケーションは米国の多くの公立学校で導入されており、こうした教育機関が提携する外部の民間事業者は、学生の氏名、学生ID、成績といった学生に直接関連し教育機関から直接提供される情報、アプリケーションの利用に伴い収集されるメタデータ、位置情報、IPアドレスといった学生に間接的に関連する情報、そして、これらを結合しAIを用いて予測を行うことにより得られる情報等、膨大な学生の個人情報を入手し処理していると言われる[71]。

こうしたビッグデータをAIを用いて分析することにより各学生のレベルに合わせた教育の提供等が可能になるなど[72]、個人情報の利用による教育の改善という利点があることは否定できないが、他方で、プライバシーへの深刻な懸念も指摘されている[73]。とりわけ、こうしたビッグデータを解析することにより詳細な個人像を描き出すというプロファイリングは、かかるデータに基づく自動的な意思決定も含めて問題視されており、とりわけ子どもの場合は、将来にわたって影響を受ける危険性があり、その深刻度は大きい[74]。

2.　子ども・学生のプライバシーに関する法規制の現状と課題

こうした子どもや学生の個人情報・プライバシー保護に関する制定法としては、本稿でも見てきたように、公的基金を受ける教育機関に適用される「1974年家族の教育の権利とプライバシーに関する法律」[75]（FERPA）や、「1998年子どもオンラインプライバシー保護法」[76]（COPPA）等がある[77]。

53　https://www.clearview.ai/ (last visited Sep. 30, 2021).

54　The American Civil Liberties Union, *ACLU Sues Clearview AI* (May 28, 2020), https://www.aclu.org/press-releases/aclu-sues-clearview-ai (last visited Sep. 30, 2021).

55　U.S. Const. amend. IV. 政府機関の行為と第 4 修正については、第 10 章 84〜85 頁を参照。

56　*See* David Gray, *Bertillonage in an Age of Surveillance: Fourth Amendment Regulation of Facial Recognition Technologies*, 24 SMU Sci. & Tech. L. Rev. 3, 26 (2021); Andrew G. Ferguson, *Facial Recognition and the Fourth Amendment*, 105 Minn. L. Rev. 1105, 1110-1120, 1150-1152 (2021).

57　Carpenter v. United States, 138 S. Ct. 2206, 2217 (2018).

58　Gray, *supra* note 56, at 19-29; Ferguson, *supra* note 56, at 1142-1150. 他方で、基本的に公共の場においてプライバシーの合理的期待を認めて来なかった従来の合衆国最高裁判所の考え方によれば、公共の場における顔認証技術の利用も、第 4 修正の問題とならないとも解され得る。*See e.g.*, Gray, *supra* note 56, at 19. 公共の場におけるプライバシーの合理的期待に関する米国の議論については、松前恵環「位置情報技術とプライバシーを巡る法的課題：GPS技術の利用に関する米国の議論を中心に」堀部政男編著『プライバシー・個人情報保護の新課題』（商事法務、2010）235 頁；松前恵環「GPS技術と公共の場におけるプライバシー：米国の判例を素材として」法とコンピュータ 27 号（2009）103 頁；松前恵環「個人によるカメラ監視と米国不法行為法上のプライバシー権の限界：『ポリオプティコン』の時代におけるプライバシー」社会情報学研究 16 巻 2 号（2012）111〜127 頁等を参照。

59　Coglianese & Ben Dor, *supra* note 14, at 32.

60　Ferguson, *supra* note 56, at 1164-1197.

61　Barrett, *supra* note 30, at 277.

62　S.B. 6280, 66th Leg., Reg. Sess. (Wash. 2020).

63　*GAO FR Report*, *supra* note 27, at 25-29.

64　*See e.g.*, Simone van der Hof, *I Agree… or Do I?: A Rights-Based Analysis of the Law on Children's Consent in the Digital World*, 34 Wis. Int'l L.J. 409, 412-413 (2016). 子どもの個人情報・プライバシー保護の問題については、松前恵環「子どもの個人情報の処理にかかる『同意』のあり方」情報通信学会誌 38 巻 1 号（2020）13 頁。

65　松前・前掲注(64) 14 頁。

66　同上。

67　Merritt Neale & Matthew Tryniecki, *The Post-Pandemic Evolution of Student Data Privacy*, Educausereview Issue 3, 53 (2020), https://er.educause.edu/-/media/files/articles/2020/8/er20_3104.pdf (last visited Sep. 30, 2021). *See also* Human Rights Center, UC Berkeley, *Memorandum on Artificial Intelligence and Child Rights*, 25-29 (2019), https://www.unicef.org/innovation/reports/memoAIchildrights (last visited Sep. 30, 2021) [hereinafter *HRC memorandum*].

68　例えば、大学において、学生カード等の利用により大学内における学生の行動が追跡されることで、学生の私生活が露呈し、将来にわたり学生に影響を及ぼし得る危険性等も指摘されている。*See* Neale & Tryniecki, *supra* note 67, at 53-55.

69　*Id.* at 53.

70　*Id.* at 53-55. *See also* Amy Rhoades, *Comment: Big Tech Makes Big Data Out of Your Child: The FERPA Loophole EdTech Exploits to Monetize Student Data*, 9 Am. U. Bus. L. Rev. 445 (2020).

71　*Id.* at 453-455.

72　*HRC memorandum*, *supra* note 67, at 13-17.

73　Executive Office of the President, *Big Data: Seizing Opportunities, Preserving Values*, 24-27 (2014), https://obamawhitehouse.archives.gov/sites/default/files/docs/big_data_privacy_report_may_1_2014.pdf (last visited Sep. 30, 2021).

74　Sonia Livingstone et al., *Children's Data and Privacy Online Growing Up in a Digital Age: An Evidence Review*, 34 (2018), https://www.lse.ac.uk/media-and-communications/assets/documents/research/projects/childrens-privacy-online/Evidence-review-final.pdf (last visited Sep. 30, 2021).

75　Family Educational Rights and Privacy Act of 1974, Pub. L. No. 93-380, 88 Stat. 571.

76　Children's Online Privacy Protection Act of 1998, Pub. L. No. 105-277, 112 Stat. 2681.

77　なお、これらの法律に加え、「児童の権利の保護に関する修正法」（Protection of Pupil Rights Amendment: PPRA）も制定されており、同法は、マーケティング目的で学生の情報を収集、開示、利用又は販売する場合には、親権者等への通知とオプトアウトの機会を提供することを義務付けている。

　例えば、COPPAは、13歳未満の子どもから個人情報を収集している子ども向けのウェブサイト若しくはオンラインサービスの運営者又は13歳未満の子どもから個人情報を収集していることを実際に認識しているウェブサイト若しくはオンラインサービスの運営者に適用されるところ、前項で見たスマート・トイもかかるウェブサイト又はオンラインサービスに含まれるとされているため[78]、スマート・トイを通じて13歳未満の子どもから個人情報を収集している又はそのことを実際に認識している運営事業者には、COPPAが適用される可能性がある。その場合、事業者は、個人情報の処理に関する「通知」の提供や、13歳未満の子どもからの個人情報の収集等に関する「証明可能な親権者の同意」の取得等の義務を負う[79]。もっとも、子どもの個人情報の収集に関する親権者の同意取得については、親権者の負担や、個人情報の処理に関する親権者の理解の不十分さ等、様々な実際上の課題がある[80]。

　また、公的基金を受ける教育機関にはFERPAが適用され得るが、FERPAについては、以下のように、保護の対象となる「教育記録」の定義の狭さ、第三者提供に関する例外規定の広範さ等の課題が指摘されている[81]。まず、「教育記録」とは、学生に直接に関連する情報を含み、教育機関又は教育機関のために行動する者により保管される記録、ファイル、文書その他の資料と定義されるが[82]、ここで保管されていると言い得るためには、学校の書類棚や常設のデータベースに継続して保存されることが必要であって[83]、教員個人のコンピュータに保管される電子メール等は含まれないと解されており[84]、その保護の対象となる情報の範囲は広くない。

　また、本稿でも言及してきたように、FERPAは、教育記録又はそれに含まれる個人識別情報の開示について、原則として親権者の同意を得ることを義務付けているが[85]、かかる規定については様々な例外が認められており、とりわけ、上記のEd Tech関連事業者への学生の個人情報の提供は、「学校関係者」（school officials）への提供に関する規定を用いて行われることが一般的である[86]。かかる規定は、合法的な教育目的を有すると教育機関が認めた学校関係者に対しては、親権者の同意を得ずに教育記録又はそれに含まれる個人識別情報の開示を認めるものであり、FERPAの実施規則[87]では、教育機関がそのサービスや機能を外部委託している請負業者、

コンサルタントその他の第三者は、以下の条件を満たす場合には「学校関係者」に該当するものとされている[88]。すなわち、当該第三者等が、①外部委託しなければ教育機関の従業者がこれを行っていたであろう教育機関のサービス又は機能を担うこと、②教育記録の利用及び保管に関して教育機関の「直接の管理下」にあること[89]、及び、③教育記録からの個人識別情報の利用又は再開示についての規則を遵守すること、である。また、FERPA実施規則は、かかる場合において、「学校関係者」のアクセスを合法的な教育目的を有する教育記録に限定するための合理的な方策を講ずることを教育機関に義務付けている[90]。しかし、この例外規定については、多くのEd Tech関連事業者が「学校関係者」に該当し、これらへの学生の個人情報の広範な提供が可能になると解されており、プライバシー保護の観点から批判がなされている[91]。

　こうした中、米国では近時、州レベルで教育分野における個人情報・プライバシー保護のための法律の制定が進んでおり[92]、例えばその代表例と言われるカリフォルニア州の「学生のオンライン個人情報保護法」[93]（SOPIPA）は、インターネット・ウェブサイト、オンラインサービス、オンラインアプリケーション及びモバイルアプリケーションを運営する事業者に適用され、学生又は親権者等に対するターゲティング広告、学生のプロファイルを作成するための一定の情報の利用、学生の一定の情報の販売、一定の情報の開示といった行為を行うことを禁じている[94]。同法は、他の州にも大きな影響を及ぼしており、その後、多くの州において学生のプライバシー保護に関する法律が制定されている[95]。

VI　むすびにかえて

　本章では、とりわけAIの利用に伴って生じる個人情報・プライバシー保護の問題に焦点を当てて、米国における近時の議論動向を明らかにした。政府機関におけるAIや顔認証技術の利用に関する日本の議論は端緒に就いたばかりであるが、今後、日本の個人情報保護法の令和3年改正[96]による公的部門の規律の民間部門との統合や、デジタルガバメントの推進との関係も含め、より議論を深めていく必要がある。また、子どもや学生の個人情報・プライバシー保護については、日本では未だ十分な議論がなされていないが、教育分野におけるデジタル化が急

速に進む中で今後極めて重要な検討課題となろう。

　次章では、米国の個人情報・プライバシー保護法制に関する本稿の検討を振り返り、これを総括する。

＊本章は、「AIと個人情報・プライバシーに関する米国の議論動向」NBL　1205 号（2021 年 11 月）92 頁を収録したものである。

78　Federal Trade Commission, *Children's Online Privacy Protection Rule: A Six-Step Compliance Plan for Your Business* (2017), https://www.ftc.gov/tips-advice/business-center/guidance/childrens-online-privacy-protection-rule-six-step-compliance (last visited Sep. 30, 2021). 詳しくは、松前・前掲注⑷ 15 頁。

79　*See* 16 C.F.R. §§312.4, 312.5.

80　かかる課題について、詳しくは松前・前掲注⑷ 15〜20 頁を参照。

81　*See e.g.,* Rhoades, *supra* note 70, at 449-452; Sᴏʟᴏᴠᴇ & Sᴄʜᴡᴀʀᴛᴢ, *supra* note 46, at 1081-1089. 更に、FERPAに関しては、違反の場合の罰則が、教育省が法に違反した教育機関を公的基金の対象から除外するに止まるという点についても批判がなされている。*See* 20 U.S.C. §1232g(f).

82　20 U.S.C. §1232g(a)(4)(A).

83　Owasso Independent School District v. Falvo, 534 U.S. 426, 432-433 (2002).

84　S.A. v. Tulare County Office of Education, 2009 WL 3296653, at *3-4 (E.D. Cal. Oct. 6, 2009).

85　20 U.S.C. §1232g(b)(1).

86　20 U.S.C. §1232g(b)(1)(A). *See* Future of Privacy Forum, *The Policymaker's Guide to Student Data Privacy*, 3 (2019), https://studentprivacycompass.org/wp-content/uploads/2019/04/FPF-Policymakers-Guide-to-Student-Privacy-Final.pdf (last visited Sep. 30, 2021). なお、第 8 章 66 頁で明らかにしたように、開示される個人情報が住所氏名録に限定されている場合にも親権者等の同意を得ずに開示が認められているが（*See* 34 C.F.R. §99.31(a)(11)）、開示対象とし得るのは住所氏名録に含むものと指定した情報に限られ、また、親権者等には個人情報を住所氏名録に含むことを拒否する権利が認められていることから、この例外規定よりも「学校関係者」への例外的提供規定の方が多く用いられているとされる。*See* Privacy Technical Assistance Center, *Protecting Student Privacy While Using Online Educational Services: Requirements and Best Practices*, 3-4 (2014), https://tech.ed.gov/wp-content/uploads/2014/09/Student-Privacy-and-Online-Educational-Services-February-2014.pdf (last visited Sep. 30, 2021) [hereinafter *Protecting Student Privacy*].

87　Family Educational Rights and Privacy, 34 C.F.R. §99.1 *et seq.*

88　34 C.F.R. §99.31(a)(1)(i)(B).

89　「直接の管理下」にあるという基準について、実施規則は書面による契約等を要求してはいないが、実際には、教育機関と第三者との間で締結される契約や、場合によっては「サービス利用規約」等による法的な拘束がこれに該当し得ると解されている。*See Protecting Student Privacy, supra* note 86, at 4.

90　34 C.F.R. §99.31(a)(1)(ii).

91　*See* Jules Polonetsky & Omer Tene, *Who Is Reading Whom Now: Privacy in Education from Books to MOOCs*, 17 Vᴀɴᴅ. J. Eɴᴛ. & Tᴇᴄʜ. L. 927, 964 (2015). *See also* Rhoades, *supra* note 70, at 466-468.

92　こうした州法は、主に、教育機関を規制するもの、教育機関から学生の個人情報の提供を受けてその処理を行う民間事業者を規制するもの、これら双方の内容を含むもの、の三つに大別し得るとされている。*See* Future of Privacy Forum, *supra* note 86, at 6.

93　Student Online Personal Information Protection Act, Cᴀʟ. Bᴜs. & Pʀᴏғ. Cᴏᴅᴇ §22584 *et seq.*

94　Cᴀʟ. Bᴜs. & Pʀᴏғ. Cᴏᴅᴇ §22584(b). *See* Sᴏʟᴏᴠᴇ & Sᴄʜᴡᴀʀᴛᴢ, *supra* note 46, at 1089.

95　Student Privacy Compass, *State Student Privacy Laws*, https://studentprivacycompass.org/state-laws/ (last visited Sep. 30, 2021).

96　これは、令和 3 年 5 月 12 日に成立した「デジタル社会の形成を図るための関係法律の整備に関する法律」（令和 3 年法律第 37 号）による改正である。

第12章

日本の個人情報保護法制への示唆

Ⅰ　はじめに

　本稿では、米国の個人情報・プライバシー保護法制について、個別の論点を切り口とした分野横断的な検討を行ってきた。本章では、前章までの検討を振り返り、総括するとともに、検討から得られた今後の日本の個人情報保護法制への示唆について述べておくこととしたい。

　折しも日本では、2021（令和3）年5月に、「デジタル社会の形成を図るための関係法律の整備に関する法律」[1] による「個人情報の保護に関する法律」[2]（以下「個人情報保護法」という）の改正（以下「令和3年改正」という）が行われたところであり、個人情報保護に関する公的部門と民間部門の規律を統合するという個人情報保護法制の根本的な変革が行われるに至っている[3]。これは、日本の個人情報保護法制の大きな転換点とも評価し得る改正であるが、今後に残された検討課題はなお少なくない[4]。第1章で指摘したように、昨今の日本の個人情報保護法制を巡る議論は、欧州連合（European Union：EU）の法制度の強い影響の下に進められている傾向があるが[5]、日本の個人情報保護法制の背景には、これまで米国の影響を受けて発展してきたプライバシー

の権利が存在することに照らせば、EUのみならず米国の法制度にも十分に目を配りつつ検討を行っていく必要がある。

　そこで本章では、まずⅡにおいて、本稿における米国の個人情報・プライバシー保護法制に関する前章までの検討を振り返りつつ、改めて米国の個人情報・プライバシー保護法制を素描する。その上で、Ⅲでは、米国の法制度の検討から得られる日本の個人情報保護法制への示唆として、今後の検討の際に参考となり得る幾つかの視点を提示しておくこととしたい。

Ⅱ　前章までの検討を振り返って

　まず、米国における個人情報・プライバシー保護法制の最大の特徴は、連邦レベルでは公的部門及び民間部門双方を包括的に規制する制定法を持たず、個別の分野ごとに法律を制定するセクトラル方式を採用し、民間部門については自主規制が中心とされているという点にあった[6]。こうした規制の根底には、表現の自由を含む情報の自由な流通の価値の重視、主に政府機関との関係における合衆国憲法上のプライバシーの権利の保障、民間部門の規制の忌避といった米国の基本的な思想があるものと解される[7]。

もっとも、米国の個人情報・プライバシー保護法制も、個人情報の保護のための原則として国際的に普及している「公正な情報取扱慣行に関する原則」（Fair Information Practice Principles：FIPPs）を基盤とするものである。そのため、各制定法や自主規制において参照される様々な指針等は、それぞれ情報主体の権利、個人情報取扱事業者の義務、監督機関等の、日本の個人情報保護法制とも共通する基本的な要素を含んでいる。これらの要素ごとに、本稿で明らかにした具体的な制度内容について簡単に振り返ってみると、まず、保護対象となる個人情報については、各制定法によって差異はあるものの、基本的には日本の個人情報保護法制と同様に「個人識別性」を基準とした個人情報の定義を置くものが多く、個人情報の非識別化に関する制度も幾つかの法律において設けられていた[8]。

かかる個人情報の処理に関する義務規定について、本稿では①個人情報の収集、利用又は開示の段階と、②個人情報の保有又は管理の段階とを区分して制度の分析を行った。まず、①に関して、米国では個人情報の収集を規制する法律も数は少ないものの存在し、利用又は開示については、日本の個人情報保護法とは異なりこれらを合わせて規制するものが多く見られた。利用に関してはこれを一定の場面に限定する規制が、医療、信用、通信等の分野の制定法において見られ、日本の個人情報保護法の第三者提供に相当する開示については、金融、信用等の分野において、日本のオプトアウト規定に類似する規定を置く制定法が見られた[9]。もっとも、表現の自由をはじめとする対抗利益との調整の観点から、こうした義務規定に関しては、制定法ごとにそれぞれ様々な例外規定が置かれており、こうした例外規定には、現在日本でも検討課題とされている研究や公衆衛生の目的での個人情報の処理が含まれる[10]。また、やはり表現の自由との関係から、近時日本で問題となっている所謂プロファイリングについても一般的な規制は行われていない[11]。なお、個人情報の第三者提供に関して、日本の個人情報保護法では所謂越境データ移転を規制する条項が設けられているが、米国の連邦レベルでの個人情報・プライバシー保護のための制定法にはこれに相当する規定は置かれておらず、EUの「一般データ保護規則」（General Data Protection Regulation：GDPR）[12]が定める越境データ移転規制への対応を巡る議論が主であった[13]。

一方、②の個人情報の保有又は管理の段階においては、程度の差はあるとは言え、米国の多くの制定法において日本の個人情報保護法と基本的には類似する安全管理措置が義務付けられていた。また、個人情報保護法の令和2年改正[14]により導入された、所謂データ漏洩通知については、米国の全ての州においてこれを義務付ける法律が制定されていることに加え、連邦レベルでも医療や通信等の分野において関連規則が制定されていた[15]。

1　令和3年法律第37号。

2　平成15年法律第57号。

3　令和3年改正の概要については、石井夏生利「行政のデジタル改革と個人情報保護法制」行政＆情報システム57巻2号（2021）14頁；岡村久道『個人情報保護法の知識〔第5版〕』（日経BP、2021）238～251頁；髙橋滋ほか「座談会　個人情報保護法の改正──官民データ流通の促進と公的部門の規律の統合」ジュリ1561号（2021）14頁；藤原靜雄「個人情報保護法制の一元化──令和3年法改正」自治実務セミナー711号（2021）2頁；藤原靜雄「個人情報保護法改正とデジタル改革関連法」法教493号（2021）61頁；長島寛人「デジタル改革関連法に関する解説(2)──個人情報保護法制の見直しについて(上)」NBL1200号（2021）87頁；長島寛人「デジタル改革関連法に関する解説(3)──個人情報保護法制の見直しについて(下)」NBL1202号（2021）47頁等を参照。

4　令和3年改正の意義と課題については、松前惠環「公的部門の個人情報保護法制の在り方─令和3年改正を踏まえて─」情報法制研究10号（2021）を参照。

5　第1章1頁を参照。

6　同上2頁を参照。

7　第2章12～15頁を参照。

8　第3章18～24頁を参照。

9　第5章36～41頁を参照。

10　第8章63～69頁を参照。

11　第5章41～42頁を参照。

12　Regulation (EU) 2016/679 of the European Parliament and of the Council of 27 April 2016 on the protection of natural persons with regard to the processing of personal data and on the free movement of such data, and repealing Directive 95/46/EC (General Data Protection Regulation), 2016 O.J. (L119) 1.

13　第7章54～55頁を参照。

14　個人情報保護法は、令和2年に「個人情報の保護に関する法律等の一部を改正する法律」（令和2年法律第44号）により改正されており、当該改正法は令和4年4月1日から施行される。

15　第6章47～49頁を参照。

情報主体の権利については、日本の個人情報保護法が規定する開示請求権や訂正等請求権については、内容の差はあるとは言えこれを規定する制定法が多いものの、利用停止等請求権に相当する規定を置く制定法は少ない。これに関連して、データ・ポータビリティの権利や所謂忘れられる権利については、その一部に相当すると解し得る権利を規定する制定法等も見られるが、一般的にこうした権利を規定する法律は連載の執筆時点では存在していなかった[16]。

また、米国では、公的部門については個人情報・プライバシー保護のための一般的な法律が制定されているが、広範な適用除外が認められている点が特徴的である[17]。公的部門については、とりわけ近時、政府機関による様々な場面での人工知能（Artificial Intelligence：AI）の利用が進んでおり、関連する指針等も数多く公表されていた[18]。

こうした米国の個人情報・プライバシー保護のための制定法について、これを監督する機関は個別の分野ごとに異なるが、特に民間部門については、連邦取引委員会（Federal Trade Commission：FTC）が中心的な役割を担っており、積極的な法執行が行われていた[19]。

Ⅲ　日本の個人情報保護法制への示唆

では、冒頭で述べたように日本の個人情報保護法制が大きな変革の中にある今、こうした米国の個人情報・プライバシー保護法制から何を教訓として学び得るのか。ここでは、日本法への示唆として、以下の五点を指摘しておきたい。

1.　個別対応型のアプローチ

まず、米国の個人情報・プライバシー保護法制の内容から読み取り得るのは、米国の法制度においては、必要な分野又は問題に対して必要な規制を設けるという、個々の分野又は問題に即した個別対応型のアプローチが基本とされているという点であろう。米国における個別の分野ごとの個人情報・プライバシー保護のための法制定の現状に対しては、第1章で指摘したように、「アド・ホック」、あるいは「一貫性がない」といった批判がなされていた[20]。確かにそうした側面があることは否定できないものの、必要な分野又は問題に対して必要な規制を設けるという個別対応型のアプローチからは学ぶべき点

も多い。

第一に、米国において手当てがなされている個別の分野又は問題のうち、日本では未だそれ程議論がなされていない、あるいは、検討が緒に就いたばかりである分野又は問題については、日本でも今後の検討課題として参照し得ることに加え、具体的な規制内容についても参考になり得る点があると考えられる。その代表例としては、本稿でも度々取り上げてきた、子どもや学生の個人情報に関する問題が挙げられる。米国では、特に近時その進展が著しい教育のオンライン化や教育におけるAIの利活用との関係において、子どもや学生の個人情報の保護の必要性が高まっていたが[21]、こうした必要性は日本においても同様であろう。また、令和3年改正により公的部門と民間部門の規律が統一され、地方公共団体についても基本的には民間部門と同様の規律が導入されることにより、今後、学校等の教育機関における個人情報の利活用が進むことが予想されている。これらの点に鑑みれば、未だ議論が必ずしも十分に行われていない子どもや学生の個人情報の保護の問題について検討を行うことは急務である。更に、子どもは発達途上にある未成熟かつ特別の保護を必要とする存在であるという点からも、こうした検討の重要性が導かれよう[22]。

また、第6章で見たように、米国では個人情報の不正利用への対応としてID窃盗やデータ・ブローカーに関する法律が制定されていたが[23]、これらの問題への対応もまた、今後の日本の法制度の検討において参考になり得る。とりわけ、データ・ブローカーについては、日本でも所謂名簿屋の規制の在り方を巡って、業法等での規制を含めてこれまで議論が継続されてきてはいるが[24]、未だ結論を見ていない。こうした中、米国におけるデータ・ブローカー規制は、規制対象とする事業者の範囲や、登録義務の内容といった点において、一つの手掛かりとなり得ると言えよう。

第二に、日本において既に一般的な規制の導入が検討されているものの、その規制の在り方について様々な議論がある問題についても、米国の個人情報・プライバシー保護法制から学び得る点は多い。こうした例として挙げられるのは、とりわけ令和2年改正の検討過程において論議を呼んだ、情報主体の権利としてのデータ・ポータビリティの権利や忘れられる権利の導入の是非、また、プロファイリン

グやデータ・マイニング行為の規制の是非といった問題である。米国では、Ⅱで述べたように一般的なデータ・ポータビリティの権利や忘れられる権利といった権利が明確に規定されているものではなく、個別の制定法等においてこれらに相当する性質を有する権利の一部が規定されるに止まる[25]。プロファイリングやデータ・マイニングに関しても、当該行為を一般的に規制するのではなく、例えば、行動ターゲティング広告に関する事業者の自主規制、公的部門におけるデータ・マイニングの規制といったように、個別の分野や個々の問題ごとに規制が検討され、対応がなされているのが現状であった[26]。例えばデータ・ポータビリティの権利については、あらゆる分野においてこれを強制的に情報主体の権利として取り入れるのは適当ではないといった意見があったように[27]、情報主体の如何なる権利をどの程度認めるべきかは、個々の分野や問題の性質による面もある。また、プロファイリングやデータ・マイニングについても、個別の問題ごとにその内容や性質、ひいてはプライバシーへの影響等は異なり得る。こうした中、分野や問題ごとに対応するという米国の個別対応型のアプローチには、対抗利益との調整という観点からも、一定の合理性を認め得る。更に、プロファイリングにより生じ得る差別的な取扱いに対して、米国では、個人情報・プライバシー保護法の文脈ではなく、主に差別禁止法の文脈で対応が図られている点も参考になろう[28]。

第三に、既に日本でも特別の考慮が必要な個別の分野として議論の蓄積がある医療、金融、信用、通信といった分野についても、米国の規制内容にはな

お参考になる点が多い。冒頭で述べた通り、令和 3 年改正により個人情報保護法が公的部門と民間部門の双方を規律する法律として位置付けられ、日本の個人情報保護法制は基本的にはオムニバス方式を採用するものとなったが、特別の配慮が必要であるとして「特定分野ガイドライン」が定められている分野、すなわち、医療、金融、信用、通信等の個別の分野については[29]、個別の分野ごとの性質に応じた規制がなお重要である[30]。本稿で見てきたように、米国におけるこれらの分野における規制は決して緩やかなものではなく、とりわけ、医療分野及び信用分野においては、取り扱われる個人情報のセンシティブ性故に、比較的厳格な又は詳細な義務を定めているものと評価し得る規定も見られる。今後、個別の分野ごとの規制の在り方を検討する際には、こうした米国の法制度の内容はなお参照に値するものと言えよう。

2. 個人情報の処理に関する実体的な規制

次に注目すべき点は、米国の個人情報・プライバシー保護法制に見られる、実体的な規制である。ここで実体的な規制と言うのは、個人情報の処理について情報主体への通知を行い、情報主体の同意を得ることを中心とする手続的な規制に対置される規制であり、個人情報の処理行為の是非について実体的な規範を示し、個人情報の一定の処理行為自体を制限することを内容とする規制である。

米国の個人情報・プライバシー保護法制には、こうした実体的な規制と位置付け得る例が見られる。第 5 章で明らかにしたように、とりわけ医療、金

16　第 4 章 32〜34 頁を参照。
17　第 10 章 80〜82 頁を参照。
18　第 11 章 90〜91 頁を参照。
19　第 9 章 76〜78 頁を参照。
20　第 1 章 2 頁を参照。
21　第 11 章 94〜96 頁を参照。
22　米国では、子どもの個人情報保護に関する規制は、消費者の「脆弱性」に着目しその保護を図るという性質をも有するものと位置付けられていた。第 2 章 14 頁を参照。
23　第 6 章 49〜52 頁を参照。
24　同上 52 頁を参照。
25　第 4 章 32〜34 頁を参照。
26　第 5 章 41〜42 頁、第 10 章 86〜88 頁を参照。
27　第 4 章 34 頁を参照。
28　第 5 章 42 頁を参照。
29　個人情報保護委員会「特定分野ガイドライン」〈https://www.ppc.go.jp/personalinfo/legal/guidelines/ (last visited Oct. 31, 2021)〉。
30　とりわけ医療分野については、従来個別法の必要性が指摘されてきており（例えば、宇賀克也「医療と個人情報保護」日本臨床麻酔学会誌 34 巻 7 号（2014）954 頁を参照）、2018 年に「医療分野の研究開発に資するための匿名加工医療情報に関する法律」（平成 29 年法律第 28 号）が制定されるなど、検討が続けられている。

融、信用といった分野においては、例えば、一定の目的での遺伝情報の利用又は開示の禁止、一定の情報のマーケティング目的での提供や再提供の禁止、一定の個人情報の販売の禁止等、一定の個人情報の処理行為を禁ずる規定が置かれていた[31]。これらは、個人情報の種類、個人情報の利用又は開示の目的及び態様等に着目して、個人情報の処理行為を制限する実体的な規制と捉えることができる。

また、米国のFTC法5条が定める「不公正」な行為又は慣行の禁止もまた、こうした実体的な規制の一つと位置付け得る。FTC法5条は「不公正若しくは欺瞞的な行為又は慣行」を禁ずるものであり、このうち「欺瞞的」法理は、事業者が自らプライバシー・ポリシー等において表明した個人情報・プライバシー保護に関する誓約に反する行為又は慣行について問題となるという意味において手続的な規制に近いのに対し、消費者への実質的な損害やその可能性を軸とする「不公正」法理は、実体的な規制に近いものと解される[32]。第9章で明らかにしたように、かかる「不公正」法理に基づく法執行は、プライバシー・ポリシーの遡及的変更、データの不適切な利用、不公正な設計、不公正な情報セキュリティ慣行等を含む行為又は慣行に対して広く行われており[33]、FTC法5条の「不公正」な行為又は慣行の禁止は、一定の行為又は慣行を制限する実体的な規制として機能している。

こうした米国の個人情報・プライバシー保護法制に見られる実体的規制からは、日本の個人情報保護法の令和2年改正により新設された、「不適正」な個人情報の処理を禁ずる規定の解釈について、示唆を得ることができよう。令和2年改正後の個人情報保護法16条の2は、「違法又は不当な行為を助長し、又は誘発するおそれがある方法」により個人情報を利用することを禁ずる規定であり、一定の内容の個人情報の処理行為を禁ずる実体的な規制と位置付け得る[34]。同規定が禁ずる「不適正」な利用の意義については、個人情報保護委員会が公表している「個人情報の保護に関する法律についてのガイドライン（通則編）」[35]において、「違法又は不当な行為」とは、「法（個人情報の保護に関する法律）その他の法令に違反する行為、及び直ちに違法とはいえないものの、法（個人情報の保護に関する法律）その他の法令の制度趣旨又は公序良俗に反する等、社会通念上適正とは認められない行為をいう」とされ、これに

該当し得る幾つかの事例が掲げられている。もっとも、個人情報保護の文脈における「社会通念上適正とは認められない行為」の意義について、予見可能性の確保という観点からは、今後、一定の基準を示し、その基準に基づいて「不適正」な利用への該当性を判断していくことが望ましいものと言えよう。

かかる際に、上に挙げたような米国の制定法に見られる幾つかの規定やFTCの「不公正」法理に基づく法執行例に代表されるような米国の実体的な規制は、重要な手掛かりとなり得る。今後、こうした米国の法制度をも参考にしつつ、単に事例を列挙するに止まらず、基準の具体化を図っていくことが求められる。

また、こうした実体的な規制は、近時、とりわけ「通知・選択アプローチ」が抱える課題が象徴するように、個人情報の処理に関して情報主体への通知やその同意を中心とした手続的な規制を偏重することの問題が指摘されていることとの関係においても重要な意義を有する[36]。「通知・選択アプローチ」とは、個人情報の処理行為に関する情報主体への「通知」と、それに対する情報主体の「選択」の機会とを確保することに重点を置く個人情報保護のためのアプローチであり、日本を含む各国の個人情報保護法制において重要な機能を担ってきたものであるが、近時、かかるアプローチが抱える様々な課題が指摘されている[37]。F. H. ケイトが、FIPPsとは本来、手続的な原則のみならず、個人情報の処理行為の是非を問題とする実体的な原則をも含むものであり、「通知・選択」を偏重する「通知・選択アプローチ」は、FIPPsを手続的なものに「矮小化する」ものであるとして批判しているように[38]、個人情報保護法制の在り方を考える際には、手続的な規制と、実体的な規制とのバランスが重要である。

こうした観点から、米国の個人情報・プライバシー保護法制が含む実体的規制は、今後の日本の個人情報保護法制の在り方を考えていく上で示唆に富むものと言えよう。

3.　監督機関による法執行と個人の救済のための仕組み

第三に指摘しておきたいのは、米国における個人情報・プライバシー保護監督機関の権限及びその法執行の現状と個人の司法的救済のための仕組みから得られる示唆である。既に述べた通り、米国では、民間部門については、FTCが個人情報・プライバ

シー保護のための監督機関として中心的な役割を担っており、FTC 法に基づく広範な調査権限、法執行権限、規則制定権を含む監督権限に基づき、FTC 法 5 条の「不公正若しくは欺瞞的な行為又は慣行」について積極的な法執行を行ってきていた[39]。上述のように、米国の連邦レベルでは、民間部門の個人情報・プライバシー保護法制に関して分野ごとの制定法がある以外は基本的に自主規制に委ねられているものの、ここで言う自主規制とは、あくまでもこうした FTC という強力な法執行機関の権限やその監督を背景にした自主規制であるという点には留意が必要である。無論、第 9 章で指摘したように、FTC による行政的執行は同意命令を通じた和解により終結する場合が多いものの、それでもなお、高額の和解金を伴うことも多い FTC の法執行が積極的に行われ、こうした法執行例の蓄積が、D. J. ソロブと W. ハーツォグが言うように、一種のコモン・ローとしての意義を持ち始め、一定の規範として機能していることは看過できない事実である[40]。

また、今一つ注目すべき点は、情報主体の司法的救済、とりわけ金銭的な救済のための仕組みである。本稿で見てきたように、米国の個人情報・プライバシー保護のための幾つかの制定法では、法律違反を原因として個人が訴えを提起することを認める私的訴権が規定されており、その中には損害賠償額を規定するものも見られた。また、FTC 法において も、FTC が、消費者等が被った損害を回復する

ための救済措置を求めて訴訟提起し得る制度が設けられていることに加え、FTC もその法執行において個人の救済という要素を重視しており、例えば、FTC 法 13 条(b)に基づき終局的差止命令を求める際に、あわせて衡平法上の金銭的救済として、被害者への被害額の返還を求める原状回復請求を行う等の対応を行ってきていた[41]。

他方で、日本の個人情報保護法制に関しては、個人情報保護委員会が監督権限を有しており、報告及び立入検査、指導及び助言、勧告及び命令等の権限に基づき法執行を行っている。もっとも、個人情報保護委員会による法執行が、少なくともこれまでの例を見る限り、特に勧告及び命令についてみると多いとは言い難いという現状や[42]、個人情報保護法の各規定の解釈の確立において個人情報保護委員会の法執行例が有する意義に照らせば、米国におけるFTC の積極的な法執行と法執行例の蓄積による規範の確立からは、学び得る点も多い。なお、近時日本では、監督権限の強化という観点から、違反行為を行った事業者に経済的不利益を課すことにより違反行為を事前に抑止することを目的とする制度として、課徴金制度の導入等も検討されているが[43]、これは、上記の米国の法制度に照らしても、検討の余地があるものと言えよう。

また、個人の救済に関して、日本では、個人情報保護法の実効性確保のための仕組みとして、民間事業者による苦情処理のための仕組みは一定程度整備されているものの、米国のような私的訴権や損害賠

31　第 5 章 40〜41 頁を参照。

32　同様の指摘をするものとして、*See e.g.*, Dennis D. Hirsch, *From Individual Control to Social Protection: New Paradigms for Privacy Law in the Age of Predictive Analytics*, 79 Md. L. Rev. 439, 479 (2020).

33　第 9 章 76〜77 頁を参照。

34　宮下紘「個人情報取扱事業者等の新たな義務」ジュリ 1551 号（2020）36 頁、38 頁も、同規定を、個人情報の処理に関して「実質的実体要件」を設けるものとし、個人情報の処理に係る「手続」論から「実体」論への転換の契機となる条項と位置付けている。

35　個人情報保護委員会「個人情報の保護に関する法律についてのガイドライン（通則編）」（平成 28 年 11 月、令和 3 年 10 月一部改正）39 頁（https://www.ppc.go.jp/files/pdf/211116_guidelines01.pdf (last visited Oct. 31, 2021)）。なお、本ガイドラインは、令和 4 年 4 月 1 日施行予定である。

36　「通知・選択アプローチ」を巡る課題と、これを踏まえた実体的な規制の重要性については、松前恵環「個人情報保護法制における『通知・選択アプローチ』の意義と課題―近時の議論動向の分析と IoT 環境に即したアプローチの考察―」InfoCom REVIEW 72 号（2019）30 頁、33〜40 頁を参照。

37　同上。

38　Fred H. Cate, *The Failure of Fair Information Practice Principles*, *in* Consumer Protection in the Age of the 'Information Economy' 341, 355-358 (Jane K. Winn ed., 2006).

39　第 9 章 72〜78 頁を参照。

40　Daniel J. Solove & Woodrow Hartzog, *The FTC and the New Common Law of Privacy*, 114 Colum. L. Rev. 583, 619-625 (2014).

41　第 9 章 74〜75 頁を参照。

42　個人情報保護委員会「令和 2 年度年次報告」（令和 3 年 6 月）35 頁（https://www.ppc.go.jp/files/pdf/030611_annual_report.pdf (last visited Oct. 31, 2021)）によれば、令和 2 年度の勧告件数は 0 件、命令件数は 2 件、前年度の勧告件数は 5 件、命令件数は 0 件とされている。

43　個人情報保護委員会「個人情報保護法 いわゆる 3 年ごと見直し 制度改正大綱」（令和元年 12 月 13 日）34 頁（https://www.ppc.go.jp/files/pdf/200110_seidokaiseitaiko.pdf (last visited Oct. 31, 2021)）。

償額に関連する規定は特段設けられていない。かかる現状において、個人情報保護法の違反が法的救済の対象となるかどうかや損害賠償額は、基本的には個別の事案において不法行為法上のプライバシー権等との関係において判断されることとなるが、現状において、必ずしも情報主体に対して十分な救済が与えられているとは評価し難い[44]。こうした中で、例えば損害賠償額を定める規定等、上記の米国における個人の司法的救済のための仕組みは一定程度参考になり得る。AI関連技術を含む先端的な情報技術の進展により、従前よりも多様な種類の個人情報が、益々多様な形態で処理されるようになり、プライバシーへの影響もより一層深刻になるおそれが懸念される現代社会においては、情報主体の十分な司法的救済のための仕組みの充実という観点に、より一層配慮し、検討を行っていくことが求められよう。

4.　対抗利益との調整の在り方

第四に注目すべきは、対抗利益との調整の在り方であろう。第2章で指摘したように、米国では、表現の自由を含む情報の自由な流通の利益が重視される傾向があり、こうした対抗利益の重要性は、公的部門及び民間部門双方を規律する個人情報・プライバシー保護のための連邦法を制定せず、上に指摘したように規制の必要な個別の分野について必要な規制を行い、その他は自主規制に委ねるという法制度の構造自体に表れているとも言い得る[45]。こうした米国の個人情報・プライバシー保護法制における、プライバシーの権利と、表現の自由を含む情報の自由な流通という対抗利益との調整は、各制定法における具体的な規定によっても行われており、個人情報の処理を規制する各義務規定について、個人の権利利益や公共の利益等の保護のために個人情報の処理が必要な場合——例えば、緊急時に必要な場合、司法手続に必要な場合、個人や公衆の健康や安全確保に必要な場合、不正行為の防止に必要な場合等——に、個人情報の処理を認める例外規定が設けられていた[46]。

こうした具体的な調整規定は、今後の日本の個人情報保護法制の検討においても参考になり得る。日本では現在、表現の自由を含む情報の自由な流通や、公共の利益等を含む様々な対抗利益——情報の有用性——との調整について、各義務規定の例外規定の具体化ないし精緻化を進めることが検討されて

おり、令和3年改正では、とりわけ学術研究につき、その一般的な適用除外規定が見直され、各義務規定ごとの例外規定が精緻化されるに至った。もっとも、情報の有用性とは様々な利益を含み得る概念であり、日本では、第8章で言及したように、公衆衛生目的での個人情報の利用との調整も検討課題となっている[47]。情報の有用性、及び、これと対置されるプライバシーの権利を中心とする個人の権利利益は、いずれも、多様な利益を含み得るものであり、これらの調整規定の精緻化を進める際には、それぞれの場面において対置される個別の権利利益を明確にし、個別の利益衡量を行っていくことが不可欠である。米国の調整規定はこうした検討を行っていく際の有用な手掛かりとなろう。

また、こうした対抗利益の一つに含まれ得る公共の安全との調整という点に関しても、米国の議論からは一定の示唆を得ることができる。第10章で指摘したように、米国ではとりわけ9.11事件以降、公共の安全とプライバシーの権利の保護との調整が深刻な問題として議論を呼んでいた[48]。日本では、近時、所謂ガバメント・アクセス、すなわち、民間事業者が保有する個人情報への、犯罪捜査や国家安全保障目的での政府機関によるアクセスの問題は、特にEUの十分性認定との関係において議論されているものの[49]、犯罪捜査又は国家安全保障目的での個人情報の収集、利用又は提供等を含む処理一般の在り方や、それに対する監督の在り方等については、今のところ個人情報保護法制との関係では必ずしも十分な議論が行われているものではないように思われる。今後、公共の安全とプライバシーの権利の調整という観点からの議論の深化が求められる。

5.　理論と制度設計との接合

最後に、個人情報・プライバシー保護法制の理論と制度設計との接合について指摘しておきたい。冒頭で述べた通り、日本の個人情報保護法制については、令和3年改正により公的部門と民間部門の規律が統合されるに至っている。従来、日本の個人情報保護法制は基本法部分についてはオムニバス方式、一般法部分についてはセクトラル方式を採用し、EUと米国との折衷型の法制度を採用してきたと言われるが[50]、令和3年改正は、これを基本的にはEU型と位置付け得るオムニバス方式を採用する形に制度転換したものと言えよう。

そもそも、個人情報保護法制のデザインとして如何なる規制方式を採用するのかは、制度を支える理論に基づいて決定されるものである。米国では、Ⅱでも述べたように、連邦レベルでは公的部門についてのみある程度包括的な法律を制定し、民間部門については特に必要な分野以外は自主規制に委ねるセクトラル型の法制度が採用されているが、これは、プライバシー権についてとりわけ公権力との関係を重視し、情報の自由な流通との関係で基本的に民間部門の規制を忌避する傾向があるという米国の基本的な思想から導かれる、合理的な帰結である。米国における個人情報・プライバシー保護法制については、包括的な個人情報保護法制の不存在が否定的に評価されることも多いが、無論そうした側面は否定できないにしても、米国ではこうした基本的な思想に基づいてかかる規制方式が選択されているのであって、個人情報・プライバシー保護の理論と制度設計との接合という観点からは、合理的な規制とも評価し得る。同様に、基本権としての「個人データの保護」の権利[51]に基づく EU の GDPR が、データ保護の権利を包括的に保護するためのオムニバス方式を採用していることもまた、基本理念と制度設計との接合という観点から首肯し得るものである。

こうした個人情報・プライバシー保護の理論と制度設計との接合という観点に注目した時、今後、如何なる理論に基づいて日本の個人情報保護法制を構築していくのかという点が、改めて問われることになろう。冒頭でも述べたように、日本では現在、EU の十分性認定との関係において EU の法制度へ傾倒する傾向が見られ、その重要性は否定できないものの、単に海外の法制に追随し、理論との連動なくして制度の表面を整えるという対応のみでは歪み

が生ずることは避けられない。個人情報の流通をどの程度、どのように認めるのかは、プライバシーの権利や表現の自由を含む個人の権利利益の在り方と密接に関わるものであり、更にこうした権利利益は、日本の法制度や理論は無論、日本の社会や歴史、文化等を基礎として成り立つものである。また、如何なる理論を基盤として個人情報保護法制を構築するのかを明確にしておくことは、今後日本が国際的なデータ流通の推進及び枠組みの構築において主導的な役割を果たしていくためにも必要であると言えよう[52]。

昨今、日本でも自己情報コントロール権を巡る理論的な検討の深化が進みつつあるところ[53]、こうした議論を十分に踏まえた上で、長期的な視野に立ち、個人情報保護法制の制度設計を行っていくべきである。

Ⅳ　むすびにかえて

本稿では、米国の個人情報・プライバシー保護法制について、今後の日本の個人情報保護法制の検討を見据え、個別の論点ごとに分野横断的な検討を試みた。米国と日本の法制度はその構造からして大きく異なるものであり、厳密にこれらを比較することは難しいが、言わば横串を通すことで見えてくるものもあり、日本法への幾つかの示唆も得ることができたと考える。

本稿が、米国の個人情報・プライバシー保護法制の理解、ひいては今後の日本の個人情報保護法制の発展の一助になれば、幸いである。

＊本章は、「日本の個人情報保護法制への示唆」NBL 1207 号（2021 年 12 月）69 頁を収録したものである。

44　例えば、無論個別の事案ごとに様々ではあるものの、個人情報の漏洩事案に関しては、損害賠償額が比較的低額になる場合も少なくないことが指摘されている。松尾剛行『最新判例にみるインターネット上のプライバシー・個人情報保護の理論と実務』（勁草書房、2017）257 頁を参照。また、個人情報の漏洩事案に関する近時の下級裁判例において、プライバシー侵害が認められるために現実の損害の立証が要求されていることを批判する見解もある。佐々木秀智「アメリカ不法行為法における個人情報漏えいの『損害』について」法論 91 巻 2・3 合併号（2018）91 頁、124〜126 頁を参照。

45　第 2 章 14〜15 頁を参照。

46　第 8 章 62 頁を参照。

47　同上 62〜63 頁を参照。

48　第 10 章 84〜88 頁を参照。

49　例えば、宍戸常寿「地方行政のデジタル化と個人情報保護」地方自治 876 号（2020）2 頁、11 頁を参照。

50　宇賀克也『個人情報保護法の逐条解説〔第 6 版〕』（有斐閣、2018）26 頁。

51　GDPR 1 条 2 項。

52　「世界最先端デジタル国家創造宣言・官民データ活用推進基本計画」（令和 2 年 7 月 17 日閣議決定）41〜42 頁（https://www.kantei.go.jp/jp/singi/it2/kettei/pdf/20200717/siryou1.pdf (last visited Oct. 31, 2021)）。

53　とりわけ、自己情報コントロール権等に関する憲法学からの議論として、例えば曽我部真裕「自己情報コントロールは基本権か？」憲法研究 3 号（2018）71 頁；山本龍彦「自己情報コントロール権について」憲法研究 4 号（2019）43 頁；音無知展『プライバシー権の再構成——自己情報コントロール権から適正な自己情報の取扱いを受ける権利へ』（有斐閣、2021）等を参照。

追　補

新たな動きと今後の展望

Ⅰ　はじめに

本書の冒頭で述べた通り、第 1〜第 12 章は、2021 年 1 月から 12 月まで『NBL』誌上で行った、米国の個人情報・プライバシー保護法制に関する連載をまとめたものである。連載終了から 1 年余りが経過した 2023 年 4 月現在、米国では、個人情報・プライバシー保護法制に関して、日本への影響も含めて注視すべき大きな動きが続いている状況である。そこで、本稿では追補として、連載終了後の動向を以下の 3 点に注目してまとめておくこととしたい。

まず Ⅱ では、連載において検討した分野に関するその後の主な動向について整理する。具体的には、金融分野、医療分野における規則改正を含めた新たな動きを見た上で、第 11 章で取り上げた子どもの個人情報・プライバシー保護に関する法案等の検討動向を整理する。また、第 7 章で検討した所謂越境データ移転に関する米国と欧州連合（European Union：EU）との間の新たな枠組みの構築に向けた交渉の動向や、米国連邦取引委員会（Federal Trade Commission：FTC）の「商業的監視」に関する規則制定に向けた検討の動向についても見ておく

こととしたい。

次に、Ⅲ では、連載でも論点ごとに適宜言及してきたカリフォルニア州の動向を整理しておく。同州では、「2018 年カリフォルニア消費者プライバシー法」[1]（CalCPA）について、これを改正する「2020 年カリフォルニアプライバシー権法」[2]（CalPRA）が 2023 年 1 月に施行され、新たな規則も公表されているため、規則の内容も含めてその要点を見ておくこととしたい。

これらの動きに加え、2022 年、米国においてとりわけ注目を集めたのが、初の超党派のプライバシー保護のための包括的な法案と言われる、「アメリカ・データ・プライバシー保護法」[3]（ADPPA）であった。同法案は第 117 議会において成立を見なかったものの、今後、こうした法案を基盤とした連邦法が成立する可能性は否定できないことに加え、同法案は個人情報・プライバシー保護のための注目すべき仕組みを多く含んでおり、今後の日本の個人情報保護法制の検討への示唆を引き出し得るものでもある。そこで Ⅳ では、同法案の内容について検討を加え、日本法への示唆を導出しておくこととしたい。

II　主要分野の動向

1.　金融・医療分野

　まず、連載において検討した事項に関するその後の動向として注目されるのは、金融・医療分野の動向であろう。第1章で明らかにしたように、米国では、金融分野の個人情報・プライバシー保護に関する法律として「1999年金融サービス近代化法」[4]（GLBA）が制定されており、同法が定める個人情報の安全管理措置については、FTCが、「顧客情報の安全保護のための基準」[5]と題する規則を制定していた。第6章で述べたように、同規則については2019年4月に改正案が発表され、意見公募が実施されていたところであるが、2021年12月には最終規則が公表され、2022年1月に施行された[6]。主要な改正点としては、①アクセス制御、認証及び暗号化等を含む、事業者が情報セキュリティプログラムを策定し実施するためのより具体的な指針の提示、②監督機関への定期的な報告を含む、事業者の説明責任の強化、③収集する顧客情報の数が少ない事業者に対する一定の義務の免除、④適用対象となる金融機関の定義の拡大等が挙げられる[7]。

　また、医療分野においても、幾つかの動きが見られる。第1章で述べたように、米国では医療分野の個人情報・プライバシー保護に関連する法律として、「1996年医療保険の相互運用性と説明責任に関する法律」[8]（HIPAA）や、「経済的及び臨床的健全性のための医療情報技術に関する法律」[9]（HITECH

法）等が制定され、HIPAAの実施について、HIPAAプライバシー規則[10]及びHIPAAセキュリティ規則[11]が制定されていた。これらに関連して、2021年1月に成立した所謂「HIPAAセーフハーバー法」（HIPAA Safe Harbor Law）[12]は、HITECH法を改正し、米国保健福祉省（Department of Health and Human Services: HHS）に対して、HIPAAの執行の際に対象組織等が「承認されたセキュリティ慣行」（recognized security practices）を適切に実施していたかどうかを考慮することを求める規定を追加している[13]。かかる「承認されたセキュリティ慣行」の実施については、2022年6月まで意見公募が行われており、HHSは、これについて将来的に指針を策定する可能性を示唆している[14]。また、HIPAAプライバシー規則についても、2020年12月、2021年1月に、それぞれこれを改正する規則案が公表されており、2021年の規則案[15]については2021年5月まで意見公募が行われていた。同改正規則案には、個人のアクセス権の強化、「保護対象健康情報」（protected health information: PHI）の共有や開示が許容される場面の拡大、プライバシー慣行に関する通知義務に関する変更等の多岐にわたる改正が含まれており、改正が実現されれば、HIPAAプライバシー規則の内容は大きく変わることとなる。2022年に最終規則が公表される可能性があるとの見解も示されていたものの[16]、今のところ表立った動きは見られないが、その動向を注視していく必要がある。

　更に、医療分野における議論動向としては、中絶

1　California Consumer Privacy Act of 2018, Cal. Civ. Code §1798.100 *et seq.*

2　California Privacy Rights Act of 2020, 2020 Cal. Legis. Serv. Prop. 24 [hereinafter *CalPRA*].

3　American Data Privacy and Protection Act, H.R. 8152, 117th Cong. (2022) [hereinafter *ADPPA*].

4　Financial Services Modernization Act of 1999, Pub. L. 106-102, 113 Stat. 1338.

5　Standards for Safeguarding Customer Information, 16 C.F.R. §314.1 *et seq.*

6　Federal Trade Commission, *Standards for Safeguarding Customer Information*, 86 Fed. Reg. 70272 (2021).

7　*Id.* at 70272.

8　Health Insurance Portability and Accountability Act of 1996, Pub. L. No. 104-191, 110 Stat. 1936.

9　同法は「2009年米国再生及び再投資法」（American Recovery and Reinvestment Act of 2009, Pub. L. No. 111-5, 123 Stat. 115）のA部第13編の下で制定された法律である。

10　Dep't of Health and Human Services, The Privacy of Individually Identifiable Health Information, 45 C.F.R. §164.500 *et seq.*

11　Dep't of Health and Human Services, The Security Standards for the Protection of Electronic Protected Health Information, 45 C.F.R. §164.302 *et seq.*

12　Pub. L. 116-321, 134 Stat. 5072.

13　42 U.S.C. 17941(a).

14　Dep't of Health and Human Services, *Considerations for Implementing the Health Information Technology for Economic and Clinical Health (HITECH) Act, as Amended*, 87 Fed. Reg. 19833 (2022).

15　Dep't of Health and Human Services, *Proposed Modifications to the HIPAA Privacy Rule To Support, and Remove Barriers to, Coordinated Care and Individual Engagement*, 86 Fed. Reg. 6446 (2021).

16　*New HIPAA Regulations in 2023*, HIPAA Journal (Mar. 1, 2023), https://www.hipaajournal.com/new-hipaa-regulations/ (last visited Apr. 28, 2023).

の権利を保障したRoe判決[17]を覆した合衆国最高裁判所のDobbs判決[18]との関係で、中絶を含む生殖医療サービスの利用に関連した個人情報・プライバシー保護に関する議論が高まっており、注目される。Dobbs判決は、「合衆国憲法は、各州が中絶を規制又は禁止することを禁ずるものではない」としてRoe判決を覆したものであり[19]、同判決を受けて中絶を禁止ないし制限する州が相次ぐ中、米国では、中絶を含む生殖関連サービスへのアクセスが困難になるとともに、これらのサービスの利用に関する個人情報・プライバシーの保護が喫緊の課題となっている。こうした状況に鑑み、2022年7月の大統領令は、センシティブな健康情報の移転及び販売や、生殖医療サービスに関連するデジタル監視に起因する患者のプライバシーへの脅威に対応するために、FTCに対して消費者のプライバシー保護のための方策を講ずることを求めるほか、HHSに対しても、HIPAAに関する指針の提示や、生殖医療サービスに関するセンシティブな情報の保護を強化するための方策を講ずること等を求めている[20]。HHSは、HIPAAプライバシー規則における、中絶その他の性や生殖に関わる医療に関連する情報を含むPHIの保護について指針を公表しており、HIPAAプライバシー規則の下ではPHIの法執行機関への提供は令状等に基づく場合に限られること等を明らかにしている[21]。

2. 子どもの個人情報・プライバシー保護

　上記の各分野の動向に加え、米国において近時注目が集まっているのが、子どもの個人情報・プライバシー保護の問題である。子どもや学生の個人情報・プライバシーの問題については、第11章において、とりわけAIの利用を含むEd Techサービスにおける個人情報の利用との関係でその議論動向を見たが、2022年以降、政府や議会におけるこの問題への取組みはますます活発化している。例えば、2022年3月に行われた一般教書演説において、バイデン米大統領は、「今こそ、プライバシーの保護を強化し、子どもへのターゲティング広告を禁じ、そしてIT事業者に子どもの個人データの収集を止めるように求めるべきである」[22]として子どもの個人情報・プライバシー保護の強化に言及しており、2023年2月に行われた一般教書演説においても、子どもの個人情報・プライバシーを保護し子どもへ

のターゲティング広告を禁止する方針を改めて強調している[23]。また、2022年5月には、FTCが、とりわけEd Tech事業者に対する「1998年子どもオンラインプライバシー保護法」[24]（COPPA）の法執行を強化する姿勢を明確に打ち出したポリシー・ステートメントを公表している[25]。

　第117議会でも、子どもの個人情報・プライバシー保護に関連する法案が複数提出されており、とりわけ、超党派の法案として提出され、上院商務・科学・運輸委員会で審議されていた、「子ども及びティーンのオンラインプライバシーと保護に関する法律」[26]及び「子どものオンライン安全法」[27]の2法案が、2022年7月28日に同委員会を通過し、上院本会議への提出が可決されたことは、重要な意義を持つ。これらの法案のうち、後者は、子どもに対するマーケティング等のオンライン上での子どもへの悪影響から子どもを保護するために、ソーシャル・メディア・プラットフォームに対して説明責任を果たすことや安全策の提供等を義務付けるものであり、その一つとして子どもの個人情報の保護に関する規定が置かれている。他方で、前者は、COPPAの改正法案として提出されたものであり、現行のCOPPAの保護対象となっている13歳未満の子どもに加え、13歳以上16歳未満の未成年者についても一定の保護措置を定めている。COPPAの保護対象については、13歳以上の子どもについてもその未成熟性から特別の保護措置を講ずるべきといった批判があったところ[28]、同法案は13歳以上の子どもにまで保護の範囲を拡大しているという点において注目される。同法案は、保護対象となる子ども又は未成年者向けのウェブサイトやオンラインサービス等の管理者に対して個人情報の保護のための義務を課しているが、これには、保護対象となる子どもへの行動ターゲティング広告の原則禁止や、ウェブサイトやオンラインサービスの利用者が自身の個人情報を消去できるようにするための措置を講ずること等も含まれている。

　これらの法案は第117議会では成立を見なかったものの、子どもの個人情報の保護に関する議論は国際的に高まっており、例えば英国では、英国の情報コミッショナーが、子どもの個人情報の保護に関して「年齢適合的デザイン：オンラインサービスのための行動規範」[29]を策定している。また、カリフォルニア州では、この英国の行動規範を基盤とし

た「カリフォルニア州年齢適合的デザイン・コード法」[30]が、2022年9月15日にカリフォルニア州知事の署名を受けて成立している。同法は、18歳未満の子ども[31]向けのオンライン上の製品又はサービスのみならず、18歳未満の子どもがアクセスする可能性の高いあらゆるオンライン上の製品又はサービスから子どもを保護する必要があるとして、オンライン上の製品又はサービス等を提供する事業者に対し、適切な保護措置を講ずる義務を定めるものである。具体的な義務の内容としては、子どもがアクセスする可能性が高い商品又はサービス等に関するデータ保護影響評価の実施、オンラインの製品又はサービス等における高い保護レベルのプライバシー初期設定の実施、子どもの年齢に応じた理解しやすいプライバシー・ポリシーの掲示、親権者等による子どもの監視や追跡が可能な製品又はサービスである場合の子どもへの通知、子どもがプライバシーの権利の行使や苦情の申立て等を行うための手段の提供等が定められている[32]。また、事業者には、製品又はサービス等の設計に際して、0〜5歳：読み書きを覚える前の子ども、6〜9歳：小学校低・中学年の子ども、10〜12歳：移行期の子ども、13〜15歳：ロー

ティーンの子ども、16〜17歳：大人に近づく年齢の子ども、といった子どもの年齢区分を考慮することも求められている[33]。更に、事業者に対する禁止事項も定められており、これには、子どもの健康や福祉に悪影響を及ぼすような個人情報の利用の禁止、製品又はサービスの提供に必要である等の一定の条件を満たす場合以外のプロファイリングの原則禁止、サービス等の提供に不要な個人情報の収集、販売又は保有等の禁止、製品又はサービス等の提供に不可欠な場合以外の正確な位置情報の収集、販売又は共有の原則禁止、正確な位置情報をそれが収集されていることがわからない状態で収集することの禁止、ダーク・パターンを利用した個人情報の提供等の誘導の禁止等が含まれる[34]。また、「カリフォルニア州子どものデータ保護ワーキンググループ」を設立し、同法の実施のためのベストプラクティスに関する報告等を行うことも定められている[35]。なお、同法については、IT事業者の業界団体であるNetChoiceが、合衆国憲法第1修正違反等を理由に訴訟を提起しており、今後の動向が注目される[36]。

17 Roe v. Wade, 410 U.S. 113 (1973).

18 Dobbs v. Jackson Women's Health Organization, 142 S. Ct. 2228 (2022).

19 Id. at 2284.

20 Exec. Order No. 14079, 87 Fed. Reg. 49505 (2022).

21 Dep't of Health and Human Services, HIPAA Privacy Rule and Disclosures of Information Relating to Reproductive Health Care, https://www.hhs.gov/hipaa/for-professionals/privacy/guidance/phi-reproductive-health/index.html (last visited Apr. 28, 2023).

22 The Whitehouse, President Biden's State of the Union Address (Mar. 1, 2022), https://www.whitehouse.gov/state-of-the-union-2022/ (last visited Apr. 28, 2023).

23 The Whitehouse, President Biden's State of the Union Address (Feb. 7, 2023), https://www.whitehouse.gov/state-of-the-union-2023/ (last visited Apr. 28, 2023).

24 Children's Online Privacy Protection Act of 1998, Pub. L. No. 105-277, 112 Stat. 2681.

25 Federal Trade Commission, Policy Statement of the Federal Trade Commission on Education Technology and the Children's Online Privacy Protection Act (May 19, 2022), https://www.ftc.gov/legal-library/browse/policy-statement-federal-trade-commission-education-technology-childrens-online-privacy-protection (last visited Apr. 28, 2023).

26 Children and Teen's Online Privacy and Protection Act, S. 1628, 117th Cong. (2022).

27 Kids Online Safety Act, S. 3663, 117th Cong. (2022).

28 COPPAの保護対象となる子どもの年齢を巡る議論については、松前恵環「子どもの個人情報の処理にかかる『同意』のあり方」『情報通信学会誌』38巻1号（2020）13頁、15-16; 18-19頁を参照。

29 U.K. Information Commissioner's Office, Age appropriate design: a code of practice for online services (2020), https://ico.org.uk/media/for-organisations/guide-to-data-protection/key-data-protection-themes/age-appropriate-design-a-code-of-practice-for-online-services-2-1.pdf, (last visited Apr. 28, 2023). これは、18歳未満の子ども向けのサービスのみならず、18歳未満の子どもがアクセスする可能性の高いオンラインサービスについて、子どもの個人情報に関する特別の保護措置を定めるものであり、GDPRが定める各データ保護原則に即した15の指針が提示されている。また、同規範は、子どもの成熟度に応じたきめ細かな対応が必要であるという考えの下、幾つかの年齢区分を設け、当該区分に応じて異なる保護措置を定めている点が特徴的である。

30 The California Age Appropriate Design Code Act, AB 2273 [hereinafter CAADCA].

31 同法では、「子ども」は18歳未満の消費者を意味するものと規定されている。CAADCA, §2.

32 CAADCA, §2.

33 See CAADCA, §1(a)(5). この年齢区分は、前掲注㉙のICOの指針とほぼ同様のものである。

34 Id.

35 Id.

36 Mengting Xu, Lawsuit Challenges Constitutionality of California Age-Appropriate Design Code (Feb. 9, 2023), https://calawyers.org/privacy-law/lawsuit-challenges-constitutionality-of-california-age-appropriate-design-code/ (last visited Apr. 28, 2023).

3.　越境データ移転のための新たな枠組みとFTCの「商業的監視」に関する規則

　これらの各分野における動きに加えて追記しておくべき点としては、米国とEUとの間の越境データ流通に関する新たな枠組みの構築に向けた検討が挙げられる。第7章で論じたように、米国・EU間の越境データ移転については、基本的な枠組みであったプライバシー・シールドが2020年のEU司法裁判所の所謂Schrems Ⅱ判決により無効とされていたが、その後の交渉を経て、2022年3月には、米国とEUとの間で新たな越境データ移転の枠組みについて基本的な合意がなされたことが発表されている[37]。かかる合意には、とりわけSchrems Ⅱ判決において問題とされた、米国の諜報活動の必要性と比例性の確保、新たな救済の仕組みの構築、米国の諜報活動の監視といった内容が盛り込まれている。これを受けて2022年10月に公表された、「米国の傍受による諜報活動に関する大統領令」[38]には、米国の傍受による諜報活動に関する制限や、救済の仕組みとしての「データ保護審査裁判所」の創設等が定められた。こうした米国の対応を踏まえ、2022年12月には、欧州委員会が、改訂された「EU-USデータ・プライバシー・フレームワーク」原則、及び、米国の公的機関によるデータへのアクセス及び利用について、保護の「十分性」を認定する欧州委員会決定のドラフトを公表しており[39]、新たな枠組みの発効に向けた検討が続いている[40]。

　最後に、連邦レベルでのその他の動向としては、FTCが、2022年8月に、「商業的監視」、すなわち、個人に関する情報を収集及び分析し、そこから利益を得る事業による個人の行動の追跡や監視を取り締まるための規則制定に向けた検討を開始していることが注目される[41]。FTCは、現在、商業的監視が常態化する中で、不十分なデータセキュリティ慣行、子どもへの害悪、多くのサービスにおいて個人情報の処理が条件となっていること、個人情報の目的外利用、自動化されたシステムの不正確性、サービス提供の際の差別的取扱い、ダーク・パターンの利用といった、懸念が生じていることを指摘し、規則制定に向けた検討を開始することを発表している[42]。FTCは、こうした規則の必要性として、これまでFTCが個人情報・プライバシーの問題について行ってきたFTC法5条に基づく法執行の限界を指摘しており、とりわけ、第9章で見たように、FTCはFTC法5条違反の行為に対して直接に民事制裁金の支払いを命ずる権限を有していないという点等が問題視されている[43]。こうした問題意識から、FTCは、FTC法18条に基づき、規則提案の事前通知（advance notice of proposed rulemaking: ANPR）を公表し、①有害な商業的監視や不十分なデータセキュリティ慣行の性質や普及状況、②そうした慣行が消費者に及ぼす利益とコストとのバランスや、そうした慣行の規制の利益とコストのバランス、③これらの慣行から消費者を保護するための提案について、2022年10月21日までの期間で意見公募を行うとともに、2022年9月には公開フォーラムを開催している[44]。今後、仮に規則制定に向けた手続が進むとすれば、この後、提出された意見を踏まえて、具体的な規則案を含む規則提案通知が公表され、再度の意見公募手続を経て、最終規則の公表という流れとなる。上に見たFTCの問題意識からは、事業者の個人情報の取扱いについて厳格な内容の規制が設けられる可能性や、違反行為に対して直接の民事制裁金を課す権限を含めたFTCの法執行権限の強化が行われる可能性もあり、今後の動向を注視する必要があろう。

Ⅲ　カリフォルニア州の動向：CalPRAによるCalCPAの改正と新規則

1.　CalCPA成立後の検討状況

　第1章でも言及した通り、近時、米国においては個人情報・プライバシー保護のための法律を制定する州が相次いでいるが、とりわけカリフォルニア州では、州憲法上の権利としての「プライバシー権」を基礎として、複数の個人情報・プライバシー保護のための法律が制定されており、従前から先駆的な取組みが行われてきた[45]。こうした中、とりわけ2018年に制定されたCalCPAは、その包括的な性質から国際的に注目を集めている。同法はカリフォルニア州民法典に一編を加えるものであり、2018年6月に成立し、2020年1月に施行されているが[46]、2020年11月には、CalCPAを改正するCalPRAに関する提案である「プロポジション24」が州民投票により可決され、消費者の権利の拡充等を含むCalPRAが制定された[47]。CalPRAは2023年1月1日に施行され、2023年7月1日から民事上及

び行政上の法執行が行われる予定である[48]。これまで、CalPRAにより創設されたカリフォルニア州プライバシー保護局（California Privacy Protection Agency: CPPA）[49]が新たな規則制定に向けた手続を進めてきており、2022年7月8日には、CPPAにより規則案が公表され[50]、2023年3月29日には、最終規則が行政法局の承認を経て発効している[51]。CalCPAについては既に先行研究の蓄積があるところ[52]、以下では、新たに制定された「カリフォルニア消費者プライバシー法規則」[53]（以下、「CalCPA規則」という）の内容や日本の「個人情報の保護に関する法律」[54]（以下「個人情報保護法」という）との関係で注目すべき点に焦点を当てながら、その要点を整理しておくこととしたい。

2. CalCPAの要点—CalPRAによる改正及び新規則を踏まえて

CalCPAは、「事業者」（business）、すなわちカリフォルニア州で事業活動を行い、消費者の個人情報を収集する営利目的の事業者であって、一定の基準を満たすもの[55]をその適用対象と定める[56]。また、CalCPAでは、事業者とは別に、契約書に基づき事業目的[57]のために事業者に代わって個人情報を処理し、消費者から個人情報を受領する「サービス提供者」（service provider）[58]、及び、事業者が事業目的のために契約書に基づいて個人情報を利用可能にする「契約業者」（contractor）[59]、という類型が設けられており、事業者とは別の義務が課される。CalCPAでは、これらのサービス提供者又は契約業者と、事業者との間の契約締結義務も規定されてい

---

37 The Whitehouse, *FACT SHEET: United States and European Commission Announce Trans-Atlantic Data Privacy Framework* (Mar. 25, 2022), https://www.whitehouse.gov/briefing-room/statements-releases/2022/03/25/fact-sheet-united-states-and-european-commission-announce-trans-atlantic-data-privacy-framework/ (last visited Apr. 28, 2023).

38 Exec. Order No. 14086, 87 Fed. Reg. 62283 (2022).

39 European Commission, *Draft adequacy decision for the EU-US Data Privacy Framework* (2022), https://commission.europa.eu/system/files/2022-12/Draft%20adequacy%20decision%20on%20EU-US%20Data%20Privacy%20Framework_0.pdf (last visited Apr. 28, 2023).

40 なお、欧州では、かかる新たな枠組みに対して、欧州議会の市民の自由・司法・内務委員会により否定的な意見が示されており、今後の動向が注目される。*See* European Parliament, Committee on Civil Liberties, Justice and Home Affairs, *Draft Motion for a Resolution* (2023), https://www.europarl.europa.eu/doceo/document/LIBE-RD-740749_EN.pdf (last visited Apr. 28, 2023).

41 Federal Trade Commission, *Press Release: FTC Explores Rules Cracking Down on Commercial Surveillance and Lax Data Security Practices* (Aug. 11, 2022), https://www.ftc.gov/news-events/news/press-releases/2022/08/ftc-explores-rules-cracking-down-commercial-surveillance-lax-data-security-practices (last visited Apr. 28, 2023).

42 *See* Federal Trade Commission, *Trade Regulation Rule on Commercial Surveillance and Data Security*, 87 Fed. Reg. 51273, 51273-51276 (Aug. 22, 2022). *See also* Federal Trade Commission, *Fact Sheet on the FTC's Commercial Surveillance and Data Security Rulemaking* (2022), https://www.ftc.gov/system/files/ftc_gov/pdf/Commercial%20Surveillance%20and%20Data%20Security%20Rulemaking%20Fact%20Sheet_1.pdf (last visited Apr. 28, 2023).

43 87 Fed. Reg. 51280-51281.

44 *Id.* at 51281.

45 松前恵環「カリフォルニア州のプライバシー・個人情報保護法制—消費者保護の観点から見たCCPAとCPRA—」『現代消費者法』55号（2022）41頁、41頁。

46 *See* CAL. CIV. CODE §1798.198(a).

47 CalPRAの制定経緯及び主要な改正点については、松前・前掲注(45)、42〜43頁を参照。

48 *CalPRA*, §21(d), §31(a).

49 *CalPRA*, §24.1.

50 California Privacy Protection Agency, *Text of Proposed Regulation* (2022), https://cppa.ca.gov/regulations/pdf/20220708_text_proposed_regs.pdf (last visited Apr. 28, 2023).

51 California Privacy Protection Agency, *California Consumer Privacy Act Regulations*, https://cppa.ca.gov/regulations/consumer_privacy_act.html (last visited, Apr. 28, 2023).

52 例えば、西村あさひ法律事務所『個人情報保護法制大全』（商事法務、2020）650〜684頁、浅井敏雄『Q&Aで学ぶCPRA カリフォルニア州プライバシー権法』（UnlServ Publishing、2020）等を参照。

53 California Consumer Privacy Act Regulations, CAL. CODE REGS. tit 11, §7000 *et seq.*

54 平成15年法律第57号。

55 ①直近1年間の総売上高が2,500万米ドルを超えること、②10万件以上の消費者又は世帯に関する個人情報を、毎年購入、販売又は共有していること、③年間売上高の50%以上を消費者の個人情報の販売又は共有から得ていること、のいずれかの基準を満たすことが必要とされる。

56 CAL. CIV. CODE §1798.140(d)(1). ②の基準に関する個人情報の件数は、改正前は5万件であったが、CalPRAにより、10万件に変更された。*CalPRA*, §14.

57 事業目的の意義が重要となるが、CalCPAでは、これを、事業の運営目的その他の通知された目的のための個人情報の利用であり、その利用が個人情報が収集又は処理される目的を達成するために合理的に必要かつ相当な範囲であることを意味すると規定しており、事業目的に該当する場合として、事業者に代わって顧客サービスの提供や取引の処理といったサービスを実施する場合、セキュリティ確保のための支援を行う場合、システムのエラーを特定し修正する場合、短期間の一時的な利用を行う場合等を掲げている。CAL. CIV. CODE §1798.140(e).

58 CAL. CIV. CODE §1798.140(ag)(1).

59 CAL. CIV. CODE §1798.140(j)(1). かかる類型は、CalPRAによって新たに設けられたものである。*CalPRA*, §12.

る[60]。

また、「個人情報」の定義については、第3章で検討を加えた通り、「特定の消費者若しくは世帯を識別する、関連する、叙述する、関連付けることができる情報、又は、直接的若しくは間接的にそれらと合理的に結び付けられる情報」であると規定されており[61]、かかる「個人情報」の例の一つとして「センシティブな個人情報」が挙げられている[62]。

では、CalCPAでは事業者に対して如何なる義務が課されているのか。まず、消費者への通知義務としては、第4章で言及したように、個人情報の収集時の通知[63]、及び、プライバシー・ポリシーの公表[64]の二つの義務が定められている。CalCPA規則は、かかる通知義務に関して詳細な規定を設けており、まずこれらの通知義務に関する一般的な規定として、通知は消費者が読みやすく理解しやすい態様で行うこと——例えば明確な言葉を用い、技術的又は法的な専門用語を避けること——や、消費者が判読できるフォーマットを用いること等を求める規定が置かれたことが注目される[65]。また、CalCPA規則では、上記二つの通知義務に関する具体的な方法も定められており、個人情報の収集時の通知に関しては、例えばオンラインで個人情報の収集を行う場合にはウェブサイトにリンクを明記して通知を行う等の方法が規定されている[66]。プライバシー・ポリシーの公表に関しては、事業者のウェブサイトのホームページ又は携帯端末のランディング・ページに「プライバシー」の言葉を用い、リンクを明記して掲載することが義務付けられるほか[67]、プライバシー・ポリシーに含むべき事項についても詳細な規定が置かれている[68]。

これらの通知義務に加え、CalPRAにより新設された事業者の義務として、データ最小化の原則[69]、及び、安全管理に関する義務[70]も定められている。データ最小化の原則については、消費者の個人情報の収集、利用、保持又は共有は、当該個人情報の収集又は処理の目的を達成するために合理的に必要かつ相当な範囲で行われなければならないと規定されている[71]。また、安全管理については、消費者の個人情報を収集する事業者は、それらを不正又は違法なアクセスや破壊等から保護するために、個人情報の性質に即した合理的な安全保護のための措置を講じなければならないとの定めが置かれている。

他方で、CalCPAにおいてとりわけ注目されるのは、消費者に各種の権利が付与されている点であり、第4章で言及したように、消費者のアクセス権、訂正権、消去権、及び個人情報の販売又は共有からのオプトアウトの権利、すなわち消費者が個人情報の販売を行っている事業者に対して、いつでも、その販売又は共有を停止するように指示する権利が定められている[72]。かかるオプトアウトの権利の範囲は、CalPRAによって個人情報の共有、すなわち「クロスコンテキスト行動ターゲティング広告」（cross-context behavioral advertising）[73]のための第三者への個人情報の共有や開示等[74]にまで拡大されている[75]。更に、CalPRAでは、消費者に関するセンシティブな個人情報を収集する事業者に対して、その利用をサービスの実施又は商品の提供に必要な利用等の一定の利用に限定することを指示する消費者の権利も追加されている[76]。なお、CalCPAでは、これらの権利の行使に関して不利益的な取扱いを受けない権利も規定されている[77]。

アクセス権、消去権及び訂正権の行使に関して、CalCPAは、事業者に対して、消費者がこれらの権利に関する各請求を行うための手段を提供することを義務付けており[78]、CalCPA規則では、事業の運営形態に応じて具体的な手段が規定されている[79]。なお、各請求については証明可能な消費者の請求であることが求められ、消費者の身元確認ができない場合には事業者は請求を拒否し得るため[80]、CalCPA規則では、事業者に対し、消費者の身元確認のための適切な方法を確立してこれに沿った対応を行うことを求める等の定めを含む、詳細な規定を置いている[81]。これらの規定に加え、CalCPA規則では、各請求を受けた場合の事業者の対応期限や[82]、サービス提供者又は契約業者の協力義務等に関する定めも置かれている[83]。

また、個人情報の販売又は共有からのオプトアウトの権利の行使については、事業者には、消費者がこれらの権利を行使し得るウェブページの設置と、当該ウェブページへのリンクをホームページに明記すること等が義務付けられているが[84]、消費者の同意に基づきプラットフォーム等を通じて送信されるオプトアウト選好信号（opt-out preference signal）によるオプトアウトが行われる場合は、この限りではない[85]。CalCPA規則では、オプトアウトの権利を行使し得るウェブページへのリンクの掲載方法[86]や、オプトアウト選好信号による消費者のオプトア

ウトへの対応等[87]の具体が定められている。なお、オプトアウトの権利に関しては、仏化粧品大手のSephoraが個人情報の販売に関する消費者への通知を怠り、個人情報の販売に関する消費者のオプトアウトの請求に対応しなかったことがCalCPAに違反するとして法執行が行われた例があり、Sephoraが120万米ドルの制裁金を支払い和解で終結している[88]。

なお、上述の権利行使の方法について、CalCPA規則には、事業者が、消費者が各請求を行うための手段を提供する際の原則を定めた一般的な規定が置

かれている点が重要であり、消費者が理解しやすい方法で提供することや、消費者の選択を阻害するような方法での提供の禁止等が定められている[89]。

CalCPAには、情報主体が子どもである場合の個人情報の販売又は共有に関する特例も置かれており、情報主体たる消費者が16歳未満であると事業者が実際に認識していた場合には、当該消費者が13歳以上16歳未満である場合は当該消費者の、当該消費者が13歳未満である場合はその親権者又は法定代理人の同意[90]がない限り、当該消費者の個人情報の販売又は共有を行ってはならないとされてい

---

60 Cᴀʟ. Cɪᴠ. Cᴏᴅᴇ §1798.100(d). かかる契約には、以下の内容、すなわち、①事業者による個人情報の販売又は開示は限定され特定された目的のためにのみ行われることの明記、②第三者、サービス提供者又は契約業者がCalCPA上の義務を遵守することの義務付け、③そのために事業者が合理的かつ適切な措置を講ずる権利の付与、④第三者、サービス提供者又は契約業者がCalCPA上の義務を遵守できない場合の事業者への通知、⑤事業者が個人情報の不正な利用を停止又は修正する権利の付与、を定めることが求められている。

61 Cᴀʟ. Cɪᴠ. Cᴏᴅᴇ §1798.140(v)(1).

62 詳しくは、第3章24頁を参照。

63 Cᴀʟ. Cɪᴠ. Cᴏᴅᴇ §§1798.100(a)(2), (3). 具体的には、個人情報の収集時又は収集の前に、消費者に対して、収集される個人情報の種類、当該情報の収集又は利用の目的、当該情報の販売又は共有の有無、個人情報を保持する期間、上記のセンシティブな個人情報を収集する場合にはその種類及び収集又は利用の目的等について、消費者に通知することが求められている。

64 Cᴀʟ. Cɪᴠ. Cᴏᴅᴇ §1798.130(a)(5). 具体的には、オンラインのプライバシー・ポリシー等において、消費者の権利やその行使方法に関する説明、過去12ヶ月間に収集、販売若しくは共有、又は事業目的で開示した消費者の個人情報の種類のリスト等を掲載することが義務付けられている。

65 Cᴀʟ. Cᴏᴅᴇ Rᴇɢs. tit 11, §§7003(a), (b).

66 Cᴀʟ. Cᴏᴅᴇ Rᴇɢs. tit 11, §7012(c). CalCPA規則では、オンラインで個人情報の収集を行う場合に加え、ウェブフォームや携帯端末のアプリを通じた収集、オフラインでの収集、電話又は対面での収集の場合につき、それぞれ具体的な方法が示されている。

67 Cᴀʟ. Cᴏᴅᴇ Rᴇɢs. tit 11, §7011(d).

68 Cᴀʟ. Cᴏᴅᴇ Rᴇɢs. tit 11, §7011(e). プライバシー・ポリシーに含むべき事項としては、①個人情報の処理に関する事業者のオンライン及びオフラインの慣行、②CalCPAが消費者に付与する権利の説明、③これらの権利を行使する方法についての説明、④プライバシー・ポリシーの改訂日等が規定されている。

69 Cᴀʟ. Cɪᴠ. Cᴏᴅᴇ §1798.100(c).

70 Cᴀʟ. Cɪᴠ. Cᴏᴅᴇ §1798.100(e).

71 これについてCalCPA規則では、個人情報の収集又は処理の目的は消費者の合理的な期待に合致しなければならないとして、消費者の合理的な期待に合致するか否かは、消費者と事業者との関係、個人情報の種類・性質・量等に基づいて判断するとの定めが置かれており、幾つかの具体的な事例も示されている点が注目される。Cᴀʟ. Cᴏᴅᴇ Rᴇɢs. tit 11, §§7002(a), (b).

72 第4章30〜32頁を参照。CalCPAにおける消費者の権利については、松前・前掲注⑷、44〜46頁も参照。

73 「クロスコンテキスト行動ターゲティング広告」とは、事業者、ウェブサイト、アプリケーション又はサービスを横断する消費者の行動から得られた消費者の個人情報に基づいて提供される行動ターゲティング広告と定義されている。Cᴀʟ. Cɪᴠ. Cᴏᴅᴇ §1798.140(k).

74 Cᴀʟ. Cɪᴠ. Cᴏᴅᴇ §1798.140(ah)(1).

75 *CPRA*, §9.

76 Cᴀʟ. Cɪᴠ. Cᴏᴅᴇ §1798.121(a).

77 Cᴀʟ. Cɪᴠ. Cᴏᴅᴇ §1798.125(a)(1).

78 Cᴀʟ. Cɪᴠ. Cᴏᴅᴇ §1798.130(a)(1).

79 Cᴀʟ. Cᴏᴅᴇ Rᴇɢs. tit 11, §7020.

80 Cᴀʟ. Cᴏᴅᴇ Rᴇɢs. tit 11, §§7022(a), 7023(a), 7024(a), (b).

81 Cᴀʟ. Cᴏᴅᴇ Rᴇɢs. tit 11, §7060.

82 事業者は、請求を受けてから10営業日以内に請求の受領を確認し、消費者に請求の処理に関する情報提供を行うとともに、請求を受けてから45日以内に各請求への回答を行わなければならない。Cᴀʟ. Cᴏᴅᴇ Rᴇɢs. tit 11, §7021.

83 *See e.g.*, Cᴀʟ. Cᴏᴅᴇ Rᴇɢs. tit 11, §7024(i).

84 Cᴀʟ. Cɪᴠ. Cᴏᴅᴇ §1798.135(a). リンクには、「私の個人情報を販売又は共有しないでください」というタイトルを付すことが義務付けられている。

85 Cᴀʟ. Cɪᴠ. Cᴏᴅᴇ §1798.135(b). これは、CalPRAによって新設された規定である。*CPRA*, §13.

86 Cᴀʟ. Cᴏᴅᴇ Rᴇɢs. tit 11, §§7013-7015.

87 Cᴀʟ. Cᴏᴅᴇ Rᴇɢs. tit 11, §7025.

88 State of California Dep't of Justice, *Press Release: Attorney General Bonta Announces Settlement with Sephora as Part of Ongoing Enforcement of California Consumer Privacy Act* (Aug. 24, 2022), https://oag.ca.gov/news/press-releases/attorney-general-bonta-announces-settlement-sephora-part-ongoing-enforcement (last visited Apr. 28, 2023).

89 Cᴀʟ. Cᴏᴅᴇ Rᴇɢs. tit 11, §7004.

90 CalCPA規則では、事業者に対し、同意を行った者が子どもの親権者又は法定代理人であることを確認するための合理的な措置をとることを求めており、具体的な措置の例示もなされている。Cᴀʟ. Cᴏᴅᴇ Rᴇɢs. tit 11, §7070(a).

る[91]。かかる消費者の同意については、CalPRAにより、「任意に付与された、具体的な、情報に基づいた、明確な消費者の意思表示」であり、それにより消費者又はその法定代理人が、消費者に関連する個人情報の、限定的に定義された特定の目的のための処理に対する合意を示すもの[92]という、具体的な要件を含む同意の定義規定が導入された。また、同法上の同意に該当しない場合として、他の無関係な情報とあわせて個人情報の処理に関する記述を行う一般的又は包括的な利用規約その他これに類する文書に対する承諾[93]や、ダーク・パターン、すなわち、「ユーザの自律、意思決定若しくは選択を実質的に妨げる又は害する効果を有するように設計又は操作されたユーザ・インターフェース」[94]を通じて取得された合意が挙げられている点も注目される[95]。ダーク・パターンを用いて取得された個人情報の処理に関する消費者の同意については、その有効性を巡って議論があるところ[96]、これを用いて取得された同意の有効性を否定する上記規定は、この問題に対する一つの解を提示したものと評価し得る。

Ⅳ　包括的な連邦法の制定に向けた議論動向

1.　ADPPAの意義

　これらの動きに加え、ここ1年の米国の個人情報・プライバシー保護のための法制度についてとりわけ注目すべきは、第117議会に提出された、成立を見れば米国初となると言われた包括的な規制法案、ADPPAに関する議論動向である[97]。第1章で見たように、米国の言わばパッチワーク的な個人情報・プライバシー保護法制に対しては長らく問題も指摘されてきており、とりわけ2019年頃から、包括的な連邦法の制定に向けた議論が活発化していた。第1章で言及した第116議会ではこうした法案は成立を見ず、第117議会でも、「2021年消費者データプライバシー・セキュリティ法」[98]、「データアクセスの確立のためのアメリカの枠組設定法」[99]、及び「消費者オンラインプライバシー権法」[100]（COPRA）等の法案が提出されていたものの、大きな動きはない状況であった[101]。こうした状況に一石を投じることとなったのが、2022年6月3日の、ADPPAのディスカッション・ドラフトの公表である[102]。同法案は、F.パローン下院議員（D-N.J.）、C.

M.ロジャース下院議員（R. Wash.）、及び、R.ウィッカー上院議員（R. Miss.）により起草された法案であり、米国初の、超党派の、また、この問題に関連する上院と下院双方の主要な委員会の議員の起草による、プライバシー保護法案として、大きな注目を集めた。2022年6月21日に正式に第117議会に提出された同法案は、下院エネルギー・商業委員会に付託され、その後、2022年6月23日、下院エネルギー・商業委員会の消費者保護・商業小委員会のマークアップセッションにおける修正を経て、2022年7月20日に、下院本会議への提出が賛成多数で可決されている[103]。第1章でも指摘したように、米国における包括法の制定についてはこれを阻む様々な障壁があり、結果としてADPPAが第117議会において成立を見ることはなかったが、近年、米国において民間部門を包括的に規制する個人情報・プライバシー保護のための法律の制定に向けた機運は高まっており、それ程遠くない将来にこうした包括的な法律が制定される可能性は否定できない[104]。また、新たに検討されている法制度の内容やこれを巡る議論動向からは多くの示唆を引き出すことが可能である。

　こうした考えから、本稿では、ADPPAの要点をまとめておくこととしたい。ADPPAは、第1条で法律の略称及び目次、第2条で定義を規定した後、4つの編、すなわち、「忠実義務」（第1編）、「消費者のデータに関する権利」（第2編）、「企業の説明責任」（第3編）、「執行・適用関係・雑則」（第4編）を置いて、それぞれプライバシー保護のための具体的な措置について定めているが[105]、ここでは、日本法への示唆を得るために個別論点ごとの分野横断的な検討を行ってきた連載の構成に沿って、①適用範囲、②事業者の義務、③個人参加の仕組み、④法執行の4点に着目し、それぞれ、米国の現行法制度との関連を踏まえ、また、適宜、上述のCalCPAやEUの「一般データ保護規則」（General Data Protection Regulation：GDPR）[106]と比較しつつ、検討を加える。

2.　ADPPAの要点

⑴　適用範囲

　まず、ADPPAの保護の対象となる「対象データ」（covered data）につき、ADPPAは、「対象データ」とは、①ある個人[107]又は②ある個人を識別する、

ある個人に関連付けられる若しくは合理的に関連付け得るデバイス[108] を、単独で又は他の情報と結合することにより、識別する、関連付けられる又は合理的に関連付け得る、情報であると定義し、抽出データ[109] 及び固有の永久的識別子[110] を含むものと規定する[111]。第3章で明らかにしたように、米国においては個人情報と非個人情報の区別の難しさから個人情報の定義を拡大してきた歴史があり、対象データの範囲を、個人のみならずデバイスを識別し得る情報にまで広げている点は、例えば、オバマ政

権下で公表された所謂「消費者プライバシー権利章典」等における定義に類似するものと解される[112]。

　また、ADPPAには、前出のCalCPAやGDPRと同様に、「センシティブな対象データ」に関する規定も置かれている。これは、法が規定する一定の種類の対象データと定義され、生体情報や位置情報等を含む15種類のデータが列挙されるのみならず[113]、これらの15種類のデータを識別する目的で収集、処理又は移転されるその他の対象データもセンシティブな対象データとして位置付けられている[114]。

91　Cal. Civ. Code §1798.120(c).

92　Cal. Civ. Code §1798.140(h).

93　*Id.* 従って、事業者はサービス等の利用規約とは分けて、個人情報の処理に関する同意を取得することが求められるものと解されている。Sherry-Maria Safchuk & Garylene Javier, *Differences Between the California Consumer Privacy Act and the California Privacy Rights Act*, 74 Consumer Fin. L.Q. Rep. 400, 407 (2020).

94　Cal. Civ. Code §1798.140(l).

95　Cal. Civ. Code §1798.140(h). これは、CalPRAによる改正で追加された規定である。

96　*See e.g.*, Jamie Luguri & Lior Strahilevitz, *Shining a Light on Dark Patterns*, 13 J. Legal Analysis 43, 82 (2021).

97　ADPPAに関する以下の記述は、松前恵環「米国プライバシー保護法制に関する近時の動向―ADPPAに関する議論を中心に―」（2022年9月7日）（日本DPO協会 第2回個人情報保護セミナーにおける講演）を元にしたものである。

98　Consumer Data Privacy and Security Act of 2021, S. 1494, 117th Cong. (2022).

99　Setting an American Framework to Ensure Data Access, Transparency and Accountability (SAFE DATA) Act, S. 2499, 117th Cong. (2022).

100　Consumer Online Privacy Rights Act, S. 3195, 117th Cong. (2022) [hereinafter *COPRA*].

101　Jennifer K. Wagner, *One Step Closer to Federal Data Privacy Law Reform: H.R. 8152, the American Data Privacy and Protection Act (ADPPA)* (July 27, 2022), https://pbacyber.com/index.php/2022/07/27/one-step-closer-to-federal-data-privacy-law-reform-h-r-8152-the-american-data-privacy-and-protection-act-adppa/ (last visited Apr. 28, 2023).

102　House Committee on Energy & Commerce, *Press Release, House and Senate Leaders Release Bipartisan Discussion Draft of Comprehensive Data Privacy Bill* (June 3, 2022), https://www.commerce.senate.gov/2022/6/house-and-senate-leaders-release-bipartisan-discussion-draft-of-comprehensive-data-privacy-bill (last visited Apr. 28, 2023).

103　The Committee on Energy and Commerce, *Full Committee Markup Action Sheet*, July 20, 2022, Second Session, 117th Congress, https://democrats-energycommerce.house.gov/sites/democrats.energycommerce.house.gov/files/documents/FC%20Markup%20Action%20Sheet%202022.07.20.pdf (last visited Apr. 28, 2023).

104　実際にバイデン大統領は、第118議会の開始に際して、議会に対してプライバシー保護のための包括的な法律の制定に向けた検討を促す声明を発表している。Joe Biden, *Republicans and Democrats, Unite Against Big Tech Abuses: Congress can find common ground on the protection of privacy, competition and American children* (Jan. 11, 2023), https://www.wsj.com/articles/unite-against-big-tech-abuses-social-media-privacy-competition-antitrust-children-algorithm-11673439411 (last visited Apr. 28, 2023). また、下院エネルギー・商業委員会のイノベーション・データ・商業小委員会では、プライバシー保護のための包括的な連邦法の制定に向けた議論が続けられている。*See* Subcomm. on Innovation, Data & Commerce of the Comm. on Energy and Commerce, *Subcommittees News & Announcements*, https://energycommerce.house.gov/committees/subcommittee/innovation (last visited Apr. 28, 2023).

105　本稿では、2022年12月30日下院本会議に報告された法案を元に、解説を加える。*See* H.R. Rep. No. 117-669 (2022).

106　Regulation（EU）2016/679 of the European Parliament and of the Council of 27 April 2016 on the protection of natural persons with regard to the processing of personal data and on the free movement of such data, and repealing Directive 95/46/EC（General Data Protection Regulation）, 2016 O.J.（L119）1.

107　「個人」とは、合衆国に居住する自然人を意味するものと定義される。*ADPPA*, §2(19).

108　「デバイス」とは、対象データを収集、処理又は移転する機能を有する、個人が利用する電子機器であると定義される。*ADPPA*, §2(14).

109　「抽出データ」とは、事実、証拠又は個人若しくは個人のデバイスに関連する情報又はデータのその他の源から、情報、データ、家庭、関係、推論、予測又は結論を抽出することにより生み出される対象データと定義される。*ADPPA*, §2(13).

110　「固有の永久的識別子」とは、個人又はある個人を識別する、ある個人と関連付けられる若しくは合理的に関連付け得るデバイスに、合理的に関連付けられる識別子であり、デバイスの識別子、IPアドレス、クッキー、ビーコン等の技術や、顧客番号、電話番号等の個人又はデバイスに関連付けられる又は合理的に関連付け得る永久的又は確率的な識別子を含むものと定義される。*ADPPA*, §2(39).

111　*ADPPA*, §2(8)(A). かかる対象データには、非識別化データ、従業者のデータ、一般に入手可能な情報、又は、一般に入手可能な複数の独立した情報源から排他的に抽出される推論であり個人に関する「センシティブな対象データ」を明らかにしないものは含まれない。*ADPPA*, §2(8)(B).

112　詳しくは、第3章22頁を参照。

113　列挙される15種類のデータは、①社会保障番号等の政府が発行した識別子、②個人の健康状態や治療状況に関する情報、③口座番号・カード番号等、④生体情報、⑤遺伝情報、⑥正確な位置情報、⑦個人の私的な通信、⑧アカウントやデバイスの認証情報等、⑨個人の性行動を明らかにする情報、⑩予定表や住所録等、⑪個人の私的な領域を明らかにする写真やビデオ等、⑫サービス提供者以外の対象組織により収集される個人が要求又は選択したビデオの内容、⑬対象未成年者に関する情報、⑭人種・肌の色・民族的起源・宗教又は労働組合への加入状況、⑮個人のオンライン上での行動を識別する情報である。*ADPPA*, §2(28)(A).

114　*ADPPA*, §2(28)(A).

なお、センシティブな対象データの内容について、ADPPAは、FTCに対し、対象データの収集、処理又は移転の新たな方法が登場することにより法が列挙するデータと同等の保護が必要になった対象データを追加的に保護に含める規則制定を行う権限を付与しており[115]、センシティブな対象データの内容について状況の変化に柔軟に対応し得る仕組みが採用されているという点が注目される。

次に、ADPPAの適用対象となる「対象組織」（covered entity）とは、非営利目的で行動する個人を除く、単独で又は他の者と共に、対象データの収集、処理又は移転の目的及び手段を決定する組織又は人であって、次のいずれかの条件——①FTC法の適用を受ける者、②1934年通信法の適用を受けるコモン・キャリア、又は③自身の利益のために事業を行う目的で組織されたものではない組織——を満たすものと定義されており、対象組織を支配する組織又は人や対象組織の支配を受ける組織又は人等を含むものとされる[116]。従って、ADPPAは非営利の組織やコモン・キャリアを含めほとんどの組織に適用されるものと解されているが[117]、連邦や州等の政府機関は上記の「対象組織」からは除外されており[118]、ADPPAはあくまで民間部門を包括的に規制する法律として位置付けられる。

また、ADPPAでは、かかる「対象組織」とは別に、対象組織若しくは連邦や州等の政府機関に代わって又はその指示に基づいて、対象データを収集、処理又は移転し、対象組織若しくは連邦や州等の政府機関から又はそれらに代わって、対象データを受領する、人又は組織と定義される「サービス提供者」[119]という概念も設けられており、「サービス提供者」には、対象組織とは別途の義務も課されている[120]。ADPPAは、これらの「サービス提供者」と対象組織との関係についても規定しており、サービス提供者は、対象組織と締結した書面による契約に基づく場合のみ、サービス提供者として行動し得るとされ、かかる書面による契約には、法定の事項を含む必要がある[121]。また、対象組織の義務としては、サービス提供者の選定及び対象データの第三者への移転の決定にあたり、合理的な適正評価を行うことも定められている[122]。このように、個人情報の処理の内容やそれに伴う責任に応じて処理主体を区分し、それぞれの義務等を定めるという点は、GDPRにおける「管理者」と「処理者」の区分、

あるいはCalCPAにおける「事業者」、「サービス提供者」、「契約業者」の区分等と発想を同じくするものと言えよう。

他方で、ADPPAでは、GDPRとは対照的に、対象組織又はサービス提供者の規模に着目した区分も設けられている点が特徴的であり、「大規模データ保有者」（large data holder）[123]には、より厳しい義務が課される場合がある一方で、「小規模事業者」（small business）については、その保護という観点から、安全管理に関する義務を含む幾つかの義務を免除されている[124]。小売業者等を含む小規模事業者の保護の必要性は、ADPPAの審議過程でも度々指摘されていたものであり、こうした事業者の規模に応じた規制は、米国の一つの特徴と解することができよう。

(2)　事業者の義務

では、ADPPAでは、事業者の義務として如何なる規定が置かれているのであろうか。第5章及び第6章の検討に沿って、個人情報の収集、利用、開示、及び保管・管理の各段階について見てみると、まず、ADPPAでは、「忠実義務」（duty of loyalty）の一つとして、対象データの収集、処理又は移転に関する「データ最小化」の義務が規定されている点が注目される。すなわち、ADPPAは、対象組織は、対象データの収集、処理又は移転を、それらが、①データが帰属する個人の要求による特定の製品若しくはサービスの提供又は管理、又は、②本法の下で許容される目的の実現、のために合理的に必要かつその目的に比例する範囲に限定されているものでない限りは、行うことができないと定める[125]。本規定は、対象データの収集、処理又は移転が許容される場合として、個人の同意がある場合や事業者にとって必要がある場合等の一般的な適法化根拠を掲げるのではなく、これらが許容される場合を具体的に列挙しているという点で特徴的である。

また、同法は、やはり「忠実義務」の一つとして、対象組織及びサービス提供者による一定のデータ処理の制限をも定めている[126]。具体的には、①法が定める一定の目的のために必要な場合以外の社会保障番号の収集、処理又は移転の禁止、②法が定める一定の目的のために不可欠な場合以外のセンシティブな対象データの収集又は処理の禁止、③個人の「積極的な明示の同意」（affirmative express consent）に基づく場合又は法が定める一定の目的

のために必要な場合以外のセンシティブな対象データの第三者[127]への移転の禁止等が規定されている。

　上記の「積極的な明示の同意」の定義について、ADPPAは、「個人が、対象組織からの具体的な要求[128]に応じて、ある行為又は慣行への、任意の、具体的な及び明確な許可を、十分な情報を得た上で、明確に伝達する積極的な行為」[129]と定めており、これまでの米国の個人情報・プライバシー保護法制にはあまり見られない、同意に関する具体的な要件を含む定義規定が置かれている点が特徴的である。また、「明示の同意」に関しては、個人の不作為や、対象組織の製品又はサービスの継続的な利用から、個人の「積極的な明示の同意」を推定することを禁じる規定が置かれている[130]。更に、不正又は誤解を招くような表現等を通じて同意を取得することや、合理的な個人の自律、意思決定又は選択を

損なうようなユーザ・インターフェースの設計、変更又は操作等を通じて同意を取得することの禁止も定められており、先述の通りCalPRAによって導入されたダーク・パターン等の不正な操作も念頭に置いた規定が置かれている点は、同意の在り方に関して踏み込んだ規制として評価し得る[131]。なお、ADPPAでは同意の撤回に関する規定も置かれており、対象組織は、個人が対象データの処理又は移転について行った積極的な明示の同意を撤回するための明確かつ簡便な手段を提供しなければならないと定められている[132]。

　また、第6章で検討を加えた安全管理に関する義務については、対象組織又はサービス提供者に対して、合理的な、管理的・技術的・物理的なデータセキュリティ慣行及び手続を確立し、実施し、維持することが義務付けられている[133]。なお、先に言及し

115　*ADPPA*, §2(28)(B).

116　*ADPPA*, §2(9)(A).

117　Jonathan M. Gaffney et al., *Overview of the American Data Privacy and Protection Act, H.R. 8152*, 1, Congressional Research Service, Aug. 31, 2022, https://crsreports.congress.gov/product/pdf/LSB/LSB10776 (last visited Apr. 28, 2023).

118　*ADPPA*, §2(9)(B)(i).

119　*ADPPA*, §2(29)(A). なお、「対象組織」と「サービス提供者」の区別は「事実に基づいて」決定される、データ処理の文脈によるものであると規定されている。*ADPPA*, §302(c)(1).

120　サービス提供者は、対象組織の指示に従い、対象組織に要求されたサービスの提供に必要かつ相当な範囲においてのみ、サービス提供者データの収集、処理及び移転を行うことができる。*ADPPA*, §302(a)(1). また、サービス提供者は、個人の権利行使への対応の際の対象組織への協力義務、対象組織の指示に基づく対象データの消去や返還を行う義務、対象データの安全管理措置を講ずる義務等を負うものとされる。*ADPPA*, §§302(a)(3), (6), (7).

121　*ADPPA*, §302(b)(1).

122　*ADPPA*, §302(e).

123　「大規模データ保有者」とは、直近1年間において、①年間総売上高が2億5千万ドル以上であり、②500万以上の個人又は個人を識別する、個人に関連付けられる若しくは個人に関連付けられ得るデバイスに関する対象データ、及び、2万以上の個人又は個人を識別する、個人に関連付けられる若しくは個人に関連付けられ得るデバイスに関するセンシティブな対象データを収集、処理又は移転する、対象組織又はサービス提供者であると定義される。*ADPPA*, §2(21).

124　「小規模事業者」とは、直近3年間において、①年間総売上高の平均が4千100万ドルを超えず、②年間平均で20万以上の個人に関する対象データを、サービス又は商品の支払当に関する目的以外で収集、処理又は移転せず、それらの目的で収集した対象データを原則として90日以内に消去又は非識別化し、③年間売上高の50%以上が対象データの移転による年がない、対象組織又はサービス提供者であると定義される。*ADPPA*, §§209(a), (b). なお、「小規模事業者」の定義は、ADPPAの2条の定義規定ではなく、免除される義務に関する規定の中で、義務免除の条件という形で定められている。

125　*ADPPA*, §101(a).「本法の下で許容される目的」については、ADPPAの下で対象組織が対象データの収集、処理又は移転を行い得る17の場面が掲げられており、これには、個人が要求した特定の製品又はサービスの注文に対応するため、セキュリティ侵害や不正又は違法な行為を防止するため、法の遵守のため、科学的・歴史的・統計的な研究プロジェクトの実施のため等の場合に加え、ファースト・パーティ広告又はマーケティングやターゲティング広告を行うための場合も含まれている。*ADPPA*, §101(b).

126　*ADPPA*, §102.

127　ADPPAにおいて、「第三者」とは、あらゆる人又は組織を意味し、「個人から直接収集したのではない対象データの収集、処理又は移転を行い、かつ、サービス提供者に該当しない、対象組織」を含むものと規定されている。*ADPPA*, §2(35).

128　「対象組織からの具体的な要求」については、原則として対象組織がその製品又はサービスを提供するのに用いている主要なメディアを通じて行われる明確で独立した情報開示の中で実施することや、個人の同意を要求する個人情報の処理の目的の説明、同意に関する個人の権利の説明、同意を拒否する選択肢の明示等が求められている。*ADPPA*, §2(1)(B).

129　*ADPPA*, §2(1)(A).

130　*ADPPA*, §2(1)(C).

131　*ADPPA*, §2(1)(D). 同規定は、「ダーク・パターン」という語を明記していないものの、その禁止を念頭に置いた規定であると解されている。*See e.g.*, Buckley LLP, *Special Alert: Congress releases draft privacy bill* (June 13, 2022), https://buckleyfirm.com/special-alerts/2022-06-13/special-alert-congress-releases-draft-privacy-bill (last visited Apr. 28, 2023).

132　*ADPPA*, §204(a).

133　*ADPPA*, §208(a).

たように、小規模事業者は安全管理に関する義務を免除される[134]。また、「忠実義務」として、プライバシー・バイ・デザインに関する規定[135]やプライバシー影響評価に関する規定[136]も置かれている。

更に、ADPPAでは事業者の説明責任の観点から要求されているものであるが、組織的な体制整備という点で安全管理措置にも関わる規定として、役員の責任等についての規定も置かれている。とりわけ、プライバシー・オフィサー、データ・セキュリティ・オフィサー、プライバシー保護オフィサーといった役員の指名義務とその責任が規定されている点は、ADPPAではこれらの義務が事業者の規模に応じて異なってはいるものの[137]、役員を置いて法遵守のための責任を担わせるGDPRと類似するものと言えよう。

こうした個人情報の処理に関する一般的な規定に加え、ADPPAには、個別の分野や問題を念頭に置いた規律が含まれていることも特徴的である。例えば、子どもの個人情報に関しては、対象組織が当該個人が「対象未成年者」（covered minor）、すなわち、17歳未満の個人[138]であると知りながら、当該子どもに対してターゲティング広告を行うことを禁じている[139]。また、同様に、対象組織が当該個人が17歳未満の子どもであると知りながら、当該子どもの対象データを第三者に移転する場合には、当該子ども又はその親権者若しくは法定代理人の積極的な明示の同意を取得することを義務付けている[140]。更に、ADPPAは、FTCに、子どものプライバシー及び子どもへのマーケティングに関する業務を担う新たな部として、「子どものプライバシー・マーケティング部」を置くことも定めている[141]。

また、第6章で検討したように、米国において近時その規制の必要性が指摘されるようになっていた[142]、所謂データ・ブローカーに関する義務が置かれている点も注目される。ADPPAによれば、「第三者収集組織」、すなわち、主要な収入源が、個人から直接に収集されたものではない対象データの処理又は移転である対象組織については、情報の公開や、FTCへの登録の義務が課されている[143]。また、FTCには、第三者収集組織のリストや情報等を含む、第三者収集組織の中央登録簿を作成し、ウェブサイトで公表することが求められている[144]。

更に、市民権及びアルゴリズムとの標題の下に、対象組織又はサービス提供者が、人種、肌の色、宗教、国籍、性別又は障がいの有無に基づき商品又はサービスの共有について差別的取扱いをなすような方法で、対象データの収集、処理又は移転を行うことが禁じられているほか[145]、大規模データ保有者には、「アルゴリズム影響評価」の実施も義務付けられている[146]。

（3）　個人参加の仕組み

第4章で検討を加えた個人参加の仕組みに関連する規定としては、まず、「透明性」に関する義務が掲げられており、対象組織には、データ収集、処理及び移転に関する詳細かつ正確な情報を提供するプライバシー・ポリシーを、明確かつ目立つ態様で、また、誤解を招くことのない読みやすくアクセスしやすい態様で、公開することが義務付けられている[147]。また、プライバシー・ポリシーに含めるべき法定事項として、事業者名及び連絡先、対象データの種類及び処理の目的、移転の有無及び移転先の種類、対象データの保持の期間、個人の権利、データセキュリティに関する慣行、プライバシー・ポリシーの有効期間に加え、対象データの中国・ロシア・イラン又は北朝鮮での処理等の有無が掲げられており[148]、個人情報・プライバシー保護の観点から懸念がある具体的な国名が掲げられている点は特徴的である。

また、消費者の権利としては、「個人のデータ所有権及びコントロール」という標題の下に、個人のアクセス権、訂正権、消去権及びデータ・ポータビリティ権が定められている。まず、アクセス権としては、人間が判読可能な形式で、対象データ、対象データが移転された第三者やサービス提供者の種類、移転の目的の詳細にアクセスする権利が保障されている[149]。また、訂正権としては、対象データに関する不正確又は不完全な情報を訂正し、対象組織に対し、当該データの移転先に訂正について通知する合理的な努力をなすことを指示する権利が規定されている[150]。これらに加え、ADPPAでは、第4章で見たように日本でも議論の対象となっている消去権やデータ・ポータビリティ権についても定められており、消去権としては、対象データを消去し、対象組織に対し、当該データの移転先に消去について通知する合理的な努力をなすことを指示する権利が規定されている[151]。また、データ・ポータビリティ権については、技術的に可能な範囲において、対象データを個人又は他の組織に直接転送する権利が規

定されている[152]。

　対象組織は、個人から証明可能な請求を受けた場合には、これらの権利を個人に行使させなければならないが[153]、法が定める例外に該当する場合はこの限りではない[154]。対象組織が、これらの請求を受けた場合の対応期限については、対象組織の区分に応じて異なる定めが置かれており、原則として、大規模データ保有者は請求の日から45日以内に、小規模事業者は請求の日から90日以内に、これらのいずれにも該当しない対象組織は請求の日から60日以内に、対応することが義務付けられている[155]。また、ADPPAには、事業者がこれらの権利行使を制限するような行為を行うことを禁じる規定も置かれている[156]。

　また、オプトアウトの権利として、対象データの第三者への移転からオプトアウトする権利[157]、及び、ターゲティング広告からオプトアウトする権利[158]も規定されており、これらは、Ⅲで検討を加えたように、個人情報の販売又は共有からのオプトアウトの権利を規定するCalCPAに類似するものである。これらのオプトアウトの権利の実施について、ADPPAは、FTCに対し、個人がオプトアウトの権利を行使し得るようなブラウザやデバイスのプライバシー設定等のグローバルなプライバシーに関するシグナルを含む、プライバシー保護に配慮した統一的な仕組みを構築することを求めている[159]。

　なお、これらの個人の権利の行使に関しては、CalCPAと同様に権利行使に関する不利益的な取扱いを禁ずる規定が置かれており、対象組織は、製品又はサービスの提供拒否、製品又はサービスに関する異なる価格やレートの設定、異なる質の製品又はサービスの提供といった、不利益的取扱いを行ってはならないと規定されている[160]。

134 *ADPPA*, §209.
135 「プライバシー・バイ・デザイン」については、対象組織及びサービス提供者に、対象データの収集、処理又は移転に関する対象組織及びサービス提供者の役割を反映し、法が定める事項を含む、合理的なポリシー、慣行及び手続を策定し実施することが求められている。*ADPPA*, §103(a).
136 大規模データ保有者には、当該組織による対象データの収集、処理及び移転の慣行と、それが個人のプライバシーに対して及ぼし得る不利益とを衡量する、プライバシー影響評価を実施することが義務付けられる。かかる影響評価については、対象データの性質や量、個人のプライバシーに及び得る実質的なリスクを考慮して合理的かつ適切な範囲で行い、文書として保存することが求められている。*ADPPA*, §301(d).
137 15人以上の従業者を有する対象組織及びサービス提供者には、プライバシー・オフィサー及びデータ・セキュリティ・オフィサーを指名することが義務付けられ（*ADPPA*, §301(c)(1)）、大規模データ保有者には、更に、プライバシー・オフィサー及びデータ・セキュリティ・オフィサーのいずれかを、最高位の役員への直接の報告義務を有するプライバシー保護オフィサーとして指名することも義務付けられている。プライバシー保護オフィサーには、プライバシー及びセキュリティに関するポリシー、慣行及び手続の定期的な見直し及び改訂、これらのポリシー、慣行及び手続の隔年の包括的な監査、本法の遵守に関する従業者の教育及び訓練のためのプログラムの開発、大規模データ保有者が実施したプライバシー及びデータセキュリティ慣行の記録の保持、法執行機関との連絡を行うことが求められている（*ADPPA*, §301(c)(3)）。
138 *ADPPA*, §2(11).
139 *ADPPA*, §205(a).
140 *ADPPA*, §205(b).
141 *ADPPA*, §205(c).
142 詳しくは、第6章50～52頁を参照。
143 *ADPPA*, §§206(a), (b)(1), (2).
144 *ADPPA*, §206(b)(3).
145 *ADPPA*, §207(a).
146 *ADPPA*, §207(c).
147 *ADPPA*, §202(a).
148 *ADPPA*, §202(b). なお、大規模データ保有者には、追加的義務として、上記のプライバシー・ポリシー公開義務に加え、消費者に対して理解しやすい「短文の」（short-form）通知を提供することも義務付けられている。*ADPPA*, §202(f)(1).
149 *ADPPA*, §203(a)(1).
150 *ADPPA*, §203(a)(2).
151 *ADPPA*, §203(a)(3).
152 *ADPPA*, §203(a)(4).
153 *ADPPA*, §203(a).
154 *ADPPA*, §203(e).
155 *ADPPA*, §203(c).
156 *ADPPA*, §203(b).
157 *ADPPA*, §204(b). 対象組織は、個人が対象データの第三者への移転につき異議を申し立てた場合は、対象データを移転してはならないと規定される。
158 *ADPPA*, §204(c). 対象組織又はサービス提供者に対し、ターゲティング広告を行う前に個人がオプトアウトする明確な手段を提供することが義務付けられている。
159 *ADPPA*, §210(a).
160 *ADPPA*, §104(a). もっとも、この規定は、例えば「真正なロイヤルティ・プログラム」（真正なロイヤルティ・プログラムには、報酬、特典、割引、カード会員プログラムが含まれる。*ADPPA*, §104(c)）等に基づく異なる取扱いは許容される等、消費者への製品又はサービスの提供に関する一切の異なる扱いを禁ずるものではない。*ADPPA*, §104(b).

⑷　法執行

最後に法執行について、ADPPAでは、FTC、州の司法長官、個人による法執行がそれぞれ定められている。

まず、FTCによる法執行については、ADPPA又は同法に基づいて制定される規則の違反は、FTC法上の「不公正若しくは欺瞞的な行為又は慣行」と見做され、FTCはFTC法に基づく法執行を行い得るものとされる[161]。そして、このFTCのADPPA又は同法に基づいて制定される規則の執行権限は、1934年通信法の規律に服するコモン・キャリア及び非営利組織に対しても及ぶことが明確にされている[162]。FTCの法執行に関連して注目すべきは、「プライバシー・セキュリティ被害者救済基金」（Privacy and Security Victims Relief Fund）の創設[163]や、FTCの中に、消費者保護及び競争に関する局と構造、規模、組織及び権限の点で同等の新たな局として、「プライバシー局」（Bureau of Privacy）を設置し、同局の中に、対象組織に対して指針の提示や教育を行う「事業者指導室」（Office of Business Mentorship）を置くことが定められている点であろう[164]。第9章で述べたように、FTCの法執行に関しては、そのリソースの不足や、被害者の救済の強化が重要な課題の一つとなっていたことに照らせば[165]、こうしたFTCの組織改革や被害者救済のための具体的な制度の創設は、プライバシー保護のための法執行の強化という観点から大きな意義を持つものである。

ADPPAは、こうしたFTCによる法執行に加えて、州の司法長官及び州のプライバシー監督機関による法執行も認めている。すなわち、州の司法長官及び州のプライバシー監督機関は、対象組織又はサービス提供者がADPPA又はこれに基づいて制定された規則に違反する行為を行ったことにより、当該州の住民が不利益を被ったと信ずるに足る合理的な理由がある場合には、合衆国地方裁判所に州の名で民事訴訟を提起し、①当該行為の差止め、②ADPPA又は規則の遵守の執行、③損害賠償、民事罰、返還その他の補償の獲得、又は④合理的な弁護士費用その他の訴訟費用を請求することができる[166]。

更にADPPAにおいてとりわけ注目されるのが、個人による法執行、すなわち私的訴権の制度である。私的訴権とは、制定法違反を原因として個人が訴えを提起することを認める権利であり、第1章で指摘したように、後述する専占の問題とともに米国における包括的な連邦法の成立を阻んできた二大論点の一つである[167]。ADPPAは、対象組織の同法又は同法に基づいて制定された規則違反の行為により損害を被った個人に、連邦裁判所に民事訴訟を提起する権限を付与している[168]。かかる民事訴訟において、裁判所は、個人が被った実際の損害の総計に等しい額の損害賠償、差止めによる救済、宣言判決、及び、合理的な弁護士費用及び訴訟費用、を認めることができる[169]。もっとも、ADPPAにおける私的訴権の行使には限定が付されており、その行使が認められるのは幾つかの規定違反の場合に限られるとともに、小規模事業者の中でもとりわけ規模の小さい事業者に対しては行使できない[170]といった制約がある点には、留意が必要である[171]。

なお、法執行に関しては、「技術遵守プログラム」[172]及び「FTCにより承認された遵守ガイドライン」[173]に関する規定が置かれている点も注目される。いずれも、対象組織等が遵守のためのプログラムやガイドラインを策定し、それをFTCが承認した場合には、当該プログラムやガイドラインの遵守が法の遵守や執行において一定程度評価されるという仕組みであり[174]、事業者の自主的な取組みを尊重するものと評価し得る。

3.　包括的な連邦法の制定に向けた課題と日本法への示唆

ADPPAに対しては、例えば広告業界団体からの批判[175]のように、これに反対する見解も一定数見られたものの、米国内では概ね好意的な反応が示されており[176]、その成立が期待されていた。にもかかわらず、成立への途が閉ざされた背景には、やはり、従前のプライバシー保護のための多くの連邦法案の成立を妨げてきた米国の固有の課題が存在しており、とりわけ、今回のADPPAに関しては、連邦法と州法の関係、専占の問題が最大の障壁となったものと考えられる。

そもそも専占に関しては、第1章で見たように、多様な州法が制定されることにより法律の遵守コストが高くなるため、連邦法の制定による統一的なルールの整備が望ましいという理由から、事業者は連邦法の専占に賛成する傾向がある一方で、プライバシー保護団体は、州法により厳格な措置を定める余地を残す必要性から一般的に連邦法の専占に否定

的な立場をとるという構図が見られた[177]。こうした中、ADPPAは、連邦法と州法との関係について、幾つかの分野や事柄に関する法律——一般的な消費者保護のための法律、市民権法、データ漏洩通知に関する法律、契約法又は不法行為法、刑法、イリノイ州の「生体情報プライバシー法」[178]等——については州法の専占の余地を残すものの[179]、原則として、ADPPA及びこれに基づいて制定される規則等の規制対象について州が法律や規則等を制定することを禁じ、連邦法の専占を認めている[180]。このように、事業者側の「勝利」とも評される、ADPPAの専占に関する規定に対しては、とりわけ、Ⅲでも見たように個人情報・プライバシー保護のための法制度の整備に積極的に取り組んできたカリフォルニア州の関係者から、厳しい批判がなされていた。例えば、CPPAは、ADPPAによるプライバシー保護はCalCPAによる保護よりも実質的に弱いものとなるおそれがある等の理由で、2022年8月にN. ペロシ下院議長（当時）らにADPPAに反対する旨の書簡を送っている[181]。また、連邦法の専占に対する批判の根拠としては、成立までに時間がかかることの多い連邦法では、技術や社会の変化に即した対応が難

しいことから州法での規制の余地を認めるべきであるといった点も挙げられている[182]。

かかる専占の問題は、米国における個人情報・プライバシー保護のための包括的な連邦法の成立に向けて今後も依然として大きな障壁となり得るものであり、その成否は、限られた時間の中でこれらの調整困難な課題について何らかの妥協点を見出すことができるのかという点にかかっていると言えよう。

もっとも、冒頭で述べたように、米国における包括的な連邦法に向けた議論は日本の個人情報保護法制に対しても多くの示唆を含んでおり、その成否は一旦措くとしても見るべき点は多いため、最後に、ADPPAの内容に関してとりわけ注目すべき点を整理しておきたい。まず注目すべきは、ADPPAに規定される「忠実義務」とこれを巡る議論であろう。ADPPAでは、上述の通り、忠実義務として、データ最小化の義務、一定のデータの収集、処理又は移転を制限する忠実義務、プライバシー・バイ・デザインに関する義務等が定められていた。かかる忠実義務については、近時の米国のプライバシー・個人情報保護のための他の関連法案においても言及されており、例えばADPPAと同じく第117議会に提

161 *ADPPA*, §§401(c)(1), (2).

162 *ADPPA*, §401(c)(4).

163 *ADPPA*, §401(c)(5).

164 *ADPPA*, §§401(a), (b). 第9章で述べたように、現在、FTCには3つの局（競争局、消費者保護局、経済局）が置かれており、そのうち、個人情報・プライバシーの保護に関する業務を担当しているのは消費者保護局である。詳しくは、第9章72頁を参照。

165 詳しくは、第9章78頁を参照。

166 *ADPPA*, §402(a).

167 詳しくは、第1章7～8頁を参照。

168 *ADPPA*, §403(a)(1).

169 *ADPPA*, §403(a)(2).

170 *ADPPA*, §403(e).

171 他方で、私的訴権については、法案提出時には同法の施行後4年を経過してから認められるものと規定されていたが、修正により同法の施行後2年に短縮されており、個人の保護が強化されたという経緯もある。

172 *ADPPA*, §303(b). 「技術遵守プログラム」とは、対象組織が対象データの収集、処理又は移転のために用いる技術、製品、サービス又は方法についてADPPAの遵守のためのガイドラインを確立するものであり、ADPPAの要求事項を満たす又は超えるものであることが求められる。

173 「FTCにより承認された遵守ガイドライン」については、第三者収集組織ではなく、小規模事業者の基準を満たす対象組織又はそのグループは、対象データの収集、処理及び移転を規律する遵守ガイドラインの承認をFTCに申し出ることができる。*ADPPA*, §304(a)(1).

174 *ADPPA*, §303(e)(1), *ADPPA*, §304(c).

175 Association of National Advertisers, *ANA Opposes American Data Privacy and Protection Act as Currently Written, Looks Forward to Continuing to Work with Congress* (July 20, 2022), https://www.ana.net/content/show/id/74369 (last visited Apr. 28, 2023).

176 例えば、D. J. ソロブは、ADPPAは包括的なプライバシー保護のための現代的な法律に見られる多くの要素を含んでおり、それ自体は悪くない法律であるとして評価している。Daniel J. Solove, *A Faustian Bargain: Is Preemption Too High a Price for a Federal Privacy Law?* (July 22, 2022), https://teachprivacy.com/a-faustian-bargain-is-preemption-too-high-a-price-for-a-federal-privacy-law/ (last visited Apr. 28, 2023).

177 詳しくは、第1章7～8頁を参照。

178 Biometric Information Protection Act, 740 ILL. COMP. STAT. ANN. 14/1 *et seq.*

179 *ADPPA*, §404(b)(2).

180 *ADPPA*, §404(b)(1).

181 California Privacy Protection Agency, *Letter to House Speaker Nancy Pelosi and Minority Leader Kevin McCarthy opposing H.R. 8152*, the American Data Privacy and Protection Act (ADPPA) (Aug. 15, 2022), https://cppa.ca.gov/pdf/hr8152_oppose.pdf (last visited Apr. 28, 2023).

182 Daniel J. Solove, *Further Thoughts on ADPPA, the Federal Comprehensive Privacy Bill* (July 30, 2022), https://teachprivacy.com/further-thoughts-on-adppa-the-federal-comprehensive-privacy-bill/ (last visited Apr. 28, 2023).

出されたCOPRAでは、「忠実義務」として、欺瞞的なデータ慣行又は有害なデータ慣行を行うことの禁止を規定しており、個人に対して実質的な損害等をもたらすおそれのある方法でのデータの処理又は移転を、有害なデータ慣行と位置付けている[183]。こうした忠実義務を巡る議論は、学界においても展開されており、例えば、W．ハーツォグとN.M.リチャーズは、忠実義務の内容として、情報主体の信託を受けた事業者は、情報主体の利益に反するデータの処理や技術設計を行うべきではないという一般的義務と、これを具体化した義務を提案している[184]。これらの議論における忠実義務の内容には幅があるものの、情報主体から個人情報の信託を受けて個人情報の処理を行う者は、情報主体の利益を保護するための一定の義務を負うべきであるという基本的な考え方において共通するものである。第12章において指摘したように、個人情報の処理について情報主体への通知を行い、情報主体の同意を得ることを中心とする手続的な規制の問題点が顕在化し、個人情報の一定の処理行為自体を制限することを内容とする個人情報の処理に関する実体的な規制の重要性が増しつつある今日[185]、米国における忠実義務を巡る議論はこうした実体的な規制の在り方を考える上でも参考になり得る[186]。

また、情報主体への通知と同意を中心とした手続的な規制の限界に関連して、日本の個人情報保護法ではそもそも同意の定義や要件に関する一般的な規定が置かれておらず、同意取得の在り方について十分な法的対応がとられていないところ、ADPPAでは、同意の要件を含む定義規定が置かれ、更に、ダーク・パターン等の利用規制を念頭に置いた同意

の実態に即した規定が導入されている点は、注目すべきである。同意に関しては、EUのGDPRやCalCPAに代表されるように、積極的な規制が行われる傾向が国際的に強まっており、日本でも実態を踏まえて適切な法的対応をとることが求められる。

更に、ADPPAでは、子どもの個人情報の保護のための個別の規定や、子どもに対するターゲティング広告の禁止、データ・ブローカーの規制、アルゴリズムに関連する規制等、個別の問題に対する具体的な規制が導入されている点も注目される。第12章で指摘したように、米国の個人情報・プライバシー保護法制の特徴の一つとして個別の分野又は問題に即した個別対応型のアプローチが重視されている点が挙げられるが、こうした個別の問題に関する具体的な規制の在り方も、今後の日本における個人情報保護法制の検討の際の一つの有用な手がかりとなり得るだろう。

Ｖ　むすびにかえて

本稿では、追補として、連載終了後の米国における個人情報・プライバシー保護法制の動向を整理した。米国ではカリフォルニア州を中心とした州レベルでの動きに加え、連邦レベルでの包括的な個人情報・プライバシー保護のための法律の制定に向けた動きも活発化しており、仮に連邦法が成立すれば、米国の個人情報・プライバシー保護法制は大きな構造転換を迎えることとなる。今後の動向を注視していく必要がある。

※　本研究は、JSPS基盤研究(C) 18K01390 の助成を受けたものである。

---

183 *COPRA*, §101.

184 Woodrow Hartzog & N.M. Richards, *A Duty of Loyalty for Privacy Law*, Wash. U. L. Rev. 961 (2021).

185 詳しくは、第12章 101〜102 頁を参照。

186 W．ハーツォグとN.M. リチャーズは、忠実義務に基づいた規制は、通知及び同意を中心とした不十分な規制に対する有力な代替案となり得ると指摘している。*See* Hartzog & Richards, *supra* note 184, at 358.

米国主要判例索引

事項・人名索引

○著者略歴

松前　恵環（まつまえ・さとわ）

東京大学法学部卒業
東京大学大学院学際情報学府修士課程修了
東京大学大学院学際情報学府博士課程単位取得退学

東京大学大学院情報学環助教、東京大学先端科学技術
研究センター助教、駒澤大学グローバル・メディア・
スタディーズ学部講師等を経て、現在、駒澤大学グロ
ーバル・メディア・スタディーズ学部准教授

別冊 NBL No.187
米国の個人情報・プライバシー保護法制
──分野横断的検討と近時の動向

2023年9月15日　初版第1刷発行

著　者　松　前　恵　環

発行者　石　川　雅　規

発行所　株式会社　商　事　法　務
〒103-0027 東京都中央区日本橋 3-6-2
TEL 03-6262-6756・FAX 03-6262-6804〔営業〕
TEL 03-6262-6768〔編集〕
https://www.shojihomu.co.jp/

落丁・乱丁本はお取り替えいたします。　　　印刷／広研印刷㈱
© 2023 Satowa Matsumae　　　　　　　　 Printed in Japan
　　　　　Shojihomu Co., Ltd.
ISBN978-4-7857-7159-1
＊定価は表紙に表示してあります。